东南亚
一本就Go

《环球旅行》编辑部\编著

清华大学出版社
北京

内 容 简 介

本书分为旅游咨询篇、旅游文化篇、旅游景点篇。其中的旅游资讯篇介绍了东南亚旅游各种攻略，包括了在旅行中的行前准备、旅行攻略以及旅行中遇到各种问题的应急策略等；旅游文化篇主要介绍了东南亚的文化、人文风情与主要的节日；旅游景点篇介绍了东南亚各国的热门城市景点、交通与吃喝玩乐等，让每一个人能轻松地玩转东南亚，游玩、购物、美食、娱乐面面俱到。

本书封面贴有清华大学出版社防伪标签，无标签者不得销售。
版权所有，侵权必究。侵权举报电话：010-62782989 13701121933

图书在版编目(CIP)数据

东南亚一本就Go/《环球旅行》编辑部编著.--北京：清华大学出版社，2013
（环球旅游系列）
ISBN 978-7-302-30846-1

I.①东… II.①环… III.①旅游指南-东南亚 IV.①K933.09

中国版本图书馆CIP数据核字（2012）第291768号

责任编辑：李玉萍
封面设计：柳 琪
责任校对：周剑云
责任印制：沈 露

出版发行：清华大学出版社
    网 址：http://www.tup.com.cn, http://www.wqbook.com
    地 址：北京清华大学学研大厦A座 邮 编：100084
    社 总 机：010-62770175 邮 购：010-62786544
    投稿与读者服务：010-62776969, c-service@tup.tsinghua.edu.cn
    质量反馈：010-62772015, zhiliang@tup.tsinghua.edu.cn
印 装 者：北京嘉实印刷有限公司
经 销：全国新华书店
开 本：170mm×210mm 印 张：15.25 字 数：473千字
版 次：2013年4月第1版 印 次：2013年4月第1次印刷
印 数：1～4000
定 价：55.00元

产品编号：046059-02

Preface 前言

东南亚是一个充满热带诱惑散发无穷魅力的地区,这里有蓝得透彻的海水,白得剔透的沙滩,还有灿烂得夺目的阳光,所有的一切都吸引着游人们前往,这是一个对所有人来说都能得到极致享受的乐园。在东南亚,有浪漫的巴厘岛、热情的普吉岛、纯净的长滩岛等海岛,可以在花园城市新加坡、翡翠天堂马来西亚、异域风情泰国、热带情调菲律宾等国内诸多城市驻足参观不同风情的城市风光和尽情购物,可以到越南体验水乡之美,乘筏渡河,感受大自然的鬼斧神工,还到神秘柬埔寨,探索古老文明谜之封印,迎接高棉的微笑。

游人可以从柬埔寨吴哥、缅甸蒲甘、印尼婆罗浮屠、泰国清迈、老挝琅勃拉邦等观赏到众多古老宏大的寺庙奇迹。

壮观的海岸线上就是大部分旅行者的天堂:马来半岛珊瑚环绕的海湾、印度尼西亚的海滩防波堤和慵懒的越南海岸线。每一小块沙地都有自己的个性,从咆哮的场面到安静的度假村,旅行者可以来寻找自己的田园生活。

这里更是名副其实美食的天堂:菜肴都以当地天然可食植物为原料,烹调出色、香、味、形俱佳的菜系,如越南菜不仅具有美容效果,还有保健的功能。而新加坡、马来西亚、泰国、印尼等国的菜肴则用当地盛产的丰富椰子、香茅、肉桂、豆蔻、丁香等香料植物为配料，使其菜肴色味浓郁，风味独特。

然而，东南亚各个国家的著名城市的交通怎样？有什么著名的景点？住哪里？到哪里购物？有什么美食？

这些问题，本书可以为你一一解答。

本书分为3个部分，分别为旅游资讯篇、旅游文化篇、旅游景点篇。旅游资讯篇介绍了东南亚旅游各种攻略，包括了在旅行中的行前准备、旅行攻略以及旅行中遇到各种问题的应急策略等；旅游文化篇主要介绍了东南亚的文化、人文风情与主要的节日；旅游景点篇介绍了东南亚各国的热门城市景点，交通与吃喝玩乐等，让每一个人能轻松地玩转东南亚，游玩、购物、美食、娱乐面面俱到。

全书还穿插600多幅精彩的图片，让你未闻其声就先见其影，更加客观地了解东南亚，感受东南亚别有的风情，也为你的旅途增添更多的精彩。

本书由文龙、韦秀英、刘姗姗、刘文翔、张爱彪、姚婉晴、陈赫蓉、庞云、王亚运、黄荧、李志宏、张亮君、章会、薛夏、鲁岭梅、雷建军、李平、李霞、刘娟、郑艳芹、李少聪、杨亚楠、尹钢、赵爽、张恒、周诚、向伟卫、李野、许冬、周章、朱九章、江末红、李春、向忠、潘湘平、杜莉莉、邓有贵、王力静、潘伟强等人参与了编写工作，特此表示感谢。

如何使用本书

本书是"环球旅游系列"丛书的一个分册,它以精挑细选的景点,实用性极强的语言,对东南亚的各大城市及景点做了详尽介绍,能对读者前往东南亚旅行提供实质性的帮助。本书内容包括旅游资讯篇、旅游文化篇、旅游景点篇三个板块,从各个角度对东南亚进行了全方位的解读。

1. 东南亚档案

本章节对东南亚的地理、气候、语言和货币等信息做了整理和说明,让读者可以对旅行目的地的基本情况有更深的了解,大体知道东南亚一些国家的异同,从而使读者更能深入游览所要前往的国家,对景点也有更深刻的认识。

2. 东南亚行前准备

本章节为读者安排了科学合理的旅行路线,其中囊括了诸多经典之地,让读者可以在最短的时间内"不虚此行";还有贴心的旅游预算估计,以及证件的办理方法等板块,会对读者的旅行起到实质性的帮助作用。

6. 东南亚最热门的旅游国家

本章节会对东南亚热门旅游国家的一些重要城市和景点做详细的介绍,如国家的首都、国旗、景点的地址、电话、交通、门票等信息,可以帮读者节约查阅资料的时间,从而更好地投入旅行中。重要景点下面更有"小贴士"板块,会让你的旅途更加方便。

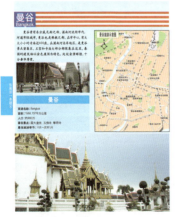

3. 东南亚文化与节日

东南亚各国都有独特的人文风情。本章节对东南亚的文学、音乐、美术和建筑，都做了简单的介绍，让读者可以更加全方位地了解东南亚，使旅行更多一分文化底蕴。

4. 东南亚旅行攻略

东南亚旅行攻略通过"吃""住""行""购""娱"几个方面，把读者生活上的所需所想全面的概括了起来，使读者在旅行之余，生活上面没有后顾之忧，真正的吃好、住好、玩好，展开一段完美的旅行。

5. 东南亚旅行应急攻略

在东南亚旅行的时候怎么跟家人朋友联系？行李太多，想邮寄回国怎么办？在东南亚需要上网怎么办？，还有丢失物品、生病、迷路的应急措施，这些问题在本章节都会一一进行解答，绝对周到。

7. 东南亚其他旅游国家

除了泰国、新加坡、马来西亚这些东南亚的热门旅游国家外，东南亚当然还有许多其他值得一看的地方，想要全面囊括东南亚美景又怎能错过？本章节对东南亚一些非热门旅游国家的重要城市和景点做了介绍，让你的旅程没有遗憾。

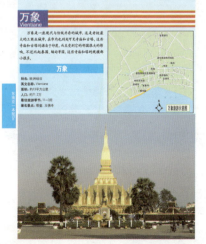

—V—

目录 CONTENTS

1 旅游资讯篇 ………………… 1

东南亚档案 ……………………… 2
东南亚的地理 ……………………… 2
东南亚的气候特征 ………………… 2
东南亚的人口和民族 ……………… 2
东南亚人使用的语言 ……………… 3
东南亚的宗教信仰 ………………… 3

东南亚行前准备 ………………… 4
时间规划 …………………………… 4
前往方式 …………………………… 5
旅游季节 …………………………… 7
旅游预算 …………………………… 7
准备证件 …………………………… 8
青年旅舍会员卡 …………………… 9
国际学生证的申请及办理 ………… 10
货币兑换及使用 …………………… 12
准备行李 …………………………… 13
建议携带行李 ……………………… 14

东南亚旅行攻略 ………………… 15

■吃：东南亚最好吃的是什么 …… 15
东南亚有什么特色美食 …………… 15

用餐时要注意的礼仪 ……………… 16
东南亚美食餐厅推荐 ……………… 17

■住：如何找到合适的住处 ……… 18
东南亚的青年旅舍 ………………… 18

东南亚的星级酒店 ………………… 18
东南亚的家庭旅馆 ………………… 19
东南亚住宿早知道 ………………… 19
入住酒店常识问题一览 …………… 19

■行：怎样在东南亚畅行无阻 …… 20
畅游东南亚的交通工具 …………… 20
东南亚特色交通工具 ……………… 20
在东南亚乘车要注意什么 ………… 21

■购：哪些东西值得一购 ………… 22
东南亚纪念品知多少 ……………… 22
那些不可不知的东南亚购物胜地 …… 23
不可不知的退税常识 ……………… 24

- 娱：体验东南亚的娱乐休闲 ……………… 25
  - 海岛潜水 ……………………………………… 25
  - 体验SPA之旅 ………………………………… 25
  - 丰富多彩的夜生活 …………………………… 25

- 东南亚旅行应急攻略 …………………… 26
  - 通讯应急攻略 ………………………………… 26
    - 如何在东南亚打电话 ……………………… 26
    - 如何在东南亚寄东西 ……………………… 27
    - 如何在东南亚上网 ………………………… 27
  - 出行应急攻略 ………………………………… 29
    - 东西遗失了怎么办 ………………………… 29
    - 生病了怎么办 ……………………………… 30
    - 迷路了怎么办 ……………………………… 30
    - 防止意外发生的安全常识 ………………… 31

2 旅游文化篇 …………………… 33

- 东南亚文化 ……………………………… 34
  - 东南亚特有文化 ……………………………… 34
  - 东南亚音乐 …………………………………… 35
  - 东南亚美术 …………………………………… 36
  - 东南亚建筑 …………………………………… 36

- 东南亚人文风情 ………………………… 39
  - 东南亚重要国家显著标签 …………………… 39
  - 必知的东南亚礼仪 …………………………… 40
  - 不能触碰的禁忌 ……………………………… 41

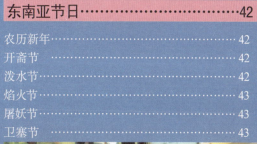

- 东南亚节日 ……………………………… 42
  - 农历新年 ……………………………………… 42
  - 开斋节 ………………………………………… 42
  - 泼水节 ………………………………………… 42
  - 焰火节 ………………………………………… 43
  - 屠妖节 ………………………………………… 43
  - 卫塞节 ………………………………………… 43

旅游景点篇 ············ 45

东南亚主要的旅游国家 泰 国

泰国档案 ················ 47
首都 ············ 47
国旗 ············ 47
气候 ············ 47
人口民族 ············ 47
语言货币 ············ 47
宗教信仰 ············ 47

曼 谷 48
■曼谷必游景点 ············ 49
大王宫 ············ 49
泰国国家博物馆 ············ 49
泰国水族馆 ············ 49
泰国旧国会大厦 ············ 50
曼谷野生动物园 ············ 50
玉佛寺 ············ 50
泰王五世行宫 ············ 51
玫瑰花园 ············ 51
丹嫩沙多水上集市 ············ 51
曼谷唐人街 ············ 52
郑王庙 ············ 52
四面佛 ············ 52
木安玻琅古迹城 ············ 53

曼谷蛇园 ············ 53
沙慕普兰大象乐园 ············ 53
泰国文化中心 ············ 53
拉差达慕拳击馆 ············ 54
■曼谷交通资讯 ············ 55
■曼谷生活资讯 ············ 57

清 迈 59
■清迈必游景点 ············ 60
南邦府 ············ 60
双龙寺 ············ 60
清迈国家博物馆 ············ 60
松德寺 ············ 61
蒲屏皇宫 ············ 61
清迈夜间动物园 ············ 61
清曼寺 ············ 62
素贴山 ············ 62
马沙大象营 ············ 62
因他农山国家公园 ············ 62
■清迈交通资讯 ············ 63
■清迈生活资讯 ············ 64

芭提雅 65
■芭提雅必游景点 ············ 66
沙美岛 ············ 66
格兰岛 ············ 66
芭提雅海滩 ············ 66
迷你暹罗 ············ 67

东芭乐园	67
云石公园	68
信不信由你博物馆	68
蒂芬尼人妖秀	68
象岛	68
狗骨岛	69
■芭提雅交通资讯	70
■芭提雅生活资讯	71

普吉岛　72

■普吉岛必游景点	73
芭东海滩	73
普吉镇	73
卡隆海滩	73
幻多奇乐园	74
攀牙湾	74
卡塔海滩	74
■普吉岛交通资讯	75
■普吉岛生活资讯	76

皮皮岛　79

■皮皮岛必游景点	79
玛雅湾	79
竹子岛	79
蓝通海滩	79
通赛湾	80
维京洞穴	80
蚊子岛	80
■皮皮岛交通资讯	81
■皮皮岛生活资讯	82

苏梅岛　83

■苏梅岛必游景点	84
涛岛	84
南园岛	84
查武恩海滩	84
帕雅寺	85

帕岸岛	85
拉迈海滩	85
■苏梅岛交通资讯	86
■苏梅岛生活资讯	87

甲米 88

■甲米必游景点	89
兰达岛	89
虎穴庙	89
石灰石山	89
莱雷海滩	89
甲米镇	90
■甲米交通资讯	91
■甲米生活资讯	92

华欣-七岩 93

■华欣-七岩	93

■华欣-七岩必游景点	94
郜穴	94
拷汪宫	94
三百峰国家公园	94
康卡沾国家公园	95
赵参兰海滨	95

爱与希望之宫	95
■ 华欣-七岩交通资讯	96
■ 华欣-七岩生活资讯	96

清 莱　　　　　　　　　　98

■ 清莱必游景点	99
湄赛	99
美斯乐村	99
金三角	99
灵光寺	100
王太后行宫	100
奥南海滩	100
专题：徒步游山地部落	101
■ 清莱交通资讯	102
■ 清莱生活资讯	103

大 城　　　　　　　　　　104

■ 大城必游景点	105
挽巴茵夏宫	105
蒙坤巫碧寺	105
洛布里	105
帕玛哈泰寺	106
拉嘉布拉那寺	106
■ 大城交通资讯	107
■ 大城生活资讯	108

东南亚主要的旅游国家 新加坡

新加坡档案　　　　　　　111

首都	111
国旗	111
气候	111
人口民族	111
语言货币	111
宗教信仰	111

新 加 坡　　112

- ■ **新加坡必游景点** … 113
  - 新加坡植物园 … 113
  - 新加坡国家博物馆 … 113
  - 乌敏岛 … 114
  - 夜间野生动物园 … 114
  - 双溪布洛 … 114
  - 武吉知马自然保护区 … 115
  - 圣约翰岛 … 115
  - 拉柏多国家公园 … 115
  - 四马路观音堂 … 115
  - 武吉士村 … 116
  - 荷兰村 … 116
  - 新加坡美术馆 … 117
  - 新加坡集邮馆 … 117
  - 苏丹旧王宫 … 117
  - 樟宜村 … 117
  - 新加坡河 … 118
  - 克拉码头 … 118
  - 土生华人博物馆 … 118
  - 厌爪哇湾 … 119
  - 新加坡动物园 … 119
  - 裕廊飞禽公园 … 119
- ■ **新加坡交通资讯** … 120
- ■ **新加坡生活资讯** … 122

圣 淘 沙　　124

- ■ **圣淘沙必游景点** … 125
  - 新加坡环球影城 … 125
  - 圣淘沙名胜世界 … 125
  - 花柏山 … 125
  - 圣淘沙海底世界 … 125
- ■ **圣淘沙交通资讯** … 126
- ■ **圣淘沙生活资讯** … 127

东南亚主要的旅游国家 马来西亚

马来西亚档案·················129

首都··························129
国旗··························129
气候··························129
人口民族······················129
语言货币······················129
宗教信仰······················129

吉隆坡 130

■吉隆坡必游景点···············131
国家历史博物馆················131
占米伊斯兰教堂················131
国家伊斯兰教堂················131
吉隆坡唐人街··················132
中央市场······················132
小印度························132
吉隆坡塔······················132
双峰塔························133
马来西亚王宫··················133
马来西亚国家博物馆············133
萤火虫公园····················134
云顶高原······················134
黑风洞························134
国家动物园····················135
丹普乐公园····················135
邦咯岛························135

■吉隆坡交通资讯···············136
■吉隆坡生活资讯···············137

马六甲 … 139
- **马六甲必游景点** … 140
  - 鸡场街 … 140
  - 马六甲爬行动物公园 … 140
  - 马六甲圣彼得教堂 … 140
  - 红屋 … 140
  - 圣地亚哥城堡 … 141
  - 特拉喀拉清真寺 … 141
  - 马六甲唐人街 … 141
- **马六甲交通资讯** … 142
- **马六甲生活资讯** … 143

沙 巴 州 … 144
- **沙巴州必游景点** … 145
  - 东姑阿都拉曼国家公园 … 145
  - 诗芭丹 … 145
  - 大王花保护区 … 146
  - 纳闽岛 … 146
  - 水上清真寺 … 146
  - 京那巴鲁国家公园 … 147
  - 波令温泉 … 147
  - 踏缤野生动物保护区 … 147
  - 拉卜湾长鼻猴保护区 … 148
  - 哥曼东洞穴 … 148
- **沙巴州交通资讯** … 149
- **沙巴州生活资讯** … 150

霹 雳 州 … 151
- **霹雳州必游景点** … 152
  - 绿中海 … 152
  - 邦咯 … 152
  - 双溪克拉温泉休闲公园 … 153
  - 邦咯劳勿岛 … 153
  - 红土坎 … 153

森美兰岛	153
霹雳洞	154
■ 霹雳州交通资讯	155
■ 霹雳州生活资讯	156

砂拉越州　　　　　　　　　　157

■ 砂拉越州必游景点	158
古晋	158
西布	158
长屋	158
姆鲁国家公园	159
大马海岸	159
坝柯国家公园	159
尼亚洞国家公园	160
八塘涯湖	160
木庐山国家公园	160
■ 砂拉越州交通资讯	161
■ 砂拉越州生活资讯	162

槟城屿　　　　　　　　　　　164

■ 槟城屿必游景点	164
槟城卧佛寺	164
缅甸佛寺	164
槟城博物馆	164
巴珠菲冷宜海滨	165
槟城植物园	165
热带香料园	165
百鸟公园	165

巴港海滩	166
槟城升旗山	166
张弼士故居	166
■ 槟城屿交通资讯	167
■ 槟城屿生活资讯	168

兰卡威　　　　　　　　　　　169

■ 兰卡威必游景点	170
首相珍藏馆	170
孕妇湖	170
兰卡威海底世界	170
丹绒鲁海滩	171
巨狮岛野生生物保护区	171
兰卡威黑沙海滩	171
巴雅岛	172
传奇公园	172
■ 兰卡威交通资讯	173
■ 兰卡威生活资讯	174

LANGKAWI

东南亚主要的旅游国家 柬埔寨

柬埔寨档案·····177

首都·····177
国旗·····177
人口民族·····177
语言货币·····177
宗教信仰·····177
气候·····177

暹 粒 178

■ 暹粒必游景点·····179
吴哥古皇宫·····179
通王城·····179
巴肯寺·····179
吴哥国家博物馆·····180
洞里萨湖·····180
达松将军庙·····180
塔普伦寺·····181
女皇宫·····181
圣剑寺·····181
罗洛寺群·····181
达高神寺·····181
巴肯山·····182
Puok丝经绸园·····182
高棉陶瓷中心·····182
暹粒地雷博物馆·····182
快乐马场·····182

■ 暹粒交通资讯·····183
■ 暹粒生活资讯·····184

金 边 186

■ 金边必游景点·····187
万谷湖·····187
塔山寺·····187
四臂河·····187
监狱博物馆·····187
金边国家博物馆·····188
金边王宫·····188
金边中央市场·····188
乌那隆寺·····188
杀人场·····189
独立纪念碑·····189
金边野生动植物庇护所·····189
Phnom Da寺·····189
基里隆国家公园·····190

- 金边交通资讯……………………………191
- 金边生活资讯……………………………192

西　哈　努　克　　193
- 西哈努克必游景点………………………194
  - 胜利海滩…………………………………194
  - 索卡海滩…………………………………194
  - 圣米歇尔天主教堂………………………195
  - Ream国家公园……………………………195
  - 西哈努克山………………………………195
- 西哈努克交通资讯………………………196
- 西哈努克生活资讯………………………197

东南亚主要的旅游国家　越南
越南档案……………………………199
- 首都………………………………………199
- 国旗………………………………………199
- 气候………………………………………199
- 人口民族…………………………………199
- 语言货币…………………………………199
- 宗教信仰…………………………………199

河　内　　200
- 河内必游景点……………………………201
  - 胡志明墓…………………………………201
  - 胡志明博物馆……………………………201
  - 越南人类学博物馆………………………201
  - 玉山祠……………………………………202
  - 河内西湖…………………………………202
  - 越南美术馆………………………………203
  - 河内文庙…………………………………203
  - 独柱寺……………………………………203
- 河内交通资讯……………………………204
- 河内生活资讯……………………………206

胡　志　明　　208
- 胡志明必游景点…………………………209

胡志明市博物馆	209	美奈	215
保大皇行宫	209	美奈四岛	215
湄公河	209	龙山寺	215
越南大叻	209	疯屋子	216
中央邮局	210	达坦拉瀑布	216
泰山岛	210	婆那加占婆塔	216
草禽园	210	情人谷	217
鲸鱼庙	210	保大3号避暑行宫	217
莲潭水上公园	211	Thap Ba温泉中心	217
胡志明总统府	211	■ 芽庄交通资讯	218
古芝地道	211	■ 芽庄生活资讯	219
版敦驯象中心	211		
■ 胡志明市交通资讯	212	**东南亚主要的旅游国家 菲律宾**	
■ 胡志明市生活资讯	213	菲律宾档案	223
芽 庄	**214**	首都	223
■ 芽庄必游景点	215	国旗	223

地理气候	223
人口民族	223
语言货币	223
宗教信仰	223

马尼拉 224

■马尼拉必游景点 225
菲律宾国家博物馆	225
黎刹公园	225
马尼拉圣地亚哥城堡	225
圣母无原罪大教堂	225
马尼拉动植物公园	226
马尼拉湾	226
椰子宫	226
菲律宾文化村	226
卡撒马尼拉博物馆	227
菲律宾中国城	227
塔尔湖	227
马尼拉海洋公园	227
华人公墓	228
岷伦洛教堂	228
马拉坎南宫	228
圣托马斯大学	228
黎刹纪念体育馆	229
市中市	229

■马尼拉交通资讯 230

■马尼拉生活资讯 231

长滩岛 232

■长滩岛必游景点 233
普卡海滩	233
白沙滩	233
蝙蝠洞	233
长滩岛贝壳博物馆	233
卢霍山	234
布拉海海滩	234

■长滩岛交通资讯 235

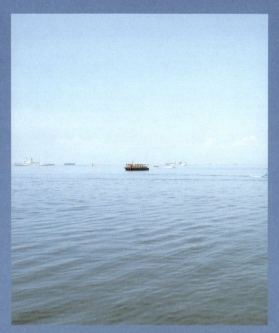

- ■长滩岛生活资讯 ·········· 236

宿　雾　237

- ■宿雾必游景点 ·········· 238
  - 哥罗多博物馆 ·········· 238
  - 圣佩特罗堡 ·········· 238
  - 圣婴教堂 ·········· 238
  - 麦克坦岛 ·········· 239
  - 比华丽山老子道观 ·········· 239
  - 巧克力山 ·········· 239
  - 巴里卡萨岛 ·········· 239
  - 眼镜猴游客中心 ·········· 240
  - 锡基霍尔 ·········· 240
  - 巴里卡萨岛 ·········· 240
- ■宿雾交通资讯 ·········· 241
- ■宿雾生活资讯 ·········· 242

巴拉望　243

- ■巴拉望必游景点 ·········· 244
  - 塔博洞穴 ·········· 244
  - 普林塞萨港地下河国家公园 ·········· 244
  - 图巴塔哈群礁国家公园 ·········· 244
  - 卡拉依特岛 ·········· 245
  - 帕玛里青岛 ·········· 245
- ■巴拉望交通资讯 ·········· 246
- ■巴拉望生活资讯 ·········· 247

佬　沃　248

- ■佬沃必游景点 ·········· 249
  - 维干古镇 ·········· 249
  - 科迪勒拉山梯田 ·········· 249
  - 抱威湖高尔夫球场 ·········· 249
  - 马可斯行宫 ·········· 250
  - 马可斯纪念馆 ·········· 250
  - 抱威教堂 ·········· 250
  - 马荣火山 ·········· 250
- ■佬沃交通资讯 ·········· 251
- ■佬沃生活资讯 ·········· 252

东南亚主要的旅游国家 印度尼西亚

印度尼西亚档案········· 255
国旗·········255
首都·········255
气候·········255
人口民族·········255
语言货币·········255
宗教信仰·········255

雅加达 256
■ 雅加达必游景点·········257
中央博物馆·········257
安佐尔梦幻公园·········257
印度尼西亚缩影公园·········257
印尼独立广场·········258
伊斯蒂赫拉尔清真寺·········258
拉古南动物园·········258
弥赛亚大教堂·········259

雅美达美术陶艺博物馆·········259
雅加达唐人街·········259
雅加历史博物馆·········259
■ 雅加达交通资讯·········260
■ 雅加达生活资讯·········262

巴厘岛 263
■ 巴厘岛必游景点·········264
海神庙·········264
圣泉寺·········264
西巴厘岛国家公园·········264
库塔海滩·········265
苏鲁村·········265
圣猴森林公园·········265
巴厘岛蝴蝶园·········266
象窟·········266
德格拉朗梯田·········266
雷吉安海滩·········267

-XXI-

蝙蝠洞海滩	267
阿贡山	267
梦幻海滩	268
努萨伯尼达岛	268
布撒基寺	268
■巴厘岛交通资讯	269
■巴厘岛生活资讯	270

努沙登加拉群岛 272

■努沙登加拉群岛必游景点	273
龙目岛	273
科莫多国家公园	273
林查尼火山	273
莎莎族村落	273
克利穆图火山	274
龙目岛库塔海滩	274
圣吉吉海滩	274
普瑞林莎	274
普拉巴图博隆	274
■努沙登加拉群岛交通资讯	275
■努沙登加拉群岛生活资讯	276

日惹 277

■日惹必游景点	278
普兰班南	278
婆罗浮屠	278
苏丹宫	279
Sono Budoyo Museum博物馆	279
■日惹交通资讯	280
■日惹生活资讯	281

东南亚其他的旅游国家 老挝

老挝档案 283

国旗	283
首都	283
气候	283
人口民族	283
语言货币	283
宗教信仰	283

万象 284

■万象	284
■万象必游景点	285
丹塔	285
达苏恩石窟	285
南鹅湖	285

班根动物园	286
老挝国家主席府	286
老挝国家历史博物馆	286
塔銮寺	286
万象凯旋门	287
万荣	287
香昆寺	287
■万象交通资讯	288
■万象生活资讯	289

琅勃拉邦　　290

■琅勃拉邦必游景点	291
琅勃拉邦王宫博物馆	291
维苏那拉特寺	291
达关西瀑布	291
坦丁洞	292
普西山	292
香通寺	292
吉利寺	293
琅勃拉邦夜市	293
■琅勃拉邦交通资讯	294
■琅勃拉邦生活资讯	295

占巴塞－巴色　　296

■占巴塞－巴色必游景点	297
普占神庙	297
巴色	297
四千美岛	297
湄公河小岛群	297
■占巴塞－巴色交通资讯	298
■占巴塞－巴色生活资讯	298

东南亚其他的旅游国家　缅甸

缅甸档案	300
首都	300
国旗	300

地理气候	300
人口民族	300
语言货币	300
宗教信仰	300

仰光 301

- 仰光必游景点 …………………………… 302
- 大金塔 …………………………………… 302
- 卡拉威宫 ………………………………… 302
- 丁茵水中佛塔 …………………………… 302
- 茵雅湖 …………………………………… 303
- 昂山市场 ………………………………… 303
- 珍宝博物馆 ……………………………… 303
- 仰光唐人街 ……………………………… 304
- 司雷宝塔 ………………………………… 304
- 波特涛塔 ………………………………… 304
- 羌达海滩 ………………………………… 304
- 维桑海滩 ………………………………… 305
- 勃固 ……………………………………… 305
- ■ 仰光交通资讯 ………………………… 306
- ■ 仰光生活资讯 ………………………… 307

曼德勒 308

- ■ 曼德勒必游景点 ……………………… 309
- 曼德勒皇宫 ……………………………… 309
- 曼德勒山 ………………………………… 309
- 敏贡古城 ………………………………… 309
- 固都陶佛塔 ……………………………… 310
- 实皆古城 ………………………………… 310
- 曼德勒古城 ……………………………… 310
- 马哈牟尼佛塔 …………………………… 310
- 因瓦古城 ………………………………… 311
- 阿马拉布拉古城 ………………………… 311
- 眉谬 ……………………………………… 311
- ■ 曼德勒交通资讯 ……………………… 312
- ■ 曼德勒生活资讯 ……………………… 313

蒲甘 314

- ■ 蒲甘必游景点 ………………………… 315
- 蒲甘塔林 ………………………………… 315
- 瑞喜宫塔 ………………………………… 315
- 蒲甘考古博物馆 ………………………… 315
- 波巴山 …………………………………… 316
- 阿南达寺 ………………………………… 316
- 他冰瑜塔 ………………………………… 316
- ■ 蒲甘交通资讯 ………………………… 317
- ■ 蒲甘生活资讯 ………………………… 317

东南亚其他的旅游国家 文莱

文莱档案 …………………………… 319

国旗	319
首都	319
气候	319
人口民族	319
语言货币	319
宗教信仰	319

斯里巴加湾　　320

■ 斯里巴加湾必游景点　　321

皇家王权博物馆	321
文莱博物馆	321
赛福鼎清真寺	321
水上村落	322
努洛伊曼皇宫	322
苏丹纪念馆	322
博而基亚清真寺	323
麻拉海滩	323
水晶公园	323
乌鲁淡布伦国家公园	324
Peradayan森林保护区	324

■ 斯里巴加湾交通资讯　　325

■ 斯里巴加湾生活资讯　　326

东南亚其他的旅游国家　东帝汶

东帝汶档案　　329

国旗	329
首都	329
气候	329
人口民族	329
语言货币	329
宗教信仰	329

帝力　　330

■ 帝力必游景点　　331

夏纳纳阅览室	331
抵抗博物馆	331
普艺莫里斯	331
阿陶罗岛	331

■ 东帝汶交通资讯　　332

■ 东帝汶生活资讯　　332

专题：东南亚不能错过的

最美海滩和岛屿　　333

旅游资讯篇

本篇介绍的是东南亚旅游各种攻略，包括在旅行中的行前准备、旅行攻略以及旅行中遇到各种问题的应急策略等。本篇介绍的都是非常实用的信息，概括了旅行中所需要的方方面面，如美食、住宿、购物、娱乐，以及东南亚各国的交通等。本篇可以指导你去哪里可以吃到最美味地道的美食、怎么兑换货币、如何找到最佳住宿地点、有哪些不容错过的东南亚最美风光等，也可以指导你遇到紧急情况如何面对，在旅行中要注意的各项事宜等。

东南亚档案
Profile of Southeast Asia

东南亚的地理

东南亚共有11个国家：泰国、越南、老挝、柬埔寨、缅甸、新加坡、马来西亚、印度尼西亚、菲律宾、东帝汶、文莱。东南亚位于亚洲东南部，濒临太平洋和印度洋，正处在亚洲和大洋洲，印度洋和太平洋的"十字路口"。从古至今，这里一直就是重要的海上交通要道。

东南亚地形以山地为主，在大河的下游及沿海多为平原和三角洲。而中南半岛地势北高南低，多山地和高原。山脉自南呈扇状向北延伸，因此形成了掸邦高原及南部山、谷相间分布的地形格局。主要山脉自西向东依次为那加山脉、若开山脉、登劳山脉、他念他翁山脉、比劳克东山；长山山脉。大山序之间的伊洛瓦底江、萨尔温江、湄南河、湄公河、红河自北向南，汹涌奔腾，源远流长。

阿莱半岛和苏门答腊岛之间的马六甲海峡，是东北亚经东南亚通往欧洲、非洲的海上最短航线和必经通道，长约900公里，最窄处仅37公里。这里控制着全球1/4的海运贸易，因此被日本称为"海上生命线"。

东南亚国家中的越南、老挝、柬埔寨、泰国、缅甸这5个国家为"陆地国家"或"半岛国家"。马来西亚、新加坡、印度尼西亚、文莱、菲律宾、东帝汶这6个为"海洋国家"或"海岛国家"。在东南亚国家中，印度尼西亚的面积最大。

东南亚各国都有自己悠久的历史，也都是新兴的国家，独特的地理环境加上气候和当地历史形成了独特的人文景观，如神秘的热带雨林，迷人的沙滩，优美的海岛等。

东南亚的气候特征

东南亚大部分处于赤道的附近，在北回归线以南，纬度较低，终年炎热，常年气温在25~30℃。大部地区一年只分为旱季和雨季。一般11月~次年5月为旱季，6月~10月为雨季。气候主要分为热带季风气候和热带雨林气候，热带季风气候范围主要为中南半岛北部和菲律宾北部地区，热带雨林气候范围则为赤道附近地区，马来群岛大部分地区。

东南亚的旱季中12月~次年2月，也被称做凉季，这段期间少雨，也是东南亚地区较凉爽的季节，因此这也是前往东南亚最佳旅游的季节。

东南亚的人口和民族

东南亚是个多民族的地区，大部分国家有多个少数民族，其中印度尼西亚是民族最多的国家，而泰国则是民族最少的国家。

泰国人口和民族

泰国的人口相对比较单一。超过40%的人口是泰族。这些泰族的主要人口包含中央泰族(占总人口的33.7%，包括曼谷)，东北泰族和老挝人(占泰族总人口34.2%)，北方泰族(占泰族总人口18.8%)，还有南方泰族(占泰族总人口13.3%)。大约有14%的泰国人口是华人，其中相当一部分来自广东潮汕地区。另外，马来族是另一个重要的少数民族(2.3%)。其

余的少数民族包括高棉、老挝族、山地民族等与泰族人相似的民族；还有越南人、还有一些住在山上的部落，这些人口大约80万。除此之外，泰国还有大量的来自亚洲、欧洲、北美等长期居住在泰国的人口，还有大量非法移民，但这些只占总人口的很小一部分。

新加坡人口和民族

新加坡常住人口超过400万，其中25%以上是外国公民。在本国公民中，3/4的人口是华人，也是世界上除中国以外唯一一个华人人口占大多数的国家。马来人占14%左右，印度人为8%，还有少部分欧亚混血人口。

马来西亚人口和民族

马来西亚约有2,831万人口，组成比例是土著（包括马来人、依班人、卡达山人等原住民）62.2%、华人22.5%、印度人6.8%、其他民族1.2%、外籍人士7.3%。

印度尼西亚人口和民族

印度尼西亚是一个人口大国，位居世界第4。2.45亿人散居在约6,000个岛屿上。印尼是一个多民族的国家，有100多个民族，其中爪哇族占总人口的40.6%，华人占8%。

菲律宾人口和民族

菲律宾主要以讲南岛语系语言的民族所构成(95.5%)，包括他加禄人、伊洛戈人、邦班牙人、米沙鄢人和比科尔人等。另外还有华人(1.5%)、印度

人、阿拉伯人等。

东南亚人使用的语言

东南亚的语言如同他们的民族一样也是语种繁多，东南亚主要分为三大语系，包括孟高棉语系、澳亚语系及南岛语系。东南的11国家中的语言大部分都属于这三种语系。而东南亚所有国家中都有华人华侨，他们并不都是以广东白话为主，在泰国讲潮州话的人居多，大部分的华侨是讲当地的官方语言。

东南亚的宗教信仰

佛教、伊斯兰教和基督教为东南亚的三大宗教，菲律宾居民多信天主教。信奉伊斯兰教的国家有印度尼西亚、马来西亚、文莱。而在越南、老挝、柬埔寨、缅甸、泰国、新加坡等国佛教尤为盛行。

国家	语言
越南	以越语为官方语言，越语又称京语，有大量的汉语借词，现用拉丁字母拼写
老挝	老挝的官方语言是老挝语，与泰语相近，老挝文以古高棉文字母为基础。在老挝的城市里，法语仍经常使用
柬埔寨	柬埔寨的官方语言是高棉语，属于南亚语系。在柬埔寨的城市，法语仍经常使用
缅甸	缅甸的官方语言是缅语，属汉藏语系。目前在公务和商业活动中，英语仍经常使用
泰国	泰国的国语是泰语，属汉藏语系壮侗语族，有许多的高棉语和梵语借词。泰文是13世纪时以古高棉文为基础而创制的
马来西亚	马来西亚的国语是马来语，有许多借自汉语、梵语、泰米尔语、英语的词汇。英语在知识分子和政府机构中经常使用
新加坡	新加坡的官方语言有4种；汉语、马来语、泰米尔语和英语
菲律宾	菲律宾的官方语言是他加禄语和英语，他加禄语和马来语相近，是"表亲"语言，使用拉丁字母文字
印度尼西亚	印度尼西亚的国语是印度尼西亚语。是在马来语基础上发展起来的，与其相近，常被看成是同一种语言
文莱	文莱以马来语和英语为官方语言

东南亚行前准备
Preparation before Southeast Asia

● 时间规划

泰国新加坡马来西亚8日游

时间规划	行程安排
第一天至第二天	参观拉玛王朝大王宫、玉佛寺、五世皇行宫、百年周末老街市场唐人店铺、竹筏夜游挽巴功河、燕窝中心、四合镇水乡、登上东方公主号
第三天	乘坐东方公主号到达珊瑚岛和金沙岛，在岛上不仅能欣赏到美丽的海边风光，还能参加各种水上活动，如游泳、潜水等
第四天	乘坐东方公主号回到曼谷，参观神殿寺后可以在土产市场看看当地的特产和农贸市集，然后在皇家毒蛇研究中心观看大象精彩的杂技表演和工作人员和鳄鱼互动的刺激惊险表演
第五天	参观国会大厦、鱼尾狮公园、圣陶沙公园
第六天	攀登新加坡最高山、花芭山、参观EMPEROR GEMS INDUSTRIEA PTE LTD珠宝展示中心、免税店DFS。午餐后可前往马来西亚首都吉隆坡
第七天	参观独立广场、国家清真寺、国家皇宫、英雄纪念碑、水上清真寺外观、马来文化村、国油双峰塔、云顶高原。乘坐世界上最长的缆车，往海拔1700米的云顶高原胜地
第八天	前往古城马六甲，参观三保井、三保庙、荷兰红屋、圣保罗大教堂、马六甲海峡

越南柬埔寨老挝8日游

时间规划	行程安排
第一天	乘车前往位于湄公河下游的乡野之庄——美托，游览时间约2小时，中餐享用湄公河象鱼餐，下午返回胡志明市，晚上乘船游览西贡河（船上用晚餐，观赏南国佳丽歌舞表演）
第二天	参观百年大教堂、邮政局、外观市政厅总统府、华人街天后宫、下午乘飞机前往吴哥窟
第三天	游览大吴哥：巴戎庙、十二生肖像、空中宫殿、斗象台、周萨神庙、达高神寺、小吴哥寺。傍晚登上巴肯山观神秘的"吴哥夕照"晚上享用柬埔寨特色自助餐，观赏民族舞蹈表演
第四天	走进吴哥古老的王朝，参观女王宫、古墓丽影的拍摄基地——塔普伦寺、圣剑寺、蟠蛇水池
第五天	乘车前往参观东南亚最大的淡水湖——洞里萨湖，乘飞机前往寮国古都—琅勃拉邦。参观皇宫、普西山。晚上前往"洋人街"淘宝
第六天	早上参观琅勃拉邦独特的宗教活动——布施，乘车前往达光西瀑布，市内途中赴织布村参观
第七天	参观香通寺，午餐后乘飞机前往河内，抵达后，乘车前往下龙，后入住酒店休息
第八天	乘船参观下龙湾，在游船上用午餐，可选购一些廉价而又美味的海鲜品尝，下午返回码头车程返回河内。参观巴亭广场、独柱寺、还剑湖，下午乘车前往下龙。傍晚可到龙湾海滩游玩，也参观河内商业区、36古街

前往方式

东南亚各国入境方式

对于有时间又想自助游的游客,可以参照以下列出的边境地点进行跨境旅行这里没有列出老挝和缅甸之间的过境地点,因为这两国的边界没有开通。

注意,在进行长途旅行之前,一定要先对相关国家的交通和具体边界城镇出入境地点进行查阅,还要了解相关国家的签证规定,以及旅途安全之类的事项。

印度尼西亚

从新加坡入境:从新加坡到廖内群岛(印尼)可以乘坐轮渡。

从马来西亚入境:渡轮路线,槟城(马来西亚)→苏门答腊勿拉湾(Beaawan,印尼);马六甲(马来西亚)→苏门答腊的杜迈(Dumai,印尼);新山(马来西亚)→廖内群岛的民丹岛和巴淡岛。打拉根(马来西亚)→奴奴干城(印尼)。

从东帝汶入境:巴图加德(东帝汶巴图加德)→莫图因(印尼)边境,乘公共汽车可以直接过境。

新加坡

从马来西亚入境:在新山(马来西亚)可直接搭乘汽车或者火车进入。丹绒古邦与大士有一座桥梁直接连接;也可以乘船从刁曼岛到达新加坡。

从印度尼西亚入境:从廖内群岛的民丹岛→巴淡岛,乘渡轮。

泰国

从老挝入境:会晒→达清孔,乘渡轮。从万象跨过泰国老挝友谊桥到达廊开。砂凯克→达穆达汉,乘渡轮。万荣陶→乌汶附近的空尖,乘汽车。

从柬埔寨入境:从波贝→亚兰暹粒或曼谷。戈公市→红帽沥,陆地过境。三隆→奥斯玛→素林省的创悕(泰国);安隆汶→潮→潮萨岩(泰国);拜林镇→Pruhm(柬埔寨)→Daunlem(泰国)。

从缅甸入境有两条合法的入境路线:湄塞→大其力和拉廊→高东县。当过境进入泰国的时候,请做好思想准备,缅甸边境官员可能会要求你支付意想不到的费用。

从马来西亚入境:兰卡威岛→沙敦(泰国),乘渡轮。合艾→巴东勿刹→康各(泰国),搭乘火车或者汽车。黑木山→沙多的边界口岸→合艾。兰斗班让→双溪哥乐(泰国),陆地过境。爱极乐→勿洞,也是一条陆路过境路线,对外国人开放,但也不方便。

马来西亚

从文莱入境:文莱夹在马来西亚的沙捞越和沙巴洲之间。白拉奕→吉隆坡巴拉姆,搭乘汽车。吉隆坡路瑞→沙捞越的林梦,搭乘汽车。

从文莱的首都斯里巴加湾→纳闽岛,搭乘渡

轮；斯里巴加湾→老越和林梦，也可搭乘渡轮。

从印度尼西亚入境：苏门答腊的勿拉湾→槟城，搭乘渡轮。苏门答腊的杜迈→马六甲，搭乘渡轮。廖内群岛的民丹岛和巴淡岛→新山，搭乘渡轮。在婆罗洲岛，奴奴干城→斗湖，搭乘渡轮，或者到打拉根。恩迪贡→打必禄，搭乘汽车。

从新加坡入境：兀兰→新山，搭乘汽车或者火车。新加坡的西郊大士建有一条大桥与丹绒古邦(M)连接。新加坡→刁曼岛，搭乘渡轮。

从泰国入境：（参考泰国进入马来西亚方式）

文莱

从马来西亚入境：所有公路都通往文莱首都斯里巴加湾。沙捞越→沙巴两洲，搭乘汽车。老挝→邦阿相连，搭乘渡轮。也可从纳闽岛前往斯里巴加湾。

柬埔寨

从越南入境：有三处出境口岸，公路过境从莫拜→巴维，胡志明市→金边。湄公河有两处口岸，三角洲小镇永昌→卡姆塞姆尔；静边→边境。

从老挝入境：塞代→四千岛(SiphanDon) →上丁，陆地，也可通过KohChheutealThom河→达上丁(DomKralor)，或者陆地也可以到达。

从泰国入境：亚兰→波贝，红帽沥→戈公市。素林省的ChongJom(泰国)、到奥斯玛→达三隆→潮岩洞→潮→安隆边。道恩勒莫→Pruhm→拜林市。

越南

从柬埔寨入境：从巴维→莫拜，陆地入境；卡姆塞姆尔→永昌，搭乘渡轮；金边登→静边(越南)，搭乘汽车。

丰沙湾→荣市。桑怒→木州。西庄→奠边府，去时一定要事先咨询。

从老挝入境：沙湾拿吉省→越南中心城市东河，搭乘汽车，途经辽宝。开奥桑怒→骄若。

缅甸

从泰国入境：湄塞→大其力，拉廊→高东县。进入缅甸时，必须持有有效签证或者在边境购买有效期一天的通行证。美索→棉瓦底，尚卡汶里→帕耶东素。

菲律宾

从马来西亚入境：马来西亚婆罗洲的山打根→三宝颜，搭乘渡轮。

老挝

从泰国入境：清孔→达会晒，搭乘汽车。廊开→泰国老挝友谊桥→万象。越过湄公河，从那空帕侬→砂凯客或穆达汉→沙湾拿吉，搭乘渡轮。乌汶附近的空尖→万荣陶，陆地入境。

从越南入境： 东哈→沙湾拿吉省，途经老挝辽保，搭乘汽车。骄若→开奥桑怒。荣市→他曲。南可→NongHant，但这里一条马拉松式的路线，

从柬埔寨入境：塞代是唯一与柬埔寨相通的边境。

奠边府→郑庄(老挝)，事先咨询。

东帝汶

从印度尼西亚入境：莫图因→巴图加德(东帝汶)，搭乘汽车。

旅游季节

东南亚地区总是比较炎热潮湿。其中的大陆部分国家如泰国、越南、柬埔寨、缅甸及老挝一般都有相似的气候特征。从12月~次年2月是去东南亚旅游的最佳季节，你可以在那里享受到凉爽的空气，而在3月到5月可以体验一下那里炽热的阳光。雨季从6月持续到10月左右，这段时间气候变化往往十分剧烈，每天一两个小时的倾盆大雨过后就是阳光普照。

去印度尼西亚旅游的最佳季节为5月到9月。大雨在9月底从苏门答腊开始登陆，向东西东，到11、12月左右抵达东帝汶。4月到6月是东帝汶的最佳旅游季节。马来西亚和新加坡每年会遭受两次雨季的侵袭，11月到次年2月，东海岸地区会受雨季影响，而5月到9月，则西海岸地区受雨季影响。两海岸之间的区域则较少受到影响。菲律宾的每年6月到10月上旬为台风多发季节，而8月到9月则是台风最为频繁的时期。

各种盛大节日也是指定旅游计划时必须考虑的因素之一，如中国春节期间，所有商业活动都会停滞，而在5月佛教的泼水节期间，人们则会走到户外，泼水狂欢。

旅游预算

根据旅游预算，现在网络上已经把旅行的形式分为了许多种，包括穷游、半穷游和脱贫游等。穷游一般住宿在各地住家庭旅馆，时常会睡车上，必要时也可能就在睡袋里睡了，吃的也基本都非常节约，方便面、面包、饼干是常事；半穷游相对来说好一点，吃的、睡的都一般；而吃睡都不错，还会买点纪念品的就算是脱贫游了。

住宿

东南亚各种形式的住宿地很多，价格方面要依据各个国家的消费水平而定。东南亚有很多面向青年人的旅馆，这些青年旅舍不仅价格便宜，而且还是年轻人交流旅行经验的好地方。最低的一晚只要5美元，较好的也只要20美元。中档旅馆每个国家情况不一样，价钱也不一样，不过也不会很高。如果通过国内的旅行网预订，还可以享受一定的折扣。如果按照中等消费计划，平均每天的住宿费可以按照30美元来做预算。

饮食

饮食方面，在东南亚你可以尝到世界各国的美食。东南亚的快餐厅也很多，如果你对食物的要求不高，也可以到夜市大排档吃一顿。如果你能订到2星级到4星级的酒店，那么多数情况下还能享受早餐，就省却了很多麻烦。

一般来说，东南亚的一餐消费为3~10美元，也就是说，可以按照每天最低15美元做预算。

交通

东南亚各个城市都有自己特色的交通工具，花费也不贵，每天1美元左右就可以满足城市里的观光、旅游，如果租摩托车，一天也只需要10美元左右，比较划算。当然交通费最贵的是机票钱，可以尽

量减少乘坐。

观光及其他

门票、纪念品、下午茶，这些也是需要简单做个预算的。还要准备出日常用品的费用，零食的费用，给司机、服务生的小费等，这些则要根据你的旅行时间等具体情况来看了。

如果想节约花费，则可以适当避开旅游热点地区，选择一些"冷门"地区和景点旅游，也许还会有额外惊喜。结伴同行的话，费用也可节省很多。

准备证件

泰国

中国公民前往泰国，必须取得签证；也可以申请落地签证，但必须从第三国到泰国后在泰国机场申请。持中国香港、澳门护照前往泰国可以免签，但停留时间限制在30天内。

一家人申请泰国旅游签证，可以共用一份存款证明（或存折复印件），但金额数必须达到每人不超过三万人民币。与此同时，需要提供结婚证的复印件、出生证明复印件或户口复印件。

流程与费用

办理流程（以北京地区为例）

（1）填写签证申请表。

（2）在领事馆2、3、4或5号签证窗口递交完整的签证申请资料并获得银行付款单。

（3）请持银行付款单在北京建国路双子座大厦东塔一层中国银行北京分行付款。签证费一经支付概不退还。

（4）付款后，请将此银行付款单再次递交到申请时所在地签证窗口并获得取单。

（5）将取单递交6号出纳窗口盖已付款章。

（6）获取签证。一般旅游签证和过境签证的申请人可在申请后第二个工作日获得签证。

费用及签证有效期

过境签证，需180元，有效期3个月，允许申请者停留不超过15天。

旅游签证，需230元，有效期3个月，允许申请者停留不超过60天。

新加坡

中国公民可登陆新加坡移民与关卡局的网站 www.ica.gov.sg，单击SAVE系统，签证申请查询(status enquiry)，输入相关申请序号（如VSCXXXXXXSAXXXX2009）和护照号码，再点击这里（here）打开文件。

（1）申请表格可从www.ica.gov.sg下载。

（2）申请材料原件在签证窗口审核后会立即返还给申请者。

（3）申请者应在签证批准后再购买机票。凡因提前购买机票而签证未被批准所造成的经济损失，使馆对此不负责任。

（4）签证的签发日期一般是签证的申请日，签证一旦被签发其有效期将不再变更。申请者不应过早递交申请材料。若签证已过期，申请者须重新递交申请材料。申请者在领取签证时，应仔细核对签发日期及签证有效期。建议申请者在出国前一至二周递交申请。

（5）签证持有者并不一定可以入境新加坡。签证持有人须符合入境规定方可准许入境，如有效护照，足够的资金和往返机票。新加坡移民与关卡局官员有权决定其是否可入境。

（6）新加坡移民与关卡局官员在签证持有者入境时决定其停留天数。申请者应留意护照的入境章和批准的停留期限。

签证费以人民币支付每人153元人民币。被拒

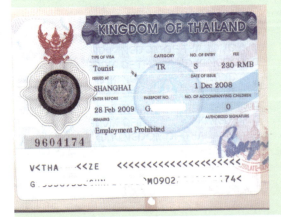

签或撤销已递交的签证申请，签证费一概不退。请自备零钱。若有任何其他问题，可拨签证热线 86-10-65329380 咨询。

马来西亚

（1）过境签证。适用人群：在指定机场和出口处到达的旅游团。停留期限：14天。要求：旅行团人数大于两人（包括两人）且有三国签证，此外，要有马来西亚地接旅行社向吉隆坡移民局总部提交表格并负责旅行团全程旅游。处理一个材料完整的申请的平均时间为3个工作日左右。

（2）旅游签证。剩余有效期超过6个月的个人护照，二寸个人近期证件照2张（白底彩色），手续费人民币80元，在签证处柜台领取签证申请表及申请登记表各一张，现场填写并粘贴照片（详情请咨询签证处官员）。30日内旅游签证：100马来西亚币。

● 青年旅舍会员卡

如果持有青年旅舍会员卡，在东南亚的青年旅舍住宿，就能享受不少的折扣。不过这里要注意的是，东南亚大部分的国家很少用这张卡，很多地区只需要凭身份证或者护照就能直接入住。

网上申请

国际青年旅舍网站：www.yhachina.com。在这里，可以办理YHA国际青年旅舍会员卡，还可以链接到全球的青年旅舍网站，并能直接在网站上订房。

在网上输入申请人资料，会费只可以通过邮局

东南亚各国签证须知

国家	签证资料
新加坡 （个人旅游）	3个工作日 半年以上有效期护照 两张白色背景的二寸彩照 身份证和户口本的复印件（户主页及本人页） 中方英文在职证明或至少2万元的存款证明 北京户口的人需缴纳5000元的签证押金，其他地区的需缴纳10000元的签证押金。 如果非单办签证的人员符合以下城市名称可以免交押金 目前开通便捷城市的名称：北京、上海、广州、大连、南京、深圳、厦门、苏州、杭州、福州、昆明、天津、西安、济南、青岛、无锡、哈尔滨
菲律宾 （个人旅游） （团队旅游）	3个工作日 半年以上有效期护照 两张白色背景的二寸彩照 英文在职证明及至少2万元存款证明（存期需4个月之内） 往返OK票原件。 外领区需要客人本人面试，18岁以下需要出生证原件
印度尼西亚 （落地签证、团队使用）	半年以上有效期护照原件 两张二寸白底彩照（于出发当天随身携带）
老挝	3个工作日 护照正本 两张白色背景的二寸彩照 签证申请表填写两张，用英文大写填写 身份证正反面复印件 护照首页复印件。
泰国	3个工作日 半年以上有效期护照 两张白色背景的二寸彩照 个人资料表

续表

国家	签证资料
马来西亚	4个工作日 半年以上有效期护照 两张白色背景的二寸彩照 个人资料表
缅甸 (个人旅游签证)	7个工作日 护照原件本信息 两张白色背景的二寸彩照 身份证正反面复印件一份
越南	4个工作日 半年以上有效期护照 两张白色背景的二寸彩照 个人资料表
柬埔寨	3个工作日 半年以上有效期护照 两张白色背景的二寸彩照 个人资料表
文莱	7个工作日 护照原件(有效期至少半年以上) 两张白色背景的二寸彩照 身份证复印件 英文在职证明
东帝汶 (落地签证)	有效期6个月以上的护照； 请在护照最后一页须签名(中文姓名) 护照至少两张连续页码空白页(该页与该页反面) 持换发护照者，须同时提供所有旧护照原件 照片：二寸白底彩色半年近照3张(6个月以内)

汇款。费用收到后，就会寄来会员卡。

亲自申请

亲自到各青年旅舍或当地的YHA国际会员卡代理商处申请，办妥手续后，就可以取卡。也可以直接到国际青年旅舍中国总部办理会员卡。手续办妥后，就能立即取卡。

其他申请方式

如果无法在网上申请，则可以下载会籍申请表简体中文/繁体中文/英文，填写后通过电邮yhachina@yahoo.com.cn或传真(020)-8734-5428或(020)-2238-6639发到国际青年旅舍中国总部，会费可到邮局汇款。费用收到后，就会寄来会员卡。

国际青年旅舍会员卡的有效期为1年，全球可以通用。期满后可把就卡复印后传真至青年旅舍中国总部，第2年、第3年办理会获得相应优惠。

国际学生证的申请及办理

国际学生证(ISIC)，是目前国际确认的唯一全日制学生证明文件，如果你年满12岁或以上，是全日制学生(包括大专生，海外学生及就读12星期短期课程的全职学生)，就可以申请ISIC。申请了国际学生证，你可以在120余个国家和地区享受学生的待遇，4万余项的全球优惠，1200项机票、巴士以及火车、轮渡的优惠，还有多个文化场所以及博物馆进场的优惠，两万多家酒吧、餐厅以及购物的优惠，如果想要了解更为全面的全球优惠，可以浏览ISIC国际网站：www.isic.org。

申请ISIC，可以通过网站www.isic.cc，只要

泰国青年旅舍办事处

名称	泰国青年旅馆协会
地址	彭世洛路25/2号
价格	90~450泰铢
接待时间	前台全天24小时提供服务，有驻店经理
客房预订	一定要提前预订房间，可通过网站、电话、传真、电邮（提供吸烟客房）
电话	(66)-(2)-628-7413 ／ 280-2111
传真	(66)-(2)-628-7416
电邮	contact@tyha.org
网站	www.tyha.org
旅舍顾客	需有会员卡和有照片的身份证。最多停留14天。个人和团体都可以。
膳食	提供3餐，还提供自助设施

新加坡青年旅舍办事处

名称	国际青年旅舍
地址	巴西立
接待时间	旅舍全天24小时，全年开放接待客人
客房预订	一定要提前预订电话，可通过网站、电话、传真、电邮
电话	800 120 3480c
传真	(65) 6584-2502 ／ (65) 6584-7925
电邮	enquiries@hisingapore.org.sg
网站	www.hisingapore.org
旅舍顾客	需有会员卡，或在入住时可购买"欢迎印章"。欢迎旅行团。团体预订通过电邮联系旅舍办理
膳食	提供3餐

马来西亚青年旅舍办事处

名称	马来西亚国际青年旅舍
地址	梦幻之城公寓B座1-7号,马纳街
价格	15~20新币
接待时间	全天24小时。前台服务时间:07:00~23:59
客房预订	一定要提前预订电话,可通过网站、电话、传真、电邮
电话	(60)-3-2273-6870/(60)-3-2273-6871
传真	60-3- 22741115
电邮	contact@hi-malaysia.org.my
网站	www.hi-malaysia.org.my
旅舍顾客	需有会员卡和有照片的身份证件
膳食	提供3餐

如实填上你的信息,并提交学生证、录取通知书或者学费单的图片文件,身份证、护照或者出生证明的图片文件还有1张一寸正面免冠彩色照片的电子版即可,申请的费用为95~105元,如果想了解更为详细的信息,可以拨打电话4006-100-116进行咨询。

此外,ISIC也可以亲自上门办理,但是需要亲自去ISIC中国签发机构领证。

证去柜台办理,填一份表格就可以了。

国外兑换货币

人民币在东南亚一般可以兑换,美元兑换的场所更多,泰铢、马来西亚林吉特、新加坡元等均可以自由兑换。兑换的场所有银行、机场、找换店等,有的导游可以提供兑换场所。若在其中一国用剩的货币可直接兑换成另一国货币,不必再换成美元,兑换次数越多付出手续费越多。汇率可参考当地牌价银联卡。

国际学生证办理地点

名称	地址	电话	传真	开放时间	交通
北京ISIC中国签发机构	北京市东三环北路甲二号京信大厦2142-2145室(100027)	010-65981876/65981976/65981955	010-68002938	周一至周五9:00~18:00	乘坐地铁10号线在亮马桥站下,或者乘坐公交405、416路、421路在三元庵站下
南京ISIC中国签发机构	江苏省南京市白下区太平南路1号新世纪广场B座1803室	025-66662456/66662453	025-66662453	周一至周五9:00~18:00	乘坐公交1、3、5、9、25、31路在大行宫站下即到

在ISIC,除了可以办理国际学生证外,还可以办理国际教师证(ITIC)以及国际青年证(IYTC)。凡任职认可注册教育机构、学校、大专院校的全日制教师、教授(每星期工作最少18个小时)可以办理国际教师证;25岁或以下的青年可以办理国际青年证。办理的方式与办理国际学生证一样。

🟢 货币兑换及使用

国内兑换货币

兑换货币最好在国内进行,比较方便,汇率比较合适。只要在大银行的营业时间,带好自己的身份

信用卡的使用

在东南亚旅行，总是需要带一些现金的，但是携带大量的钱又很危险，而且一次次的兑换又很麻烦，所以带一张信用卡可以让旅途方便不少。只要不去很小的城镇，大的旅游城市都是可以使用信用卡的。它可以用于购买火车票、地铁票、门票，还可以用于吃饭、购物和住宿。

万事达和维萨都是人们经常选择的信用卡，其他有银联标志的国际信用卡，也可以直接用人民币兑换成当地的货币。一般来说，万事达卡会比维萨更实用一些，因为有些小超市是不收维萨卡的。

TIPS 现在东南亚盗卡非常严重，因此最好谨慎使用信用卡。不管境外刷卡是否真的如传说中那么不安全，持卡人都应防患于未然，随时注意财产安全。这里有8条用卡建议：①避免在小商户刷卡；②保护信用卡后三码；③信用卡不离开视线；④卡和身份证分开放；⑤开通短信提醒服务；⑥接到通知后即换卡；⑦为信用卡购买保险；⑧使用免手续费的借记卡。

银联卡

目前，中国银联开通的东南亚南亚业务已经扩展至新加坡、泰国、马来西亚、印度尼西亚、菲律宾、越南、柬埔寨、文莱、老挝、马尔代夫、斯里兰卡以及孟加拉等12个国家。

中国银联通过与当地银行以及其他合作伙伴的紧密合作，目前以上12个国家的购物商场、酒店、度假胜地、知名餐馆等已经开始接受银联卡，并逐渐向日常消费延伸。在东南亚国家当地工作、旅游以及留学的中国人已经越来越感受到银联卡所带来的便利和实惠。泰国超九成取款机都能使用银联卡。

赴东南亚国家旅游，用一张带有中国"银联"标识的信用卡，可免去货币间兑换的烦恼，省下汇兑的转换费用。

由于双币信用卡既带维萨或万事达标识，又带银联标识，因此持卡人在消费刷卡时要提醒收银员选择"银联"系统来刷卡，才能为自己省下一笔不菲的转换费用。

准备行李

行李携带注意事项

(1) 随身行李（长宽高合计不超过115厘米），请将较贵重及易碎物品以及随时要取用的物品放在随身行李内（如药品、摄像机、胶卷、电池等，需用证件、机票、现金等务必随身携带）。护照应该随身携带，不要放在行李箱内。

(2) 免费托运行李一件（重量不超过20公斤，长宽高合计不超过269厘米），可将日常用品等放于行李内。

(3) 出外旅游携带的行李怎么方便怎么带，携带的旅行箱，包要坚固耐用，应尽量避免携带贵重物品，若无需要，应把一切贵重物品如：珠宝首饰、名贵手表放在家中。

衣着

(1) 在新加坡出入空调房时最好有件长袖上衣。

(2)赴东南亚旅游时雨伞是必备物品。

(3)泰国全年为夏季,衣着以吸汗为强的T恤为佳;拖鞋、短裤必备,如有意游泳请携带泳衣。

(4)游览马来西亚云顶娱乐区时要求男士衣冠整齐,如穿西装请打领带。

● 建议携带行李

出国旅行,尤其是需要住宿的旅行,行李是最大的问题,不过一切都要讲究方便二字。需要带什么,什么又不需要带,一定要分清楚。这里我们分为3个方面推荐。

穿着方面:外套、轻便的鞋、凉帽、拖鞋。

生活方面:牙膏、牙刷、雨伞(一定要带)、贵重物品的随身小包(腰包)、电池、相机、胶卷(境外胶卷、电池贵一些)、防晒霜、信用卡、装护照及身份证(儿童要户口本)、轻便的手拉箱。

其他方面:可带一些自己喜欢的食品(如麻辣牛肉干、榨菜等调味食品、辣酱)、常备药品(晕车、船、机药,消炎药,水土不服止泻药保济丸,风油精等)、现金(美元、人民币)。

东南亚旅行攻略
Southeast Asia-trip Guide

吃 东南亚最好吃的是什么

东南亚有什么特色美食

东南亚一直给人以神秘的印象,而东南亚地区的食物更是神秘,实际上他们平日的饮食都是简单家常菜的做法。渔民们钓来的鱼,随手用香料腌制一下,再用椰油煎来吃。东南亚地区当地的食物与本身的地理环境、经济状况都有紧密关系。

东南亚料理的主要特色就是酸和辣,无论是菜肴或者汤品,大都是酸辣口感,直接刺激味蕾,让人胃口大开,难以拒绝。而东南亚料理的酸和别的地区有所不同,它所用的调料都是东南亚地区特有的青柠檬和柠檬叶制作而成,尤其是泰国,几乎每一道菜种都会挤上柠檬汁,从而散发出浓郁的水果清香,这种味道就被称为东南亚味道。

下面介绍5种东南亚最具代表性的特美食。

沙嗲
沙嗲是一种在东南亚的夜市或者街边都可以吃到的平民美食,深受东南亚各国人民的喜爱。沙嗲就是烤串,不过几乎所有的沙嗲在烧烤之前,都需要特别腌制一下,而腌制是否得法则是它好吃与否的关键。

沙嗲用的肉有鸡肉、羊肉、牛肉,用蒜、香茅、姜、芫荽子、花椒、姜黄、酱油、椰浆等腌制一晚,穿成串后以适度的火候烤制。这种烤肉的精华部分在于最后要蘸厚厚的一层沙嗲酱,沙嗲酱的颜色偏橘黄色,主要是用花生酱、椰酱以及虾米等材料混合制成,最完美的沙嗲酱一定可以吃出花生的碎粒和香味,有些偏辣,而有些则偏甜,与肉串是最完美的配搭。各国的做法稍有不同。

冬荫功
这是一道非常有名的泰国菜。浓郁酸辣味强劲的汤头对于适应东南亚湿热的气候真是一剂良药。冬荫功汤之中,最不能缺少的就是虾,而虾都是来自湄公河里的大头虾。这道菜新鲜的香料也是必不可少的,柠檬叶、香茅、香菜、鱼露以及辣椒等,烦琐但

旅游资讯篇 | 旅游文化篇 | 旅游景点篇

—15—

每一样都直接影响最终的口味。这道菜在泰国的南北的做法也稍有不同,北部喜爱清淡,南部则口味比较重。

越南河粉

河粉(Pho)在越南语中念做"佛",尽管Pho在越南是街头最平民的食物,但是要吃上一碗汤头清澈、食材新鲜完美的越南河粉依然是件可遇不可求的事。汤底要用大量的肉和骨头来熬制,那日积月累的汤头可不是寻常人家都可以做出来的。

娘惹菜

娘惹菜是指在早先华人与马来人通婚,生下的后代,男生被称为"裔裔",而女生则被称为"娘惹"。娘惹们的烹饪手艺都非常好,她们用传统中式料理结合马来当地的香料等调味,创造出风味独特的菜肴,其中最有名的有五香(Ngoh Hiang)、黑果鸡(Ayam BuahKeluak)、辣牛肉(Beef Rendang)以及炒杂菜(Chap Chye)等。

叻沙

叻沙是典型的娘惹菜,鲜艳的咖喱黄,每一勺都充满浓郁椰浆的香味。叻沙里面有粗米粉、对半切开的白煮蛋、虾、豆芽、豆干和鱼饼,最讲究的还要加上一份新鲜的狮蚶。

过去传闻最好的叻沙就在新加坡加东地区罗克西戏院的门口,据说那里是叻沙的发源地。而如今在加东地区有数家叻沙店,著名的"328"以及对面的"49"都称自己最为正宗。去新加坡的游客们可以去品尝一下,试着分辨哪家的叻沙更加好吃。

● 用餐时要注意的礼仪

泰国用餐礼仪

在泰国用餐方式上与一般中餐并无差别。如果一同用餐者有长、幼或是辈分之分,则由靠近墙壁或是离门最远的上手座位起,依次落座。

泰国饮食所使用的餐具十分简单,基本餐具为一只汤匙与一副筷子,以及一个圆盘。进餐时将饭盛进圆盘中,并用汤匙取有汤汁的菜肴、吃饭,而筷子则是用来夹菜。吃泰国菜时正确的进餐方式为就座先舀适量的白饭在盘中,再用汤匙将菜肴与饭拌匀,用汤匙以西餐喝汤的方式,由靠身体的内侧往前方舀起,吃完再盛饭。由于菜肴种类多,因此不要一次盛太多的饭,以免各种菜肴混作一堆吃起来五味杂陈也不方便。另外,吃饭时不要为了图方便将盘子端起往嘴里倒,那样不雅观,也十分失礼。

新加坡用餐礼仪

用餐时不要把筷子放在碗或装菜的盘子上,不用时,也不要交叉摆放,应放在托架、酱油碟或放骨片的盘子上。如有海员、渔夫或其他爱好划船者同席,注意不要把盘子里吃了一半的鱼翻转过来,因为那将预示翻船,要把鱼骨移开,从上面吃到下面。

柬埔寨用餐礼仪

柬埔寨人以大米为主食,他们因多信奉佛教,

东南亚美食餐厅推荐

对于美食达人而言,去任何地方旅行,找一家合口味的餐厅都是最重要不过的事情。东南亚地区的食物选料新鲜、色彩斑斓。其原料常以海鲜、水果和蔬菜为主,往往仅看上一眼,便会垂涎欲滴,欲罢不能。尤其是这几年声名鹊起的泰国菜,颜色上红绿相间、眼观极佳,而且调料丰富、百香凝聚。东南亚美食有些辣、有些甜、有些香,也大概是原产自东南亚的调味料配合着美食原料所形成的独一无二的味道。下面我们就来寻觅一下东南亚著名的美食餐厅吧。

珍宝海鲜餐厅(新加坡)

人均消费:40~60新元

如果没有辣蟹这道招牌菜式,新加坡本地的特色海鲜也就名不符其实了。想要品尝最正宗的辣蟹,就一定要来珍宝海鲜餐厅!

创建于1987年的珍宝海鲜餐厅是在新加坡本地发展壮大的餐饮集团,目前在新加坡全岛共设有7家餐饮店。珍宝海鲜餐厅主营新加坡风味的中式菜肴,各种新鲜海产应有尽有。餐厅的招牌菜辣蟹和黑胡椒蟹代表了新加坡最地道的口味。此外,脆皮

忌杀生,所以不大食动物肉,而喜食素菜,他们饭后有漱口的习惯。

缅甸用餐礼仪

在用餐时,缅甸人主要以手抓食。只有在待客时,才会预备刀叉。用餐的时候,缅甸人通常围绕矮桌而坐,每人面前均会备有一碗清水,用于在进餐前刷洗手指。缅甸人大都讲究饭菜上齐后才可开始用餐。在用餐时,排列座次需注意男左而女右。在端菜盛饭的过程中,不能令饭菜越过用餐者头顶。用餐时,尤其是抓食饭菜时,仅可使用右手,忌用左手。唯有父母、来宾开始进食后,子女、主人才能跟进。吃饭的时候,不允许讲令人作呕的话。发现饭菜之中有脏东西时,要悄然处理,不应当声张。

老挝用餐礼仪

在老挝用餐基本没有太需要注意的规则。吃饭时通常大家共享一张桌子或地板,每个人有自己的糯米饭,但主要的菜会放在桌子中间共享。在万象和琅勃拉邦,现在也开始流行给小费,把找回的零钱给做小费是比较安全的做法,更大方的方式是将账单的5%~10%作为小费。

鱿鱼仔和叁巴空心菜也是本店名菜。

地址：东海岸海鲜中心

鸿星海鲜酒家（泰国芭提雅）

人均消费：400~600泰铢

鸿星海鲜酒家在芭提雅非常有名，是一家香港连锁海鲜酒家在芭提雅的分店，门口有店主和黄秋生的照片。双人套餐800泰铢，包括每人一盅鱼翅和一盅燕窝，还有海鲜汤和小龙虾。咖喱蟹也是这里的招牌菜，值得一试。

营业时间：10:00~23:00

地址：芭提雅2号路贵族

贵族（菲律宾马尼拉）

人均消费：300~500比索

这是一家菲律宾传统菜肴的餐厅，诸如烤虱目鱼和猪爪之类的传统菲律宾菜肴弥补了这里类似医院嘈杂大厅的感觉，这里提供此类传统菜肴已有六十多年了。主菜价格为200~340比索。

地址：罗哈斯大道和圣安地冈斯街

祥海记冷气饭店（马来西亚柔佛州）

人均消费：15~30马币

这是一家传统的马来西亚菜肴餐厅，不仅提供当地菜肴，也有中华料理。这里的菜肴非常有当地特色，如果想品尝正宗的马来西亚菜肴，这里真的不能错过。特色小吃如良实　条、砂煲　鱼、野蜜参茶、海参猪脚等实属美味，让人回味无穷。

营业时间：11:00~14:00，5:30~23:30

电话：(07) 931-7446

地址：阿齐兹·阿人杜拉13楼

太多太多餐厅

人均消费：2000~3000基亚

Too Too Restaurant是许多游客推荐的缅式餐厅，这里可以吃到公认比较正宗的缅式饭菜，一道主菜的价格在2000基亚左右，大虾3500基亚，素菜500~600基亚。如果需要空调房间，另外支付300基亚空调费。

地址：位于曼德勒（缅甸曼德勒）

 住 如何找到合适的住处

东南亚的青年旅舍

东南亚国家的青年旅舍通常不需要提前预订，旅舍大多聚集在几个区域，只需选择自己想住宿的区域即可。一般考察的条件是价格、人气、卫生条件、环境等。人气高环境好的旅舍通常价格也很合理，入住后还能碰到许多志同道合的朋友一起交流旅游信息。当然如果你喜欢有计划的旅行也可以提前上网预订。如个人预算有限也可选择租住床位，但值得注意的是不少青年旅舍的房间都是男女混住，入住前应询问清楚，以免到时尴尬。

东南亚的星级酒店

如果你想在疲惫的时候冲个热水澡，也不喜欢青年旅舍的简单环境，那么你可以选择中档或高档

的星级酒店。东南亚的星级酒店一般在市中心的繁华地带，治安与环境都很好，装修也都比较豪华，工作人员较多，可以随时随地帮助你。酒店内，从餐厅、游泳池到体育俱乐部等辅助设施都有。

中档的星级酒店一般都是2～3星级，这个等级的酒店清洁程度、服务情况差别都很大，一定要在入住前去看看。而4～5星级的高级酒店，往往可以在这里享受到不错的待遇，还会有丰盛的晚餐，到达各景点也方便。这些酒店，你可以让国内的旅行社帮忙预订，也可以到网上查询并预订，这样可以节省不少开销。

东南亚的家庭旅馆

出国旅游有多种目的，其中目的之一是去异国他乡做一回异乡人，体验一下异地文化。最有效的方式就是去居民家投宿，与主人一家共同生活、起居。在这种家庭旅馆里，主人为客人做家常菜，做你在当地风土人情。虽然总的花钱不多，但文化差异方面的真实感受却很多。

马来西亚旅游促进委员会在经营这方面业务。你可以在它的网页上找到怎么与海岛上的渔民之家或小村庄里的农家一起呆上数日。

东南亚住宿早知道

东南亚住宿一般价格较低和具备基本的设施。"最基本"、"基本"和"普通"通常是指房间有四面墙、一般只有一张床和一台电扇（便于驱赶蚊子）。对于最便宜的房间，浴室通常是公用的。大多数面向外国人的场所，装有西式马桶，但是在面向本地人的多层建筑旅馆中，通常只有蹲式便池。露营不是一种很普遍的选择。

当你寻找一间客房时，无论如何，要首先询问价格，其次要查看房间的卫生、舒适以及安静情况。

如果价格太高，还可以询问他们是否还有更便宜的房间。除了淡季以外，多数旅馆的价格是没有商量余地的。一旦你付了房费，无论多大的老鼠在地板上跑过，他们也不会退还你的房费了。因此建议最好用每天付款的方式，而不要一次付清所住天数的所有房钱。在这里要提醒的一点是，在早晨首要的事就是付款，以免旅馆人员对你采用失礼行为。如果你要乘坐早班公共汽车出城的话，在前一天晚上就需支付你的账单，大多数旅馆和宾馆在午夜至早晨6点不安排服务员当班。

对于经济型住房，不推荐提前预订（特别是为此而预付定金的）房间。对于经济型住宿，最好不要代理机构办理预订事宜，否则，就会被索要双倍价格，多余的钱就付给了代理机构。

入住酒店常识问题一览

（1）部分酒店有收费电视服务，在入住酒店前请向导游或服务生咨询，以免产生不必要的费用。

（2）离开酒店外出时，请通知领队或导游，并带上酒店名片，以便迷路时使用，外出时最好能结伴而行（最好有懂外语的人），以策安全。

（3）大多数酒店都设有免费为客人保管贵重物品的保险箱，最好将随身携带的证件，钱财等贵重物品寄存于保险箱内保管，最好不要放在酒店的房间内或放在旅游车内。

（4）请勿穿睡衣在酒店内活动，这是不礼貌的行为；酒店内禁止大声喧哗，以免影响其他客人休息。

（5）新加坡的自来水可以直接饮用，符合卫生标准。

（6）东南亚国家非常注意环境保护，通常大多数酒店不准备牙刷，牙膏或拖鞋等一次性物品，请自备上述物品。

怎样在东南亚畅行无阻

畅游东南亚的交通工具

交通工具的选择需根据个人的预算及出行时间而定，往返于城市之间的交通工具主要是飞机、火车和大巴。这里建议游客选择大巴，因为价格合理且班次选择较多，而乘坐夜车可以让你在节省时间的同时也省出一晚的住宿费。

而在东南亚的城市内，几乎每个城市都有当地特色的交通工具，如泰国嘟嘟车、老挝越南柬埔寨等国的三轮车，甚至有些国家还有马车。它们不仅价格便宜，更是游览观光和体验当地生活的最适合的交通工具。当然，有些国家如马尼拉、吉隆坡等一些较大的城市都有地铁。有些国家公共汽车路线非常发达，几乎能到达想去的任何景点，有的城市就十分贫瘠，还是建议搭乘当地的特色交通工具。

东南亚特色交通工具

泰国嘟嘟车

嘟嘟车，泰语称之为"Samlor"，英文名叫"Tuk-Tuks"，是泰国特色之一。它因车身小，易于穿行于车流之间而方便快捷。这种车实际上就是一种机动三轮车，只是多了一个可挡雨淋日晒的车篷。嘟嘟车四周敞开，既通风凉快，也可观赏街景。它车身绘上色彩缤纷的画，车身较矮小，可乘坐2、3人。车费便宜，可当面议价。

菲律宾DIY公交车

在菲律宾通往市区的路上，经常可以看到一种外形像卡车，但是身上涂满了花花绿绿的图案、装了许多车灯、喇叭还有各种装饰的车子驶过，那是菲律宾特有的长途汽车，由于当地人喜欢改装，于是把它弄得很是花哨，因而没有两辆相同的车子。

越南摩托车

摩托车是越南人主要的交通工具，河内更是被称为摩托车上的城市。越南的摩托车还有两个奇观，一是摩托车手大都不戴头盔，据说戴了头盔会捂住了耳朵，听不到周围声音，影响安全，所以他们不肯戴头盔，二是一辆摩托车上坐三四人不稀奇，听说最多的一辆摩托车上曾坐了7个人。所以在越南搭乘摩托车的时候一定要注意安全，也要提醒司机小心驾驶。

马车

在东南亚大部分国家中很多城市都能见到马车的身影，这种古老的交通工具一直沿用至今，游客可在大街上任意招来马车，坐一趟风情十足的

马车观光。随着马车缓缓前行，便可前往市区内著名的观光景点做一番游览。

水上巴士

东南亚几乎所有的国家都是由许多的岛屿组成，因此在岛与岛之间船就是最重要的交通工具。水上巴士在东南亚国家很常见，在有些国家比如文莱、泰国、马来西亚中作为某些城市内部交通工具使用。

在东南亚乘车要注意什么

总体来讲，东南亚的公路网还是令人满意的，当然除了个别国家的偏远地带。不过在雨季东南亚大部分地区道路都不好通车。如果你需要自驾旅行，则通常需要多准备几张地图。交通信号牌一般用当地文字书写，有的也用英文。

东南亚所有的车辆一般都是靠左侧行驶，这和中国的习惯不太一样。

一般在公路的中央没有明显的左右分界，而泰国司机都习惯地认为这属于自己，于是都挤到中央来，所以泰国的交通事故率相对很高。

在东南亚的各国都有高速公路时速限制，如果被雷达检到超速，在支付罚款前一定要求查看超速行驶的录像。

租赁汽车和摩托车

一般不建议租赁汽车或摩托车自驾游，因为它们通常缺乏保险，经常发生司法纠纷。一定要租的话，要尽量选择那些信誉良好的租赁机构，尽管它们租金贵一些。

租汽车条件：租赁机构要求至少有两年的驾龄，年龄不小于23岁，要有一本国际驾驶证。至于摩托车租赁则不需要出示著名摩托俱乐部的驾驶证，并且没有保险，这意味着出了事你只能自己负责。

注意防盗：车辆被盗是经常发生的事，所以要将车停在宾馆有人看护的区域内。

在敏感地区(在各国边界地带或者荒野之地)，不要单独开车进行长途旅行。

不要在晚间或是暮色降临的时候开车，因为这正是运输卡车最繁忙的时候，最为危险。

出租车

东南亚的出租汽车总体来说还是比较多的，并且绝大部分都安装有空调。近几年来，东南亚出租车上计价器的使用得到了普及，但还没有达到令人满意的程度。每个国家每个城市的收费标准都不一样。有时会遇到个别出租车司机向你提出(尤其在晚上)收取定额车费，这时一定要回绝他，然后换一辆车。一般来讲，在出租车站停留的那些出租车常玩这种小把戏。

购 哪些东西值得一购

●东南亚纪念品知多少

老挝
老挝属于小乘佛教传播广泛的国家之一,因此全国都制作与佛教有关的工艺品,金粉佛传画就是其中之一。尖角纸灯是东南亚其他国家没有的特殊工艺品,很受游客欢迎。此外,彩色油纸伞、织锦花布、圆纸彩灯、木雕器皿等也是当地特产。

缅甸
缅甸有各式各样的手工艺品,漆器、象牙雕刻、木雕及珠宝、玉石,还有名扬四海的僧侣使用的勃生伞、造型特异的缅甸竖琴。令缅甸农村繁荣兴盛的编织业很发达,精致的草帽、篮筐、席子等作品往往让国外观光客爱不释手。

越南
越南旅游有许多不可错过的特产,如木雕工艺品,大多数到过越南的游客常常会在越南选购木雕工艺品。这些木雕工艺品在河内和胡志明市的工艺品商店一般都能买到,如木制花瓶、木制首饰盒和用越南上好硬木制作的筷子等,除此之外还有磨漆

画、邮票等。

柬埔寨
柬埔寨的特产以银器、纺织、木雕和石刻品著称。对民族服装有爱好的人,可以购买"克罗马"(Krama)。和吴哥窟相关的纪念品有描绘吴哥窟的版画和仿制的吴哥窟壁上的女神雕像等。食品方面,棕糖是柬埔寨的特产。另外,柬埔寨色彩缤纷的绸缎或棉织品所制的水布等产品,颇具当地风味,可以买回做纪念。

泰国
泰国特产首推丝织品。用泰丝制成的服装或头巾、领带、沙发靠垫套等,精细美观,经济实用。此外,木雕、牛角工艺品,皮革制品也为游人所喜爱。泰国还盛产红宝石、蓝宝石和绿松石等,价格均较便宜,特别是"暹逻钻石",造形特殊,大受购物者欢迎。

菲律宾
菲律宾首推木雕工艺品,如木偶、珠宝盒以及棋盘等,品目繁多。贝壳手工艺品也是颇有菲律宾风味的,如贝壳项链、别针、灯罩、壁饰、茶杯垫、

容器等。由马尼拉麻制成的各种手提包、地毯、球等,深受游客青睐。纺织品方面有庞特布,极富高山民族色彩,且用色大胆,极具热带风情。

印度尼西亚

印度尼西亚的工艺品和纪念品花色品种繁多,各有独特之处。著名的有彩贝制品、木雕、巴迪布、格里斯短剑、银制品、印尼风景画、铜或铜合金神像、爪哇绢制人像、皮影戏傀儡、木偶戏傀儡、天然宝石、小型宫廷金车、牛角制工艺品、果核小工艺品、巴达族榕树手杖、达雅族树皮提袋、龙目岛瓷壶、西伊里安手鼓和弓箭等。旅游景点有木雕、银器和蜡染纪念品出售。产于印尼的咖啡是购物的佳品,坎帕阿(KapalApi)是最受欢迎的咖啡品牌。

马来西亚

马来西亚有许多本地原创的手工艺品,从花纹繁复的银器、铜器及锡器到陶瓷、藤制品及柳条制品。艺术品包括东方古董、地毯、柔滑的丝绸及精美的羊毛绒。

●那些不可不知的东南亚购物胜地

泰国曼谷

曼谷是东南亚著名购物天堂,这里有来自欧洲的最新时装如阿玛尼、范思哲等,更有许多本地传统手工艺品、土特产品。曼谷市区大型购物中心,

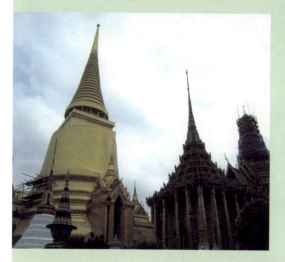

有逞逻广场、世界贸易中心、河畔城购物中心、施康广场、鲁滨逊百货公司、大丸、伊势丹、崇光、东急、拉菲雅蒂精品店等。传统集市也是购物的好去处,如玉佛寺附近的邦兰铺,荫达饭店的水门市场,以及唐人街地区的三聘街等。

菲律宾马尼拉

马尼拉有许多规模宏大的购物中心,在整个亚洲甚至全世界有拥有很高的声誉,这里有曾经是亚洲最大的马尼拉亚洲购物中心百货公司、自然与人文结合的格林贝尔特、整洁的廉价市场格林希尔等,每一座都拥有众多品牌以及健全的配套设施,无论购物还是休闲都是极佳的选择。除了大型商场外,马尼拉也有很多书店、手工艺品店、古董店、特产店等。

新加坡

在新加坡能够体验很独特的购物服务,即无须奔走,在同一地点就可满足购物、就餐和观看电影的全部需求。每个购物中心都能够为你提供独一无二的购物体验。新加坡的主要购物点集中在新加坡河北岸的乌节路、政府大厦与滨海广场周围,以及史各士街一带。在这些地方,你可以十分方便快捷地购买到新加坡,甚至整个东南亚出产的皮革制品、丝绸、中药、蜡染等特产。

马来西亚吉隆坡

吉隆坡各种商品荟萃,从古董到最具当地特色的手工艺品,从世界名牌时装到物美价廉的电子产品,同时既有环境优雅、高档商品云集的大型购物中心,又有货品多样且具有价格低廉的小店,还有洋溢着浓郁的当地风情的夜市,一个令人心情愉悦的购物天堂。

吉隆坡的主要购物区集中在武吉宾当路、苏丹伊士迈路、安邦路及敦拉萨路。其中武吉宾当路位于金三角,是吉隆坡最主要的购物区。

● 不可不知的退税常识

东南亚向来是国人热门旅游地,其中又以新马泰最受欢迎,而各国的免税商店是游客的必到之处,在免税商场购物可以退税。不过马来西亚购物没有消费税,因此也没有退税一说,但是泰国和新加坡的退税规定,还是很有必要知道的。

泰国退税

在泰国要享受退税优惠,必须在有"Vat Refund For Tourists"标志的商店里购物,除了超市和食品外,在同一商场不同专柜满2,000泰铢(约合400人民币)即可到该商场的退税柜台出示护照及所有小票,领取退税表格,并将发票贴在单子上。泰国退税比例是所购商品价格的7%,需在购物后60天内出境。

申请退税的商品总额必须超过5000泰铢,在登机之前,找到贴有"Vat Refund"标志的海关办公室出示退税表格及所购商品,海关敲章后,再去办理登机及行李托运手续。出关后,在离境大厅内找到Vat Refund Office,出示盖章后的退税表。不超过30,000泰铢的退税款可以选择以现金(泰铢)、银行汇票、或是信用卡转账,超过30,000泰铢只可使用银行汇票或信用卡转账。其中,现金退款,手续费100泰铢;银行汇票退税,手续费100泰铢,另加银行开票费以及邮局收取的邮递费;信用卡退税,手续费100泰铢,另加银行收取的汇兑费以及邮资。

新加坡退税

在新加坡购物即使是在免税店里购物,也需要额外走退税流程,满100新元(约合人民币500元)后,到底楼的柜台办理退税表格。而其他商铺也都有自己的客服中心,可以出具退税表格。退税比例也是7%,但需要收20%的手续费,实际退税率在5.5%左右。新加坡的退税机构分为两种,即全球退税集团(Global Refund)和Premier Tax Free 公司,退税流程和泰国相似,在机场办理离境手续后,获得现金退税。值得注意的是,在新加坡退税,仅限从机场离境,不包括陆地及游轮离境。

娱 体验东南亚的娱乐休闲

● 海岛潜水

东南亚的海域属于太平洋，这里有洁净的海水、质朴的居民和为数众多的潜水胜地，种类多样的水上活动更令这些岛屿散发着吸引力。冬天，当北半球多数地方已经走进寒冷，散落在海面上的这些岛屿仿佛上帝最偏爱的地方，仍然阳光充足，温暖而明媚，活力四射的活动仍在不停地上演。这里推几个荐最佳潜水岛屿：马来西亚刁曼岛、菲律宾薄荷岛、菲律宾海豚湾和泰国龟岛。

● 体验SPA之旅

选择一个好的时间，远离繁闹的都市，前往东南亚，享受阳光海滩与水上运动之后，再也没有比找一间SPA馆放松身心，享受美颜、美体、舒缓心灵的香精水疗并利用古老的按摩手法和周到的服务，达到真正的放松更惬意的事了。这里推荐几处SPA胜地：苏梅岛、沙巴、民丹岛、布吉岛。

● 丰富多彩的夜生活

东南亚的夜生活高度发达，这和气候有关，越晚天气就越凉爽，因此很多人都选择晚上出来活动。而东南亚从殖民地时期就开始受西方影响，酒吧文化在这里扎根，因此这里的夜生活非常丰富和多姿多彩。从曼谷到巴厘岛，从新加坡到河内，都是如此。而现在夜晚的各种场所成了设计师展现才华的一线舞台，一家家充满设计感的酒吧夜店等遍布东南亚各地区，是每个夜生活分子趋之若鹜的新地方。

东南亚旅行应急攻略
Southeast Asia-trip Guide for Emergency

通讯　应急攻略

● 如何在东南亚打电话

文莱

文莱没有地区号，国家代码是673，国际代码是00。投币电话在市中心很普遍。接受10分文币和20分文币的硬币。电话卡在邮局、许多零售商店和宾馆有售。有3种电话卡：Hallo、JTB和Zippi。SIM卡只有在斯里巴加湾市DST通讯公司才能买到。

柬埔寨

每个城镇街道的两边都有私人移动电话亭，移动电话号码分别为011、012、015、016、092和099。在主要的城市也有用电话卡的电话亭，不过在那里打国际电话比较贵。

印度尼西亚

印度尼西亚的国家代码是62，各个电话中心的国际接入号码都不同，通常是001。在国营的印尼电话可以拨打最便宜的国际长途电话和发传真，各个城镇都有。私营的电话中心也提供相同的服务，价格和电话亭差不多。在周末和公共节假日打电话更便宜，可以有25%～50%折扣。在印尼也可用自己的手机打电话，但是国际漫游的费用非常昂贵。

老挝

老挝的国家代码是856。打国际电话需要先拨00。

缅甸

本地电话可在旅馆里拨打，收费便宜或者免费。国内长途在中央电话和电报（CTT）办事处或者街上的电话亭都可以拨打，收费比较便宜。缅甸的国家代码是95。

菲律宾

菲律宾的国家代码是63。打国际长途先拨00。

最后加上"China"就可以寄到了。不过从东南亚的大部分国家寄到中国的速度都非常慢，需2~3周，需要有点耐心等待。

邮寄包裹

有时在国外买了大件物品不好携带，就需要去邮寄，虽然很多购物地会承担邮寄问题，但为了安全起见，最好还是自己亲自去。在东南亚邮寄包裹最麻烦的就是包装问题。大部分的国家，像是越南、泰国、柬埔寨等，包装材料都是要收取费用的。还有的小邮局，会对包裹的重量有限制，如果很重将被拒绝邮寄。

邮寄包裹的过程则跟国内是一样的，在窗口拿到手续卡后，将收件人地址、包裹内容等填写清楚，具体费用则依据包裹的大小而定。要是用航空运送的话，费用会相对较贵。

在菲律宾境内拨打跨地区电话，在区号前先拨一个0。至于菲律宾长途电话公司电话簿，全国均拨打187。呼叫国际长途接线员，拨打108。

新加坡

新家坡的国家代码是65。新加坡各地没有区号，电话号码是8位，移动号码为9位。本地电话卡可以在便利店、邮局、电信中心、文具店和书店购买到。大多数电话亭可使用电话卡，有些还可以使用信用卡，投币的电话亭也有，不过不多。

泰国

泰国的国家代码是66，泰国将城市区号都合并到电话号码中，无论从何处拨打电话，都无须再拨区号。电话卡在便利店就能买到，可以在电话亭打国际长途，在打国际长途前加拨008或009，资费可以优惠。

越南

越南的国家代码是084，拨打国际长途直拨电话（IDD）最便宜和简单的方法就是拨17100加国家代码和电话号码。在胡志明市和河内的邮政总局可以拨打对方付费电话。

如何在东南亚寄东西

邮寄明信片

对于游客来说，会用到邮局邮寄的多是寄明信片吧。其实在东南亚寄明信片十分简单，无论是寄给朋友或是自己，都可以写中文地址，只要在住址

如何在东南亚上网

文莱

网吧在文莱很普及，网速也很快。价钱一般是每小时1文币。无线上网也很普及，在大部分的旅馆和咖啡馆都提供免费无线网。

东帝汶

帝力有许多网吧，每小时6美元。其他城市则很少见。

印度尼西亚

网吧大多数的城镇和旅游中心都很普遍，不过

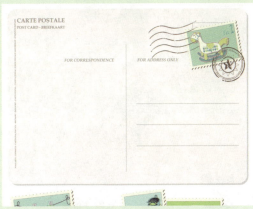

旅游资讯篇　旅游文化篇　旅游景点篇

速度有些慢。价格一般每小时4000~12000印尼盾。部分的旅店和咖啡店等些公共场合都可无线上线。

老挝
万象有很多可以上网的地方，价格标准是每分钟100基亚。而在老挝其他城市网速则很慢。

马来西亚
在马来西亚上网很方便，有许多网吧，背包客旅馆和购物中心均可上网，一般配备宽带。在城市，上网费用每小时2~6马元。

缅甸
缅甸的每个陈镇都有网吧，而在部分酒店和一些公共场所都可无线上网。

菲律宾
网吧遍布菲律宾。快速的网络链接在所有城市都能很容易地找到，价格为每小时15~25比索。

新加坡
在新家坡上网非常方便，几乎所有的酒店包括青年旅舍都会提供免费上网，有些甚至还是高速宽带。上网费用一般是每小时5新元。

泰国
泰国的网吧众多，每相隔小段距离就有一家。上网速度总体来说快，不过价格很便宜，每小时20~50泰铢。

越南
在越南遍布网吧，即使在很偏僻的乡镇也有。网速也很快。网吧的收费标准是每小时100~500越南盾。

出行 应急攻略

● 东西遗失了怎么办

护照遗失

其实护照丢失之后应该怎样做没有一个准确答案,因为丢失护照真的是非常麻烦的一件事,所以最好是看管好自己的物品,避免这样的事情发生。一旦遗失护照,一般可参照以下步骤操作。

先要向当地的警察局报案,时间上是越快越好,一定要在24小时之内。一般警察会把丢失的证件号码一一记录,然后给你一个证明的小卡片,以表示你的护照遗失。在拿到警察局开的报案证明和证明书后,一定要让警察把丢失的护照号码写在报案证明里面,因为在后面补办护照的时候会用得上。

然后是要联系当地的中国大使馆,办理新的中国护照或者旅行证。如果手续齐全的话,一般会需要2~3天。如果你还丢失了其他物品的话就要联系保险公司,很多保险公司会有人帮你,比如借你些钱等,也方便回国之后问保险公司赔偿,前提是把所有单据保管好。

不管怎样,最好还是保管好所有证件的复印件,尤其是护照照片页,去那个国家的签证页和申根签证页。

TIPS 由于护照是出国旅行必不可少的证件,建议复印一份,并且与正本分开存放。出国前,护照的有效日期要保证在6个月以上。

行李遗失

让你的行李易于识别

在机场行李遗失的最大问题其实不在遗失本身,而在无法将遗失的行李和它的主人对上号。许多大型机场的报告显示,丢失行李后,很多乘客无法将自己的行李完整清晰地描述出来,类似"蓝色拉杆箱"或"红色手提包"这样的形容是不足以找到失物的。因此,防止行李遗失的诀窍是让自己的行李更易于识别。

第一个诀窍是最好记住它的品牌或印在上面的文字,第二个是最好可以用胶条做些特殊记号,在行李外面和内部都放入写有个人基本信息和做有特殊标记的卡片或标签。这样找回的概率就会更大一些。

索要行李事故表

一旦发现行李遗失,一定要立即向机场人员说明情况并索要行李事故表。许多时候,机场人员经查询确认行李已经找到,但是要同下一次航班一起运送过来。如果不赶时间,最好留在机场等待,否则,机场人员通常会按你在行李事故表上填写的地址将行李送到你的酒店或住所。

另外，东南亚各机场都会对托运行李遗失的乘客提供相应的补偿措施，如支付生活用品费用和提供一些相关旅游装备的代金券等。

提出索赔申请

如果行李丢失已经超过3天，确定无法找到了，应向机场提出索赔。根据国际航空协会以及我国民航总局的规定，在国际航线上托运行李丢失，赔偿额度在20美元/千克左右。如果你的托运行李中物品的价值大大超过了上述额度，可以考虑购买行李保险，这样如果行李丢失，便可获得与行李物品价值相符的赔偿。

TIPS 旅行时贵重的物品与重要文件建议随身携带，以免行李出现遗失现象会影响到你的旅程，或产生更大的损失。托运时，也要标明行李的价格，以便得到理想的赔偿。

信用卡遗失

信用卡遗失就要立即打电话至发卡银行的24小时服务中心，办理挂失与停用，也可以与当地信用卡公司的办事处或合作银行取得联系。联系方式可以从电话本上查询联系方式或者向酒店的人员咨询。另外，办理手续时需要卡号和有效期限，要记得把联系方式也一并记下。

机票丢失

丢失机票，一般分为两种情况：一种是如果能确认丢失机票的详细情况，则可以重新签发；另一种是购买购买待用机票，并且在一定时段内没有不正当使用丢失的机票，如果情况属实，则可以申请退款。如果不知道机票的详细情况，可以亲自和购买机票的中国公司驻外办事处联系，查询详情。

●生病了怎么办

在前往东南亚旅游之前一定要准备一些必备的药品，防止出现任何可能的小状况。不过旅途中突发疾病，感觉身体不适，首先要求助于酒店的工作人员，尽量安排医生，或者到就近的医院就医，不要一味的拖延了事，以免发生病情严重的情况。病情严重的情况下，一定要立即联系当地医院或拨打当地的急救电话，也可以联系当地的中国大使馆。

这里还建议对于年纪稍大的旅客，出国前一定要备齐日常服用的药物和急救药物；年过70岁的老人，在出国前，最好进行系统全面的全身检查，以减少境外旅游时生病的概率。

泰国急救中心：1691；医疗救助：1669

马来西亚急救电话：999

印度尼西亚紧急求救电话：510110

菲律宾紧急求救电话：7575

文莱紧急求救电话：22333

老挝紧急求救电话：195

新加坡非紧急救护服务：1777；新加坡中央医院：6222-3322；紧急求救（SOS）：1800-221-4444

●迷路了怎么办

在东南亚各国主要城市或者著名观光景点都会有游客服务中心，你可以在这里拿到详细的城区地图，这会给你的旅程带来很大的方便。若是自己选地图，则要尽量选择标出的路线是双行道和单行道的。拿着这样的地图，你可以省去很多麻烦。

外出发现自己迷路了，可以询问警察，如果旁边没有警察，则可以询问路旁的商家。为了避免这样的事情发生，最好入住酒店时索要一张酒店的名片，这样就可以向他人询问或者乘坐出租车回去，

即便语言不通也没有关系。

● 防止意外发生的安全常识

发生交通事故时,在事情的是非还没有分辨清楚时,不要随便向人道歉,否则对往后的交涉十分不利。切勿自行贸然交涉,而应请保险公司、旅行社或租车公司代办交涉,同时,为请求保险金,需向警方取得事故证明。

扒窃和掉包主要发生在机场或者汽车站的集中地,尤其是在机场假装来接运你的黑车,常在你惊愕之际,将你的行李偷运走,切记不能随便让外人进入饭店房间。假装走错房间的游客或者装扮饭店服务员的窃贼越来越多,一旦发觉有疑,需尽快与柜台联络。

在外活动时,个人的钱财和贵重物品要随身携带,一定不要放在酒店房间内。还有一点非常重要,千万不要替他人携带行李过关,以防被毒贩子利用。晚间睡觉时一定要将门锁好,挂好安全链。

旅游文化篇

本篇主要介绍了东南亚各国的独特文化习俗、建筑、艺术、节日和各国基本礼仪情等内容。去东南亚国家旅游前预先了解一些当地禁忌和交往时的礼仪，在和当地人来往时就知道什么该说，什么不该说，以及一些什么该做和什么不该做的事情。东南亚是十分注重宗教的地区，因此了解一些当地各国的节日也是十分有必要的，因为我们应该避免在他们的宗教节日中做出一些禁止的行为举动。了解一些当地的文化，则能在游览人文风光的同时可以融入其中，感受其人文氛围。

东南亚文化
Southeast Asia Literature

● 东南亚特有文化

哇扬皮影偶戏

哇扬皮影偶戏是印度尼西亚一种独特的戏剧形式，在瓜哇岛和巴厘岛最为常见，是印尼哇扬剧场中最著名的一种。戏偶由皮革所制，而操偶棒杆的材质为牛角，雕工精细美丽。剧中故事通常取材于神话或史诗，如"罗摩衍那"、"摩诃婆罗多"等。哇扬皮影偶戏在2003年被联合国教科文组织列为人类非物质文化遗产，并要求印尼政府保护。

泰国泰拳

泰国泰拳和其他技击术不一样，是泰民族的祖先们把自己的思想和从生活经验中获得的知识，同攻防的具体实践结合起来，并进一步提炼，于是形成了具有本民族特色的徒手搏击技术体系。泰拳擂台技术主要包括拳法、肘法、膝法、腿法。

缅甸象棋

缅甸象棋是缅甸特有的图版游戏，由印度的恰图兰卡演变而来。类同于国际象棋棋盘，为8×8的方格，但不同之处在于有两条大斜线从a1格划至对角的h8，及h1画至对角的a8。棋子种类棋子兵种有一王、一仕、两象、两马、两车、八兵；以将死对方王为胜。

拓棋

拓棋，原文在巫语是涨潮之意，是流行于文莱的两人棋类。这种棋类是文莱独有的。

拾骨葬

拾骨葬，俗称"捡骨"，是在亲人死后，将其尸体埋入土中，待其尸体腐烂后，把骨头取出，放入坛中贮存，又重新埋葬的一种葬法。这种葬仪早先认为是与移民文化有关，迁徙者可将先人遗骨带回故乡籍贯地或新的居住地。但近来研究表明拾骨葬是南洋诸族的共同文化。未满十六岁且未结婚的死者，视为儿童，不必捡骨。这种方式在东南亚部分国家流行。

风葬

风葬是处理尸体的一种方式，流行于东南亚地区和琉球群岛地区。具体来说，风葬就是将死者的尸体置于山崖、洞窟或树上任其风化。托拉加族的洞窟墓印尼苏拉威西岛上的托拉加族(Toraja)曾一度盛行风葬。如今，随着不少托拉加族人改信基督教，风葬的习俗逐渐被废止。现在不少风葬的墓穴被印尼政府开发为旅游景点。

藤球

藤球起源地为马来西亚的马六甲一带，时间为西元前15世纪。目前藤球运动比较兴盛的国家有泰国、马来西亚、新加坡、缅甸等东南亚国家。藤球是亚洲运动会的正式比赛项目之一，1990年北京亚运会正式成为比赛项目。比赛藤球时所使用的球是由藤所编成的黄色空心圆球，故以此为名。它的比赛方式与排球有些类似，所以又被称为"脚踢的排球"。

竹夫人

竹夫人是东南亚一种传统的消暑用具，又称竹夹膝、竹姬、青奴、竹奴、竹妃，一般由竹或竹篾制成。这种工具起源于中国唐代，在现在的中国已不常见，在东南亚依然是常见的居家用具。竹夫人一般是由竹条编织成四周漏空、上下封闭的笼状物体，或用一段竹子雕刻镂空，并打通中间的节制作而成，一般不长过1米。在炎热天气，怀抱一个竹夫人，有通气降暑的作用。

● 东南亚音乐

东南亚音乐在早期深受中国和印度文化的影响，后来一些国家受后周文化的影响。泰国、印尼的古典音乐部分采用七声音阶。大型的敲击乐队是东南亚音乐的特点之一。东南亚各国主要传统音乐体裁形式、乐器及其音乐如下。

缅甸

古典音乐"约塔呀"（Yo-daya）：约塔呀是缅甸古典歌曲的一种形式。原意为"泰国风格"，是由泰国传入缅甸的一种古典歌曲，也叫雅玛萨特坡哎。《雨神之歌》用桑高克和帕塔拉（Pat-tala竹排琴）伴奏，并且用叫作恰朗巴的有音高的鼓来丰富其音色。

老挝

摩拉姆：使用符合于语言声调的抑扬来进行歌唱，在老挝中南部和泰国东北部成为拉姆，演唱拉姆的专家叫摩拉姆，摩是专家的意思（由肯伴奏）。这种歌唱是结婚仪式和寺庙行事中不可缺少的组成部分。

印度尼西亚

甘美兰（Gamelan）：印尼语的原意是"用手操作"、"敲击"所用乐器大多数是青铜制乐器。

锣类乐器：大吊锣、中吊锣、小吊锣、大釜锣、小釜锣、排锣。

排琴类乐器：木琴、金属排琴、共鸣筒金属排琴。

弓弦乐器：列巴布。
拨弦乐器：切连朋（Celempung）。
竹管乐器：竖笛。
鼓类乐器：双面鼓等。

甘美兰如果按地方特色分的话，大致有4种代表性类别，即西爪哇、中爪哇、东爪哇、巴厘岛。巴厘岛的甘美兰，旧时称为内卡拉、贝利，主要是节奏性重叠的合奏。

越南

宫廷音乐：越南的宫廷音乐包括郊庙音乐、寺庙乐、大朝乐、五赐宴乐、宫殿乐、祭祀乐等。

泰国

在泰国，最具有代表意义的古典音乐艺能形式是"康"和"拉坤"。康是以宫廷生活为基础，在宫廷的礼仪、婚丧嫁娶、宗教行事中演出，以印度叙事诗《罗摩衍那》中的《罗摩坚》为题材的戏剧音乐。拉坤是与康一起演出的舞蹈剧。康和拉坤的音乐伴奏由皮帕特乐队担任。皮帕特乐队中，由锣类打击乐器大围锣担任主旋律，再加上"皮"（pee）、"竹排琴"、"塔朋鼓"（铁排琴、锣、大鼓、鳄鱼琴——拨弦乐器；三弦胡——擦弦乐器）进行演奏。

南旺舞是流行于泰国东北部的一种笙舞，是从老挝传入的以笙来伴奏的舞蹈。这种笙叫做"肯"（Khen）。

在泰国，传统艺能基本上是口传的，特别是向

南旺舞旋律的细微变化等，对语言能力的要求高，更需要口头传授和长时间的练习、钻研。

东南亚美术

东南亚即有亚洲美术共同的或类似的地域文化特征，又有各自的本土文化身份、特色和优长，交光互影，异彩纷呈。因此在中国人看来，东南亚美术既似曾相识，又充满异域风情。

东南亚无论在地理、人种、文化或宗教上，都是一个多元、多彩的区域。源自印度、中国和阿拉伯等古老文明的风俗文化，受印度教、佛教、基督教、伊斯兰教和原始崇拜的多重影响，加上欧洲殖民地统治者遗留下来的西方文化与制度，在这里相遇、碰撞、融合，构成了东南亚现代美术的独特面貌。

东南亚艺术家似乎拥有天赋般的强烈感官接收力与深刻感性，种种欢愉的、欲望的、宗教的、幽默的、批判的、思辨的、冲突的元素，都能在深厚的母体文化熔炉以及艺术家个人深具弹性的转化能力中，化为直觉而流畅的艺术语言。

马来西亚

东马来西亚具有比西马来西亚更为多样的音乐文化。

古典艺能：代表性体裁是宫廷舞蹈和《罗摩衍那》舞蹈剧。

民俗艺能：克龙爵士以16世纪葡萄牙人带来的音乐为基础而发展起来的大众歌谣，在印度尼西亚和马来西亚都广受欢迎。

乐器：萨佩即萨皮(Sapi)，还有散贝(Sambe)这种乐器是被归类于"琉特"的。此外，还有普南族的鼻笛和竹皮琴。在马来西亚音乐中，最普遍使用的乐器是鼓类的膜鸣乐器和锣类的体鸣乐器，称为"更坦"。

柬埔寨

古典音乐与艺能：古典音乐使用和泰国几乎完全相同的合奏形式和乐器，只是名称有所不同。

菲律宾

菲律宾音乐如果从音乐风格看，大致可以分为三个地区，以吕宋岛低地为中心的城市地区；南部棉兰老岛及其附近岛屿和苏禄群岛；吕宋岛北部及其附近岛屿。

东南亚建筑

东南亚建筑文化圈包括了两个大部分：一部分即东南亚大陆部分，包括中国大陆长江流域以南直到中南半岛马来西亚南端，东起中国南海沿岸、西至缅甸伊洛瓦底江这一广阔区域；另一部分则是东

南亚岛屿部分，包括中国的台湾、海南岛，以及菲律宾、印度尼西亚、马来西亚的沙捞越及苏门答腊，甚至还可延伸至琉球群岛及南太平洋的部分岛屿。这两部分超越了原有政治及地理区划的概念。每个区域存在着许多共享的文化特质。

东南亚建筑受东南亚的文化构成影响，产生出东南亚独特的建筑文化。东南亚建筑的总体特征就是归属东方建筑文化系统，不同之处在于它同时受到中印两大古老文化的夹击，而其固有文化的强大生命力又赋予它以明显的个性。不过东南亚的建筑上依然残存着一些中国早期建筑的痕迹。

缅甸建筑

缅甸的艺术比其他东南亚国家反映出更多的印度文化影响。建筑构造的一个典型特征是肋形拱顶的运用。这种建筑体系究竟源于印度还是中国的问题迄今未获解决。常用的建筑材料是砖，砖上用灰泥抹面，然后雕上花饰，也常用釉质灰土的彩片镶嵌为装饰。建筑内部也有木雕装饰。塔和祭殿保持着厚重的外观，其室内空间看起来就像是在岩石内挖掘而成的。这也反映出印度石窟建筑的影响。

缅甸塔表现出两种区别于印度塔的特征。

(1) 没有出现将带有栏杆的柱廊覆盖在拱顶上的做法。

(2) 基础扩展较大，如前所述，由叠置的方形平台构成，形成一种流动状态。

寺院和诵经大厅反映出木结构原型的痕迹，藏经室也类似于简单的寺院。

泰国建筑

泰国建筑比其他任何形式的艺术都拥有更多的折中性，它在不同时代中从印度、中国、柬埔寨、斯里兰卡和缅甸借鉴了许多优点。泰国中部的早期建筑形式似乎追随着吉蔑风格，但晚期建筑形式在屋顶上表现出某些中国建筑的影响，在装饰上又表现出印度的影响，呈蓝、绿、红、黄等多种色彩的曼谷坡屋顶是其最突出和最漂亮的特征之一。

典型的寺院至少拥有两个组成部分，即僧舍和大殿。除此之外，还有一些其他组成部分，如戒堂、塔、藏经室等。

柬埔寨建筑

柬埔寨寺院以凝固的形式用建筑符号表达出这个国家的宗教信仰特征。神圣的建筑表现出严格的向心性并朝向4个主要方位，主要祭殿象征着作为世界中心的圣山。寺院建在城市的中心，紧靠着王宫，国王掌握着神所授予的权利。

高棉人所采用的基本建筑类型是"塔形祭殿"和"寺院山"，后者还加有一道走廊。再重要的建筑也不过是这三种元素的不同组合而已。

高棉艺术的名望与吴哥窟组群有着极大关联。这座寺院坐东向西,由一道壕沟加以限定,一条两侧有蛇神主题装饰栏杆的道路通往一道再现了缩小尺度的寺院立面的围墙上的主入口,中央主塔两侧翼由柱廊构成,其终点也是小塔。带有3层叠置梯台的锥体屹立在中心部位,每一层梯台都有柱廊环绕,梯级高度随其升高而缓慢增加,面积逐层缩小,具有稳定的效果。

吴哥城的寺院事实上是天地万物的一种编年图形化的、符号化的以及被控制着的神秘的宇宙志和局部解剖图。

越南建筑

在越南在黎氏王朝(15~18世纪)时期最为丰富,非常多的建筑体现了中国主题和元素。在阮氏王朝(始于19世纪)的众多建筑作品中,除了皇宫建筑外,皇宫建筑表现出强烈的中国影响,其余的都具有宗教的性质,主要有以下4种类型。

村庄的保护神庙。通常为木构建筑,其形象令人想起东山铜鼓上所表现的住宅。

佛教寺院。其形式一般是一个侧卧的H形,三边是凉廊,一边是院子。

道教寺院。在外观上,它与佛教寺院类似,但内部则有不能随意进入的祭殿,里面设置着偶像或象征符号。

文庙。文庙用于祭孔,是在一个围合体中所布置的巨大建筑群。

东南亚人文风情
Southeast Asia Culture&Custom

● 东南亚重要国家显著标签

微笑国度泰国
泰国古时称为暹罗，被誉为"亚洲最具异域风情"的国度。泰国被世人称为"微笑的国土"，拥有无数令人赞叹的名胜、独特的文化和持续相传的风俗习惯。真诚好客的泰国人民热情款待外国友人到泰国旅游，泰国既是友善之邦，又是旅游胜地。

花园城市新加坡
新加坡市道路非常宽阔，在人行道两旁种着叶繁枝茂的行道树及各种花卉，草坪、花坛小型公园间杂其间，市容非常整洁。大部分的桥上、围墙都种有攀缘植物，住宅的阳台上放置着五彩缤纷的花盆。新加坡市拥有2,000多种高等植物，被誉为"世界花园城市"和东南亚的"卫生模范"。新加坡又被称为"狮城"，因为在新加坡河口上，安德逊桥下，矗立一座乳白石的"狮头鱼尾"雕像，它是新加坡的象征和标志。

黄金打造国度文莱
文莱是富裕的石油之国，几乎每处都彰显着豪华和富有这两个词。金碧辉煌的皇家建筑，彬彬有礼的伊斯兰教国民，富庶的百姓生活，进入在这个无比奢华的国度仿佛进入童话世界中一样，旅程的一切都像传说中的黄金之旅。

笠帽之国越南
笠帽带有极其鲜明的越南特色，是越南人民生活中不可或缺的必备品，它已经成为了越南的标志之一。在越南人出去逛街或者工作时都会戴着笠帽，这种帽子使用竹子编制而成，很轻便，既防晒又透气。

文明古国柬埔寨
柬埔寨是一个文明古国，历史悠久。早在三四千年以前，高棉人已居住在湄公河下游和洞里萨湖地区。从公元1世纪下半叶开始立国，历经扶南、真腊、吴哥等时期，最强盛时期是9~14世纪的吴哥王朝，创造了举世闻名的吴哥文明。而今吴哥窟是柬埔寨最显著的一个标志，出现在柬埔寨国旗上。

世界品牌服务——菲律宾女佣
即使很多人对菲律宾这个国家不了解，也绝

对知道菲佣的存在,菲佣已经成了菲律宾的一个标志。在世界家政行业中,"菲佣"可以算得上是一个世界知名品牌,菲佣的足迹遍布全球,被誉为"世界上最专业的保姆"。也就是说,如果保姆行业有全球选秀的话,"超级保姆"的桂冠肯定会落到菲律宾女佣头上。

火山国印度尼西亚

印度尼西亚群岛不仅多山,火山更多。印尼全国除了曼丹岛外,几乎各岛都有火山,地震频繁。印度尼西亚全国共有火山400座,其中120多座为活火山。爪哇岛是本区火山最多、地震最为频繁的岛屿,共有百余座火山,其中活火山约30座,岛上所有最高点均为火山,有44座火山海拔1800～3000米,其中最高的11座都是活火山。

翡翠之国缅甸

世界各地珠宝市场上的翡翠大部分都是来自缅甸,真正的行家认为只有在缅甸出产的翡翠才是真正的翡翠。而缅甸多翡翠,是由特殊的地理位置造成的。在地壳运动过程中,缅甸正好处于欧亚板块和印度板块碰撞俯冲带位置,由于受地壳成分、强烈的构造运动等诸多因素的影响,最终形成了这种特有的矿产资源,由此也就成为缅甸的宝贵财富。

美食天堂马来西亚

马来西亚是一个美食天堂,多元化的种族决定了马来西亚这国家拥有许多特殊美食。这里汇聚了中国、印度、西方、马来西亚本土民族的食物,使得各种风味的美食琳琅满目,任君选择。在本土找得到的天然调味配料在马来食物中扮演着非常重要的角色,是马来食物的显著特色。

● 必知的东南亚礼仪

东南亚各国的历史和文化背景不尽相同,礼俗也各有特点。印度尼西亚和马来西亚,都是以马来人为主体的国家,盛行伊斯兰教,语言相同(文字拼法有差别),其礼俗也有相似的地方,如禁食猪肉,用手吃饭,以左手为秽,忌用左手碰触食物,进屋脱鞋等。但由于两国政治、社会情况的不同,礼俗自然也有相异的地方。

例如,与印尼人交往,谈话时应避免议论该国的政治、国外对他们援助以及社会主义之类的问题。而马来西亚人则喜欢谈论政治、家庭体育以及饮食之类的话题。这两国都有众多的华裔,他们一般仍保持中华民族的传统,按中国的常礼即可与他们交往。

新加坡是以华人为主体的国家,新加坡的官用语为英语,但政府大力推广华语普通话和中国的简体汉字,所以和他们交往没有语言文字上的障碍。不过交往时要注意的是不要将他们和华侨对等,否则会引起他们的不快。和新加坡人交谈时应该避免谈论他们的政治、宗教等问题。不过如果谈谈他们的经济,他们是会高兴的。在新加坡千万不要随地吐痰、扔烟头,否则必受重罚。

菲律宾是东南亚国家中受西方文化最深的国家。很多礼仪都和西方国家类似,如人们日常的见面,无论男女都握手,男人之间有时还拍拍肩膀,以示亲热。不过菲律宾也保留了热带民族的特点,如在一些菲律宾家庭,进屋需要拖鞋。菲律宾人喜欢别人谈论他们的家庭,但要避免议论该国的政治、社会、宗教等敏感问题,信仰天主教,喜欢模仿美国人的生活方式。政府机关、商界和学校都使用英语。

不要摸小孩的头

泰国等地的人们认为,头部是人体最高的部分,也是人体中最神圣无比的部分,尤其是孩子的头,被视为神明停留之处,所以,在任何情况之下绝不允许触摸小孩的头。

不用左手递交东西

在东南亚诸国中，人们认为左手是不干净的，因此不要用左手递东西或者握手，不然对方会认为对他不尊重，或是对他有意见。

与和尚交谈时要保持低姿势

到斯里兰卡等佛教国家旅行一定要注意一点，和和尚交谈时，头不能过和尚，即使坐也不能坐高过和尚。在当地，尊贵如总统、总理，也要谨守这个原则。

买酒有时间限制

泰国规定在凌晨2:00以后不准买酒，否则会被警察罚款。

不可骑在佛像上拍照

在东南亚的佛教国家，一定不要对寺庙、佛像、和尚等做出轻率的行动，这在当地会被视为"罪恶滔天"。对于佛教纪念品，也不能放置地上，因为在信奉佛教的国家购买的佛像虽然归自己所有，但必须对它有一份敬意，此切勿随意玩弄，或者粗暴对待，这些行为都会引起当地人的不快。

胃酒疏通肠胃，饭后借科涅克、白兰地之类的烈性酒以消食，佐餐时，吃肉类配红葡萄酒，吃鱼虾等海味时配白葡萄酒，玫瑰红葡萄酒是通用型，既可用于吃鱼，也可用于下肉。女士喝酒都爱用玫瑰红，以显示自己的口味清淡，不嗜烈物。

🔴 不能触碰的禁忌

（1）泰国是个佛教盛行的国家，法律中有许多保障宗教的条文，故而不要对佛像不敬。由于僧侣必须严格遵守小乘佛教教义，绝对禁止接触女性或被女性触摸，因此女性游客在公共场合应避免碰触僧侣。

（2）缅甸人笃信佛教，参拜寺院宝塔必须脱鞋赤脚进入，表示对佛祖的尊敬。缅甸人视摸头为一件不礼貌的事，因此不要随便摸小孩子的头。

（3）马来西亚的国教是伊斯兰教，在傍晚的伊斯兰教徒祈祷时间内不要打扰他们。另外，用食指指人在马来西亚是一种不礼貌的行为，最好以拇指代替；触摸小孩子的头也是不礼貌的行为。

（4）越南是一个重视独立与自主的国家，目前致力于发展经济。虽然目前仍然物质较为匮乏，但人与人之间还是以同志般的平等地位对待，即便是饭店的服务生，也要以礼相待，切不可摆出鄙视的态度，引起当地人的不满。

（5）印尼人大部分为伊斯兰教徒，而巴厘岛人则多数信奉印度教，因此在印度教新年当天，全岛各项活动都停止，甚至取消部分国内班机。此外，印尼的少数民族认为照相或闪光灯是摄人灵魂的器具，拍照前最好能先询问当地人。

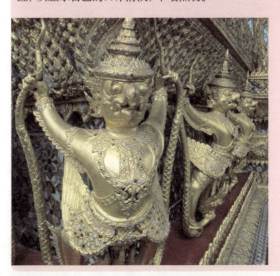

东南亚节日
Southeast Asia Festivals

农历新年

农历新年是东南亚华人的最期盼的一个节日，节日的风俗和中国春节的内容大致相同，到处张灯结彩，敲锣打鼓。人们玩龙舞狮以驱邪避妖，在除夕的夜晚燃响爆竹烟花，揭开农历新年的序幕。亲朋好友互相登门拜年、茶话叙旧，共享美食佳肴，派发红包，祝贺财运亨通。

开斋节

开斋节是属于伊斯兰教的一个节日，在伊斯兰教历十月一日。按伊斯兰教法规定，伊斯兰教历每年九月为斋戒月。凡成年健康的穆斯林都应全月封斋，即每日从拂晓前至日落，禁止饮食和房事等。封斋第二十九日傍晚如见新月，次日即为开斋节；如不见，则再封一日，共为30日，第二日为开斋节，庆祝一个月的斋功圆满完成。是日，穆斯林前往清真寺参加会礼，听伊玛目宣讲教义。教法还规定在节日进行下列7件事是可嘉行为：①拂晓即吃食物，以示开斋；②刷牙；③沐浴；④点香；⑤穿洁美服装；⑥会礼前交开斋施舍；⑦低声诵念赞主词。

泼水节

泼水节为泰国传统的新年，即"宋干节"，时间是公历的每年4月13日到16日。节日里，人们抬着或用车载着巨大的佛像出游，佛像后面跟着一辆辆花车，车上站着化了妆的"宋干女神"，成群结队的男女青年，身着色彩鲜艳的民族服装，敲着长鼓，载歌载舞。在游行队伍经过的道路两旁，善男信女夹道而行，用银钵里盛着的用贝叶浸泡过的、渗有香料的水，泼洒到佛像和"宋干女神"身上，祈求新年如意，风调雨顺，然后人们相互洒水，喜笑颜开地祝长辈健康长寿，祝亲朋新年幸运。未婚的青年男女，则用泼水来表示彼此之间的爱慕之情。泰国人在新年第一天都在窗台、门口端放一盆清水，家家户户都要到郊外江河中去进行新年沐浴。为庆贺新年，泰国人举行在规模的"赛象大会"，内容有人象拔河、跳象拾物、象跨人身、大象足球赛、古代象阵表演等，很是精彩动人。

焰火节

老挝的焰火节是一种向鬼神求雨的节日,不是佛教的节日,但是会有和尚主持仪式。这个节日有点特殊,没有具体的时间,在6月的整个月中,各地根据自己的情况决定举行焰火节的时间。焰火节这天人们可以装扮得很怪异,女装扮成男的,而男的又装扮成女的,在音乐的节奏下载歌载舞,相互嬉戏,场面热闹非凡。

屠妖节

屠妖节(Deepavali)是全世界印度教徒最为重要的印度教节日。在新加坡,屠妖节也称为"排灯节"。屠妖节是人们庆祝正义击败邪恶、光明战胜黑暗的日子。在屠妖节期间,人们身着新衣,分享糖果与点心。许多印度社区也常常以吉祥为由将屠妖节视为财政年度的起始时间。

卫塞节

卫塞节(Vesak)是南传佛教传统纪念佛教创始人释迦牟尼佛祖诞生、成道、涅槃的节日。东南亚和南亚国家如斯里兰卡、泰国、缅甸、新加坡、马来西亚、印度尼西亚、尼泊尔、越南等国的佛教徒,均在这一年一度的重要节日中举行盛大的庆典活动。卫塞节已获得联合国承认,因此国际的正式名称是"联合国卫塞节"(United Nations Day of Vesak)。

东南亚各国公有节日

节日	时间
新年	农历除夕至初三
元旦	公历1月1日
劳动节	公历5月1日
圣诞节	公历12月25日
开斋节(宗教节)	伊斯兰教历十月一日
卫塞节(宗教节)	公历5月月圆之日

●泰国清迈

旅游景点篇

旅游景点篇是本书最重要的一篇,这里分别从热门的旅游国家和其他旅游国家两个方面对东南亚所有值得一游的地方做了详尽的介绍,每一个景点后面都附加了地址、交通、电话、门票和开放时间等资讯,而著名景点更会有小贴士板块,为你的旅程添加更多乐趣。除了景点的介绍外,本篇还对所介绍城市的交通和生活方面的资讯做了介绍,吃什么、买什么、住在哪儿都可以从这里得到答案,让你的东南亚之旅更加顺畅,没有后顾之忧。

东南亚**主要**的旅游**国家** 泰国

① 曼谷
② 清迈
③ 芭提雅
④ 普吉岛
⑤ 皮皮岛
⑥ 苏梅岛
⑦ 甲米
⑧ 华欣—七岩
⑨ 清莱
⑩ 大城

泰国档案
Profile of Thailand

● 首都

泰国首都曼谷是泰国最大的城市，也是全国政治、经济、贸易、文化、社会、科技、教育等各方面的中心，位于湄南河东岸，南邻泰国湾。

在泰国的小学课本中有这么一段话，"天使之城，宏伟之城，快乐之城，永恒的宝石之城，坚不可摧的城市，被赋予9枚宝石的宏伟首都，天宫般巍峨皇宫，一座毗湿奴神创造的都市……"专门让孩子们背诵，而这段文字并非课文或者经文，而是曼谷的泰文全名，也是世界上最长的城市名。

● 国旗

泰国国旗是一面三色旗，由红、白、蓝、白、红5条横带组成，1917年10月28日开始采用，由国王拉玛六世设计。泰国国旗的蓝带比红白带宽一倍，这3种颜色分别代表人民、宗教和王室。

● 气候

泰国属于热带季风气候。泰国气候分为3季：热季、雨季和凉季。热季为3月～5月，平均32～38℃，这个季节空气非常干燥。雨季为6月～10月下旬，全年有85%的雨量集中在雨季，平均气温27、28℃左右。凉季为11月～次年2月，平均气温为19～26℃，这个季节是前往泰国旅游的最佳季节。

TIPS 热季在泰国旅游时一定要携带帽子和太阳眼镜以抵挡强烈的太阳，但是在泰国北部地区则较凉爽，如清迈及高山地区，昼夜温差较大，晚上出行最好带外套。防晒品最好就在泰国当地买，因为价格比起国内便宜很多，防蚊水也是。

● 人口民族

全国共有30多个民族，总计6,000多万人口。傣族为主要民族，占人口总数的75%，华族占14%，马来族占2.3%，其余是缅族、高棉族、苗族、瑶族、桂族、汶族、克伦族、掸族、塞芒族、沙盖族、孟族等民族。

● 语言货币

泰国的官方语言是泰语，用泰语字母，当中约5,000万人视为母语。少数民族有他们各自的方言。

泰国货币单位为泰铢（Baht），100元人民币约兑换450泰铢。

● 宗教信仰

大多数泰国人信奉佛教，佛教徒占全国人口九成以上。泰国南部的陶公府、北大年府和惹拉府以伊斯兰教徒为主。另外也有信奉基督教和印度教的信徒，但较佛教徒的人口有很大的相差。

曼谷
Bangkok

曼谷素有东方威尼斯之称，湄南河流经市内，河道布经城市。曼谷也是佛教之都，在市中心，有大大小小的寺庙近400座。在湄南河沿岸地区，是曼谷景点密集区，王宫和寺庙大部分都聚集在这里。泰国的建筑物以金色屋顶为特色，处处金碧辉煌，十分奢华尊贵。

曼谷

英语名称：Bangkok
面积：1568.737平方公里
人口：约980万
著名景点：国大皇宫、玉佛寺、黎明寺
最佳旅游季节：11月~次年1月

曼谷必游景点

大王宫

大王宫位于曼谷市,紧偎湄南河。这里共有22座错落分布的古建筑群,汇聚了泰国建筑、绘画、雕刻和园林艺术的精粹,是泰国曼谷王朝一世王至八世王的王宫,又称"大皇宫"或者"故宫",也是曼谷保存最完美、最壮观、规模最大、最有民族特色的王宫。大查克里宫、都实宫和玉佛寺等是大王宫的主要建筑。

资讯攻略

- 曼谷拍那空县,湄南河东岸
- 可从华南蓬火车站搭53、48路公共汽车前往。乘坐普通公交车1、25、44、47、82和91路到马哈热特路可达大王宫附近。大王宫离考山路也不远,走过去约20分钟
- 成人350泰铢,包含玉佛寺的门票
- 8.30~11.30, 13.00~15.30, 皇室举行仪式除外
- 020-77472885

TIPS ①穿着注意事项:裤子要遮过膝盖,上身不能露出肩膀及肚脐眼,不能穿拖鞋,如果衣服不合格,入口处有免费衣服供游人借用,但需交100泰铢押金。②讲解机租用2小时200泰铢,有英语、法语、德语、西班牙语、俄语、日语和汉语导游,解说费100泰铢。

泰国国家博物馆

泰国国家物博馆在东南亚各国中规模是最大的。泰国每个时期的雕刻类和古典艺术品都有展示,甚至包括木偶和皮影戏用具、古代武器及由古至今的工艺品。馆内还收藏的历代国王的御用物品,如用过的武器,还有船的模型。特别是Phutthai-sawan礼拜堂墙上的丰富壁画,描述了佛祖的一生。博物馆内还设置了国立历史博物馆,讲述了泰国从新石器时代到当代泰国的历史。在这里可以很好地了解泰国文明发展的历程。

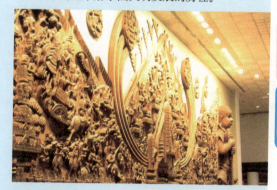

资讯攻略

- 178街与13街交界处,王宫北面。临近王宫,可步行前往
- 200泰铢
- 周三至周日9.00~16.00
- 2-2241333

TIPS 在去吴哥窟之前来这里看看,对吴哥窟会有更深的了解,因为馆内收藏了大量的吴哥窟的资料。

泰国水族馆

泰国水族馆位于泰国科学中心之内。在馆内大厅里,陈列着一具长约10米的大海鲸骨架,大厅内还有几个直接约1米的圆柱形有机玻璃缸,里面养

了各种不同的具有代表性的热带海洋生物。馆内有40多个玻璃房，玻璃房模拟海洋自然环境布置，里面有各类的海洋生物，甚至还可以看到古代海底沉船。

资讯攻略

- 距曼谷80公里的挽盛诗纳卡 威洛大学的泰国科学中心之，由芭提雅租车前往，约需50分钟车程
- 400泰铢
- 8：30～17：30
- 2-5620600

泰国旧国会大厦

泰国旧国会大厦又被称为阿南达沙玛空皇家御会馆，建筑物为白色，是一座意大利文艺复兴风格的建筑。馆内陈列的都是泰国的国宝级工艺珍品，如甲虫的壳制作的工艺品、柚木雕刻的宝船、镶嵌宝石的床榻等，最特别的是九世泰皇登基60周年时宴请25个国家国王及王室成员时使用过的金银器皿。这些展品奢华惊艳，让人惊叹。

资讯攻略

- 云石寺附近
- 公共汽车70路可到
- 150泰铢/人（售票时间：10:00～17:00），也可凭大王宫门票在7天内免费参观
- 每周二至周日：10:00～18:00
- 020-77667300

TIPS
要求男性穿长裤，女性必须穿着过膝裙子，上身不能露出肩膀及肚脐眼，不能穿拖鞋。如果衣服不合格，可以在入口处租用衣物（50泰铢/件）。

曼谷野生动物园

曼谷野生动物园由两个方面组成，一个是以自然保护区为主，另一个是以动物游艺表演为主。园内汇集了世界各地许多珍稀野生动物，他们的栖息场所全是按照野生环境所设置。海洋公园内，展出了200多种珍禽海兽。表演场每天安排有多种智能动物的有趣表演，其中包括海豚、海狮、飞禽、大象以及喂鲸表演。此外还会有一些泰国的民间艺术和一些国外的风俗艺术表演。

资讯攻略

- 拉明拉1路99号，曼谷10510（邮编）
- 在民主纪念碑乘坐26路公交车可到达
- 成人700泰铢，儿童450泰铢
- 周一至周五9:00～16:00，周六、周日9:00～17:00。其中水上公园开放时间是8:45～18:00
- 2-9144116

TIPS
游人可乘坐旅行车，也可乘坐动物园提供的涂有伪装色的越野车，沿着园内公路进入各区，参观野生动物的生活情景。

玉佛寺

玉佛寺全护国寺，是泰国唯一一座没有和尚居住的佛寺，位于泰国曼谷皇宫内。玉佛寺共有大小

22座寺庙，是曼谷最重要的寺庙，由拉玛一世在兴建皇宫时一并建造。玉佛寺是为泰国曼谷王族供奉玉佛和泰王举行登基加冕典礼及皇家举行佛教仪式，进行各种祭礼活动的场所。尊贵的玉佛就放在大雄宝殿中，每年夏季、雨季和冬季换季时分，国王都会亲自来替玉佛更衣。

资讯攻略

- 大王宫东北角
- 从华南蓬火车站搭53、48号公共汽车前往。离考山路也不远，走过去约20分钟
- 通用大王宫的门票
- 8:30~11:30，13:00~15:30，皇室举行仪式除外
- 020-79425000

TIPS 在周末，附近市场非常热闹非凡，可买的小商品特别多；考山路是背包客的集散地；帕蓬街还有热闹的市场和酒吧。

泰王五世行宫

这是一座拉玛五世日常生活的宫殿。在1983年纪念曼谷建都200周年时，宫殿开始向公众开放。泰王五世行宫是世界上最大的金色柚木建筑，并且没有使用一颗钉子。宫殿共有三层建筑，样式融西洋式和泰国传统建筑风格为一体。宫殿还设有一个博物馆，展出世界各国餐具和生活用品，共展出开放了31间展览室，卧室、盥洗室等都保留了当年的原貌。

资讯攻略

- 律实动物园斜对面，旧国民大会后面一点
- 公交10、18、27、28、70、108路可到达
- 100泰铢，有大王宫门票可免费参观
- 9:00~16:00

TIPS 泰王五世行宫守卫的确很深严，什么东西都不能带进去，里面不允许拍照，游客不可单独参观游览，必须在9:00~15:15，由导游带队每隔半小时进行集体参观，参观时间大约1个小时。需注意着装。

玫瑰花园

想要深入了解泰国的传统文化和风俗习惯，来玫瑰园是最好的选择。该园也是泰国民族文化中心。园内种植了许多不同颜色和品种的玫瑰及各种热带花卉。花园内还设有泰国民间文化展览厅，回廊内的橱窗里各式人物蜡像按泰国历史年代排列，或兽皮缠身，或披红挂绿，或手执木棍、刀、枪，或骑射，千姿百态，栩栩如生。每日下午3:00，园内都会有一场盛大的泰国民俗文化表演，游客不容错过。

资讯攻略

- 曼谷西南约32公里处
- 由曼谷乘巴士前往，车程约30分钟
- 10泰铢/人，表演门票220泰铢，马车20泰铢，骑象20泰铢
- 8:00~18:00，节目表演 间为下午14:30~16:00

丹嫩沙多水上集市

丹嫩沙多水上集市实际上就是曼谷"水上集市"。集市中一条条卖货的小船在运河上交错往来，加上河岸边依水而畔的居民住宅，构成了一幅令人深感亲切而又典型的曼谷印象图卷。这是至今唯一依然保持着泰国昔日水上集市风貌的集市。其中，托木肯集市最值得游客一看，这个集市一般从清晨一直持续到下午2:00左右，早上7:00~8:00这一段时间是高峰期。

资讯攻略
- 集市位于曼谷市西南，距离市内约80公里
- 水上市场价格是150泰铢包来回车费和第1段的小船费用，来回约两个多小时。真正进市场后，每个人100泰铢坐小船。或于南部公共汽车大楼乘坐78路公共汽车前往。
- 免费
- 早上清晨至下午2:00

TIPS 游客如果想赶在早上的高峰期游览集市，需一大早就从曼谷出发。集市里有卖稀饭、面条等小吃的船，游客可以在此早餐。

曼谷唐人街

曼谷的唐人街是城区最繁华的商业区之一，由三聘街、耀华力路、石龙军路三条大街以及许多街巷连接而成。在东南亚各地的唐人街中，这种规模，堪称魁首。唐人街有典型的中国传统文化和华人社区习俗特点，每年都吸引着大量的中外游客。在唐人街能感受到浓郁的中国气息，在许多商铺门上都贴着福、禄、寿的画像和对联。在每年的农历春节这里都有中国传统节目表演。

资讯攻略
- 曼谷中心西南部
- 由华南蓬火车总站步行10分钟可达，或可坐空调公共汽车1、7路抵达

郑王庙

郑王庙是泰国王家寺庙之一，与曼谷隔湄南河相望，规模庞大，仅次于大王宫和玉佛寺。郑王庙

又称黎明寺，据说是因为寺内一座高79米的高塔每天最先接触到阳光，所以称之为黎明寺。在寺内共有5座佛塔，1大4小，外观都一模一样。此外，寺内还有佛殿、佛堂、内有佛足印的四方殿、佛亭等多种建筑物。大塔内有阶梯可到塔顶，在塔顶可以远眺湄南河对岸的曼谷市景。

资讯攻略
- 湄南河西岸的吞武里
- 乘坐19、57路公共汽车可到
- 50泰铢/人
- 8:00~17:00

四面佛

四面佛在泰国非常受到民众的信仰尊崇，同时也吸引着东南亚佛教的信徒，每年专程来膜拜。四面佛位于伊拉旺神祠中，神像高约4米，前后左右有4副面孔，分别代表慈、悲、喜、舍4种梵心。每年的11月9日是四面佛的生日，这时会有许多的名人前来上香叩拜，热闹至极。

资讯攻略
- 世贸中心的斜对面，西隆商业区内
- 由暹罗广场（暹罗商业区）步行约10分钟，空调公共汽车4、5路，普通公共汽车13、14路及204路或轻轨（BTS）在齐隆站下均可到达
- 免费
- 7:00~23:00

TIPS 祭拜仪式，求神的信徒一般要购买一套祭品包括12炷香、1支蜡烛和4串花（约20泰铢）。拜神从正面开始，上烛祭拜，转左，再由右至后，转一圈，每面献花一串，上香3炷（第一炷是拜佛祖，第二炷是拜佛经，第三炷为拜和尚）。

● 木安玻琅古迹城

这是世界上最大的露天博物馆，位于距曼谷30公里处的北榄府。古迹城内集中了泰国国内名胜古迹微观景观的主题公园，公园是仿照泰国地形建筑，内有泰国著名的寺庙、佛塔、纪念碑等建筑的仿制品，还有建在湖面上，由高脚屋组成的小市场。其中有些是已经消失的泰国古迹。在城的东北角还有饲养着许多热带野生动物的野生动物园。

资讯攻略
- 距曼谷30公里处的北榄府
- 曼谷的25路公共汽车和507路、508路、511路空调车（16泰铢）约两小时可到北榄，然后换乘36路"载人小货车"（6泰铢），即可到达公园
- 成人300泰铢，儿童200泰铢
- 8:00～17:00

● 曼谷蛇园

蛇园本是一所毒蛇研究院，这里的工作人员收集毒蛇，采集毒蛇身上的毒液做抗毒血清，用来医治被毒蛇咬伤的人。因此这里饲养了大批的毒蛇，毒蛇都被分类关在设备良好的玻璃房里。这里有眼镜蛇、蝮蛇、赤练蛇、金环蛇、银环蛇等数十种毒蛇，游客在这里能看到很多关于毒蛇的精彩刺激表演。

资讯攻略
- 在拉玛四世路与喜利杜南路交叉口，朱拉隆功医院西侧
- 空调公共汽车1、2、7、16、29、50、67、119路可到达
- 70泰铢
- 8:30～16:30

● 沙慕普兰大象乐园

沙慕普兰大象乐园是一所综合性的动物园，园内不仅有鳄鱼养殖场，还有兰花栽培基地。不过大象的杂技表演最受游客欢迎。红白两队的足球比赛、集体舞蹈表演和幼象也参加的集体游戏等精彩节目好戏连台，让游客亲眼目睹大象的聪明才智。也有鳄鱼表演，饲养员把头伸入鳄鱼的血盆大口时，游客都会惊叫连连，非常的惊险刺激。部分园内栽培的兰花出售，是非常好的纪念品，就是难以保存带走。

资讯攻略
- 披卡汕路（PetkasemRoad）30公里处的玫瑰花园附近，可以同玫瑰花园时一起游览
- 乘坐从南区汽车站开出的到达动物园的班车。自驾车沿着披克汕高速公路行驶大约40分钟
- 成人220泰铢，儿童140泰铢
- 8:00～18:00

● 泰国文化中心

泰国文化中心是一个政府机构，设有大礼堂、小礼堂、露天剧场和多功能区。大礼堂可用于各类表

演和举办国际会议，小礼堂则可用于宴会。露天剧场为当地民俗表演和现代音乐提供了展示的舞台，多功能区用于文化艺术活动和展览。这里能够深入了解泰国的文化，值得游览。

资讯攻略

- 拉直达菲斯克路
- 可乘坐公共汽车73、136、137、206路，空调公共汽车7、15、22路
- 5英镑，儿童3.7英镑
- 周一至周六9:30~16:30，周日和节假日闭馆

拉差达慕拳击馆

拉差达慕拳击馆是一个著名的泰拳观赏场所，位于民主纪念碑附近。泰拳是泰国的传统徒手技击技巧，非常凶猛强悍，在近距离搏斗中具有强大杀伤力。泰拳不仅是体育运动和表演项目，为泰拳选手下注赌输赢也是一种常见的博彩娱乐。选手在比赛中经常受伤，心理承受能力差的游客尽量避免观看现场。比赛日为每周一、周三、周四及周日的傍晚时候，其中周四的比赛最精彩。

资讯攻略

- 曼谷帕纳空，诺克路拉差达慕拳击馆
- 可乘坐70、201路公共汽车，70、503路空调公共汽车
- 根据座位不同分为1000泰铢、1500泰铢、2000泰铢三种
- 周一、周三、周四，18:00~21:00；周日，17:00~21:00。重要的佛教节日除外

Transportation Information 曼谷交通资讯

泰国的铁路和公路都是以曼谷为中心,通往全国各地,城市间来往非常方便,价格也便宜。曼谷市内交通相当的拥挤不堪,有"塞车世界第一"的称号。

飞机

廊曼国际机场国际航线可飞亚、欧、美及大洋洲达30多个城市。每周由曼谷飞往中国、中国台湾、港澳的航班有近百班之多。如北京、上海、广州、昆明、成都、重庆、厦门、汕头、香港、澳门、台北、高雄每天(周)都有航班飞往曼谷。

机场交通

由泰国曼谷新机场到市区,可搭乘机场巴士。前往地点包括沙拉登站、考山路、素坤逸路及华蓝蓬火车站等。服务时间为05:00~24:00,车费100~150 泰铢,视交通状况,车程45~90分钟。 如搭乘的士,可前往4楼出境大堂外,往市区350~400泰铢,另需加公路费65泰铢。

A1线:机场至是隆路(Silom)。

A2线:机场至王家田广场(Sanamluang)。

A3线:机场至素空逸(Sukhumvit)的亿加买(Ekamai)。

A4线:机场至华南蓬火车站。

火车站

泰国的火车以曼谷为中心,向外延伸4条线路,其中有一条是通往新加坡的国际线路,其中经过马来西亚。

北方线:由曼谷到清迈,约851公里,特快列车行车时间约为14小时30分,中途主要车站有大城、罗富里、彭世洛、南邦府。

东方线:由曼谷至柬埔寨边境的亚兰,约255公里。特快列车行车时间约5小时,快车需7小时,中途主要车站有呵叻、乌汶。

东北线:由曼谷至老挝境内的诺凯,约624公里。特快列车行车时间11小时。中途主要站有大城、呵叻、孔敬、廊开。

南方线:由曼谷为起点,沿着暹罗湾的马来半岛而行,约有990公里。途经华欣,直达合艾。

国际线:由曼谷乘火车到马来西亚,日夜都有定期班车,有特快或普快。曼谷至马来西亚的伯特和富每逢星期一、三、五有三班车开行,如去往新加坡要在伯特和富转车。

长途汽车

曼谷市有东行、南行和北行3个长途汽车站,每天都有多趟客车可抵国内各个城市。

曼谷有3个长途汽车站,分别是东行、南行和北行。这些长途汽车来往于泰国各个城市。其中沿3号公路,抵达芭提雅约2小时30分;沿4号和402号公路,抵达普吉约7个小时;沿1号和106号公路,抵达清迈约9小时。

水路

长尾船一般停靠在曼谷的商业区。在不熟悉路

线的情况下，对于游客来说有点危险，因此最好不要搭乘。费用约20泰铢。

市内交通

地铁
曼谷市内出游最方便的交通方式是曼谷地铁（MRTA）及架空铁路（BTS）。

地铁（MRTA）全程共18站，列车3~6分钟一班，票价14~36泰铢，可于席隆站转萨拉登站或素坤逸路站转奥绍克站。

架空铁路（BTS）分为席隆及Sukhumvit两条线，行经市内重要地区，票价10~40泰铢。它们的服务时间都是06:00~24:00。

公共汽车
曼谷的公共汽车四通八达，搭乘非常方便，但是经常塞车，因此出行时最好错过高峰期。运营时间为05:30~次日01:00。部分线路的巴士设有车长，乘客在上车后可向车长购票，在途中会查票，记得要保留车票。在公共汽车上一定要注意好自己的财物。

出租车
出租车起步价为35泰铢，之后每公里加2泰铢，在市区范围内收费约50泰铢，深夜车资则是白天的2倍。在大城岛内很多司机都不用里程表计价，而是采议价方式，一定要先谈好价钱才上车。可抄下在的士车前展示的司机与其注册资料，向泰国旅游局投诉。

TIPS 要有心理准备，部分的士司机不懂英语，也不会看地图，所以最好先学懂目的地的泰文，或找酒店接待员帮忙写个以泰文写上的地址。曼谷经常塞车，行李不多的话，还是少搭为妙。

自驾租车
在机场的入境大厅就设有安飞士租车柜台，国内航空大楼也有其他的租车公司。一日费用1,400~3,300泰铢，一周8,400~19,800泰铢。除车资外，需另加10%的税及汽车保险费。

建议最好通过旅行社代劳，以免因语言不通而

被有误会情况。曼谷的市民都不太遵守交通规则，在路上横冲直撞；司机也常常超速驾驶。

旅游巴士
长尾船的昭拍耶水上巴士是一种传统的水上交通工具，全程有30站，可到暖武里，票价9~13泰铢。沙潘塔克辛站旁的喜来登，以及卧佛寺、大皇宫所在地临屋田等是游客较为经常搭乘的站点。这种船还设有特快服务，特点是停站较少，船费13~32泰铢，以船上的旗帜来分辨，普通的没布旗，较快的橙旗、黄旗及最快的是蓝旗。

嘟嘟车
嘟嘟车是在曼谷街头最常见的一种交通工具，每车一次可载2~3人。搭乘这种车时，一定要先议价，还有就是超短路程才乘搭。

三轮车
三轮车车身上一般都绘有色彩缤纷的图案，而且设有车篷。车费非常便宜，是曼谷市民出行最常搭乘的一种交通工具。市区内收费为30~50泰铢。在这里要注意最好在上车前讲好价钱。

渡船
这种交通工具其实并不常见，但是却非常的方便，河上的士就在湄南河上营生。有些只做摆渡过河的生意，其他的在渡口两岸旁，路程一般不会很远，最远可到北郊北步里（Nonthaburi）。

Living Information 曼谷生活资讯

住宿

曼谷市内有香格里拉、假日、希尔顿等世界知名的高级酒店。除了豪华酒店外,曼谷也有很多旅馆、家庭式旅馆、招待所、海边小木屋等,为旅客提供多元化的选择。住宿地价格从中等到低廉都有,基本上还算干净安全。

高级酒店: 西罗木大街,拉查达慕里大街和司昆比德大街等地是高级饭店较集中的地方,距闹市较远的拉查达皮瑟库大街周围,近年来也盖起了不少高级饭店。

考山路(Th Khaosan): 这里是亚洲著名的廉价背包旅馆汇集区,吸引着来自世界各地的背包客聚集,通常三五百泰铢就能找到整洁舒适的房间。

唐人街: 如果是中国人想找便宜旅馆的话,在中央火车站及耀华力路(唐人街)一带,也可找到便宜的住处,而且这里许多店主都会讲华语,对中国人来说容易沟通。

素坤逸大街(Th Sukhumvit): 这条大街是曼谷的一个主要商业区,有轻轨到达,出行方便。这里有非常丰富的夜生活,旅客以中等价位的为主,标准房费用为1000~1500泰铢。也有少量的背包客旅馆,价位同考山路相当。

特色住宿地推荐

酒店名称	电话	地址
河道旅馆	2-2800876	山姆披耶寺巷3号
贝拉贝拉楼	2-6293090	考山路对面的巷车
新乔旅馆	2-2812948	古兹伯里巷81号
竹林旅馆	2-2823412	撒森巷67号
河边旅舍	2-2827464	撒森巷59号

美食

在曼谷能品尝到各国的美食,当然曼谷本地的更是不能错过。泰国菜历史悠久,发源地就在曼谷。泰国菜以"辣味"闻名,做法多样,海鲜是最不能错过的。曼谷的小吃种类非常多,烧烤类尤为出色,如鱿鱼、炸香蕉等都是不容错过的美食。

曼谷的餐厅非常多,从高级饭店到路边摊应有尽有,可以说餐厅遍布大街小巷,包括许多游船也提供船上晚餐。很多游客都知道泰国的美食灵魂就是只有晚上会出现的露天大排档,那里有意想不到的美味和公道的价格,吸引了无数热爱美食的游客。

购物

泰国被誉为东南亚购物热门之地,对于爱购物的游客来说,曼谷就是一个梦幻般的乐土。密集的高级购物中心、大型百货公司、时尚购物街、跳蚤市场、露天市集、平价批发市场都让爱购物的游客流连忘返、乐不思蜀。

暹罗(Siam)和西隆(Chit Lom)两大商务区集中了大多数曼谷的百货公司,如暹罗广场(Siam Square)、世界贸易中心(Central World Plaza)等。这里的国际品牌和国内差不多,但是有些品牌却比国内价格低很多。

Market、桑论夜市、水上市场都是不可错过的。曼谷著名的特卖会每年举行两次,分别是六月和十二月。吸引着许多前来购物的游客。

娱乐

曼谷的夜生活非常丰富,游客可以尽情地从五光十色丰富的曼谷夜生活中体验到快乐。在曼谷旅游,既可以领略到"人妖""天生丽质"的绝色风采,欣赏到泰国舞蹈的婀娜多姿,又可以领教到泰式按摩的精妙绝伦,还可以见识到泰国民间体育活动的惊心动魄。

人妖是泰国独特的人文风情,泰国的旅游业的繁荣,与人妖的存在有很大的关系,很多的游客就是冲着人妖而来的。

既然到了曼谷,就一定要去当地传统市集体验下那里的热闹气氛,在市集内有各种商品,虽然不如百货公司高档,但是这里的物品却物美价廉,非常值得买来作纪念品。Chatuchak Weekend

泰国人妖

人妖,主要是指在泰国旅游胜地专事表演的从小服用雌性激素而发育变态的男性,部分为无性人。到20世纪90年代,泰国人妖已达2万人,年龄均在14～50岁,主要集中在芭提雅的人妖歌舞团及酒吧和夜总会。人妖们所表演的歌舞可以说是具有相当高的艺术水平,通常表演内容代表了各国国家的舞艺节目,吸引着众多游客前去观看。

舞台上表演节目的人妖综合条件都要非常好,大多身高都在1米7以上,身材苗条眉清目秀,回眸之间,风情万种。而且都有一头青丝般披肩长发,泛着亮黑的光泽。身上佩戴一些闪亮的装饰品,如耳环、项链、头饰等,再加上一身华丽的衣裙缠绕着莲步,轻盈优美,宛若仙女下凡。当然,最吸引人的还是这些小姐的领口都开得极低,具有极大的诱惑力,再加之不时骚首弄姿和眉目传情,立即吸引了所有人的目光。

这些人妖表演者,除了借助整型手术外,对美容化妆研究、舞蹈的练习,也是使他们成功塑造绰约风姿的必要功课。明知道这些人妖是后天改造而成,还是不免要感叹。即使是作为人妖,也是要靠上天赏赐一副比例均匀、细瘦的骨架,不然有再好的容貌,也无法成为最佳女主角,只能跑跑龙套或是向丑角发展了。年纪大的人妖往往向丑角发展,逗逗观众,因此,游客除了可以欣赏豪华的歌舞表演之外,也可看到姿色较平凡的舞者表演笑剧。

清迈
ChiangMai

清迈是泰国第二大城市，被称为"泰北玫瑰"，以美女和玫瑰享誉天下。清迈的气候比起曼谷凉爽很多，市内树木葱翠，花团锦簇，古迹众多。这里也是东南亚著名的避暑旅游胜地。清迈还是艺术及建筑物的集中地，保留有大量的文化遗迹，是寺庙佛塔之城。

清迈

- **英文名称**：Chiang Mai
- **人口**：约130万人
- **面积**：20107平方公里
- **著名景点**：帕烘寺、兰花园、乌孟寺
- **最佳旅游季节**：6~10月

清迈旅游示意图

清迈必游景点

南邦府

南邦府是缅甸式庙宇的集中之地，也是泰境内唯一仍以马车为交通工具的省府。泰国的大象保护中心也在这里。南邦府南邦鲁安寺主殿内供有两尊青铜佛像。齐里骚佛寺则是以20座佛塔并立而著名的寺庙。传说，游览在该寺能够数得出20座佛塔，是非常吉利的征兆。

泰国大象保护中心：在保护中心，游客可以骑着大象，慢慢悠悠地在丛林里漫步，也可以观赏到大象做一些高难度的动作，展现力量，比如卷着重重的原木，却轻松地如同卷着空气一样迈着步子。

资讯攻略

- 清迈东南方26公里处
- 从清迈到南邦每半小时就有一趟班车，票价30泰铢左右。大象保护中心在清迈到南邦公路的37公里界碑处，下来后有免费的厢式车把游客送到2公里外的大象保护中心
- 大象保护中心门票50泰铢，寺庙免费，大象保护中心提供骑象服务，200泰铢/15分钟

迦牟尼佛的舍利子，因此每年都会吸引世界各地的信徒前来双龙寺朝圣。双龙寺除了有佛主的舍利子还有另外两件宝物，一件是九世皇所赠予的水晶莲花，四周用各界捐赠的宝石镶缀而成，置于塔的顶端；另一件是正殿的释迦牟尼佛像。在参观寺庙时应顺时针参观，而且从左方进入。

资讯攻略

- 清迈
- 包嘟嘟车需150泰铢左右
- 30泰铢
- 6:00～18:00
- 53-295000

清迈国家博物馆

清迈国家博物馆靠近清迈大学，分为两层。第一层陈列了兰纳时期的历史文物和艺术品，以及14世纪和15世纪战争中用过的各种冷兵器。还有一尊巨大的青铜佛陀。第二层则陈列了泰国的民间手工艺品。在博物馆的附近还有一个考古研究中心和两个古代烧窑遗址。如果想要了解清迈历史发展过程，来这里是个不错的选择。

双龙寺

双龙寺因在寺两侧门口有两条长龙坐卧而得名，是泰国著名的佛教避暑胜地。这里供奉着释

资讯攻略
- 市区西北的高速公路旁,距离城市中心5公里
- 包嘟嘟车前往约60泰铢
- 30泰铢
- 周三至周日9:00~16:00
- 53-221308

● 松德寺

松德寺位于前往素贴山必经的路上,坐落于建于14世纪的兰纳泰王朝美丽的花园中,是泰国著名的佛教寺庙。寺内有泰国最大的青铜佛像。寺庙的正殿屋顶有三层,正殿后方又有两尊大小佛塔,泰王的骨坛就藏在塔内。寺内有一个巨大的钟形佛塔,是为了纪念著名的僧人玛哈泰拉苏玛那而建造的,他曾在这里住过。松达寺的夕阳景色非常迷人,每到傍晚就有非常多的摄影师在这里取景照相。

资讯攻略
- 素贴路
- 包嘟嘟车前往约70泰铢。可同素贴山一起游览
- 免费,每年4月13~14日,这里都要举行大型宗教庆典活动
- 6:00~18:00
- 0131-5294142

● 蒲屏皇宫

蒲屏皇宫是泰国皇室的避暑行宫之一,王宫为泰式建筑,花园内绿树成荫,种有玫瑰、鼠尾草和各种奇花异草。王宫白墙绿瓦,建筑格调雅致,坐落在周围的青山之中,自有一份清静平和之美。在皇室人员不住在这里的时候,王宫的花园会向游客开放,游客可以领略到皇宫的优雅之美。

资讯攻略
- 蒲屏皇宫建在素贴山上,沿双龙寺路上行4公里处
- 50泰铢
- 王宫内部每周六、日及国定假日,上午8:30~12:30,下午13:00~16:00。王宫花园每天开放

● 清迈夜间动物园

清迈动物园位于素贴山脚下,占地近百亩,是泰国最大的动物园。动物园内不仅有各种珍奇的动物,园内的风景也是十分俊秀美丽,有风景花园、瀑布和湖泊等。清迈夜间动物园利用肉食动物喜好夜晚活动的特性,为了方便游客观赏,开辟了夜间游览项目,游客可搭乘24人的小车,近距离游览狮子、老虎、熊、野狼等动物,非常刺激独特。在园内的山顶可以俯瞰整个清迈城。

资讯攻略
- 位于距离清迈市中心15公里远的素帖山脚下的Huai Kaeo路的南面
- 包嘟嘟车需120泰铢左右
- 成人100泰铢,儿童50泰铢
- 8:00~23:00

清曼寺

清迈的第一座神庙就是清曼寺。在寺中由15只大象承载的塔是最好的建筑,寺内还有两座兰那式僧院。清迈发现最早的佛像就立于较大一座僧院的佛坛前。较小的僧院中的帕辛与帕海棠卡玛尼是两尊非常珍贵的佛像,据说这两尊佛像都有造雨的神奇力量。在每年的4月1日,寺庙都会举行宗教活动,抬着帕海棠卡玛尼佛像游行绕城一周,这时会有很多信徒沿街进行朝拜。

资讯攻略
- 位于清迈古城北侧
- 从古城旅馆餐饮集中的东护城河可步行前往或包嘟嘟车约30泰铢
- 免费
- 6:00~18:00

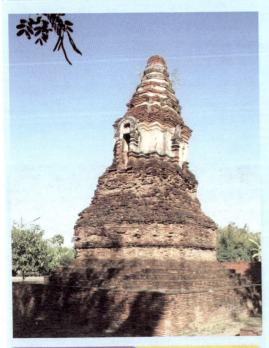

素贴山

素贴山山坡长满五色的玫瑰,山顶雾气缭绕,景色秀丽,如同仙界一般。步行300级台阶到达山顶的观景台可将清迈市区全景尽收眼底,这里是清迈的天然瞭望台。著名的双龙寺就坐落在此山顶。当地的华人把这座山称为"遇仙山"或"会仙山"。

资讯攻略
- 素贴山位于清迈以西16公里处
- 包嘟嘟车需150泰铢左右,也可坐缆车上山,50泰铢/人

马沙大象营

这是清迈最大的大象训练学校,园内共饲养了一百多头大象。在营内不但可以观看大象精彩的杂技表演,游客还可以坐在大象背上的木椅内沿山谷,在丛林中走一圈,专业的驯象师会跟随指导,因此游客可以安心的体验骑大象的快感。大象营附近有一个瀑布公园,公园内都是参天巨树,原始森林的自然景观让人惊叹。

资讯攻略
- 位于清迈以北约14公里
- 包嘟嘟车前往约150泰铢;骑大象1小时500泰铢左右,两人合乘1只
- 免费

因他农山国家公园

因他农山国家公园不仅是泰国最高的山,也是泰国国家自然保护区,占地1,005平方公里。公园内遍布丛林和各式蕨类植物,各种野生动物出没其间,如大象等,是泰国最负盛名的国家公园。借助公园丰富的物种资讯和自然环境,公园内还建有大象营、兰花培植场等,是节假日郊游的好去处。公园内还有400多种野生鸟类和多个瀑布,可以在附近野餐。

资讯攻略
- 位于清迈南部
- 搭公交车需要在宗通和湄岗转两次车。可以参加清迈的一日游,也可以包车前往
- 200泰铢;旅行社提供因他农山国家公园一日游,报价1000泰铢左右,包含往返接送和一顿午饭
- 53-268577

Transportation Information 清迈交通资讯

飞机

清迈国际机场的航空大厅有两层高，第一层是国际、国内乘客到达大厅，第二层为国际乘客离境大厅。机场位于清迈市区西南方约4公里处，占地面积3.05平方公里。

机场交通

从机场去市中心之间的距离只有3公里，游客可搭乘出租车，费用约100泰铢，在行李提取区外的出租车售票亭可以买到车票，然后把票交给停在机场入境口门外出租车司机。或者还可搭乘嘟嘟车或者红色双条公交车，费用约50泰铢。一般到达市中心时间只需15分钟。预订好的酒店一般也会提供免费的接机服务。

火车站

每天有5班火车来往曼谷和清迈之间，分快车(Rapid)、特快(Express)及加特快(Special Express)，行车时间为快车15小时，特快及加特快为12小时。清迈火车站也有很多来往别的城市的火车。

长途汽车

在清迈有AVIS、Hertz等国际知名的汽车租赁公司办事处。由曼谷至清迈，可在曼谷拍凤裕廷路北线巴士总站出发，乘普通车或空调车前往。每天有十几个班次开出，最后一班为晚上10:00。普通车上午7:25自曼谷站开出，晚上10:00抵清迈，票价133泰铢；空调车上午9:10开出，下午9:50抵达，票价250泰铢。

市内交通

嘟嘟车

清迈的出租车就是嘟嘟车，搭乘这种车非常方便，价钱也便宜，在古城内约40泰铢，周边不太远的地方一般80~100泰铢。

公共汽车

清迈的公共汽车为成为Sawngthaew，是由一种小货车改装而成，在车厢内两侧放有长凳。这种车没有固定线路，乘客可在路边招手即可。市区内一般开价20泰铢/人。

自行车

在清迈古城内游览的最好方式就是租一辆自行车，费用约50泰铢/天左右。在清迈伤残中心(Chiang Mai disabled center)租借自行车，更可帮助清迈的残疾人群体。

Living Information 清迈生活资讯

住宿

清迈的饭店宾馆非常多,而且服务都很好。各档宾馆特色各异,可满足不同层次人群的需要。高档宾馆大都价格不菲,若想节约住宿开销,可另选廉价宾馆或旅馆下榻。清迈的旅馆主要聚集在东护城河两岸。清迈的旅游旺季是12月~次3月以及7月~8月,这期间的住宿很难找,可以去TAT办事处拿一份免费的《清迈住宿指南》(Accommodation in Chiang Mai),上面有详细的酒店住宿地址和电话。

特色住宿地推荐		
酒店名称	电话	地址
朱莉宾馆	53-274355	7/1 Soi 5,T世玉波卡寮路巷7/1
达莱特宾馆	53-235440	7/1 Soi 5,猜也奔府5号7/1巷
格雷斯宾馆	53-418161	27 Soi 9,月城9号27巷
鹰之宾2号	53-418494	26 Soi 2,Th Rtwithi

TIPS 7月份住在清迈,可以选择风扇房,因为晚上很凉爽,不用多花钱住冷气房。

美食

清迈有很多老字号餐馆,一般都供应北方菜。当然,在清迈也有很多中国料理。受缅甸、中国和掸族人的影响,位于泰国北方的清迈人更喜欢炖咖喱。清迈菜和大多数的泰国菜有一个很大的不同之处,那就是这里的菜不重辣,而以酸为主。

购物

清迈的艺术品很有名,不论家庭装饰还是精致的艺术品,或是异域情调的泰丝和泰麻,都应有尽有,宝山手工制伞村和以泰丝出名的桑甘烹村就是其中典范。清迈的古典风格家居用品更是著名,喜欢古典家居的用品游客千万不能错过这里。清迈的kad Suan Kaew有500个摊位的大型购物中心,包括电影院、酒店、游乐场,可以让游客逛上一整天。清迈也是个购物的好去处,小商品让人目不暇接。

娱乐

清迈的娱乐项目很多,观看清迈的民族舞蹈是到当地观光旅游主要的娱乐活动之一。清迈另一项激动人心的娱乐活动是观赏大象表演或与象共舞,同象共乐。清迈的夜生活也丰富多彩,在塔佩门城门附近大街上的酒吧,你可以见到许多外国人、廉价啤酒、霓虹灯。如果想看现场音乐演奏,可以去湄平河东岸边的酒吧。

芭提雅
Pattaya

芭提雅被誉为"东方夏威夷",以阳光、沙滩、海鲜名扬天下。芭提雅位于首都曼谷东南154公里印度半岛和马来半岛间的暹罗湾处,风光旖旎,气候宜人。芭提雅海滩长达40公里,沙滩上海边风光迷人优雅,一派东方热带独特风光。克兰岛附近的海水清澈透明,海底的珊瑚和热带鱼都清晰可见,十分壮观。

芭提雅

英文名称: Pattaya
人口: 约10万人
面积: 约200平方公里
著名景点: 珊瑚岛、东芭文化村、水上市场
最佳旅游季节: 11月~次年2月

芭提雅必游景点

● 沙美岛

　　沙美岛是泰国第三大岛，拥有泰国最优美的沙滩，是芭提雅最热门的一个岛屿，靠近罗永府。岛上尽是葱郁的丛林与翡翠绿的椰子林，有15个海湾及白色的沙滩和怪异的岩石，可进行多种水上运动项目，如冲浪和潜水滑水等。沙美岛不仅有美丽的热带风光和第一流的海泳场，岛上的热带水果更是物美价廉，味道鲜美，海鲜也非常值得品尝。

资讯攻略
- 成人200泰铢，儿童半价，门票没有时间限制
- 在车站到码头的途中，可以乘坐观光车到达
- 10:00~17:00，在3~10月，下午延长到18:00
- 0151-7091963

TIPS
住宿：在岛内有非常多的度假村，都在海边。一般是离海边越近价钱越贵，不过最贵的也只要2000泰铢，而便宜的地方，不到100泰铢。
饮食：沿着海滩全是各个度假村的餐厅，也是酒吧。都不太贵，非常的平民化。
环岛游：各旅馆都代售环岛游的船票。一般全程要5个小时。可选择座汽艇或木船。木船收费400泰铢，汽艇要500泰铢，都包括午餐和浮潜、钓鱼项目。

● 格兰岛

　　格兰岛是一座魅力的海上乐园，也是一座珊瑚岛。在岛上可以观赏到海中悠闲游动的热带鱼，还能品尝到新鲜美味的海产。岛上的商店很特别，是用竹子做的竹屋，大部分贩卖一些岛上特产和海鲜。格兰岛的滨海沙滩市场有许多服饰店和手工艺品店，价格都非常实惠。在这里边观赏海边风光，边享受美味的泰国料理，也很有一番风味。

资讯攻略
- 搭乘渡轮前往只需40分钟即可抵达，出发时间早上9:30、11:30，费用为250泰铢（含午餐），100泰铢（不含）。包船费用为 1000~3000 泰铢
- 免费

● 芭提雅海滩

　　芭提雅海滩的沙质非常细腻，海水也最为清澈，在芭提雅15公里的海岸线中质量最好的一段。在阳光的照耀下，这里沙子晶光闪烁，碧海青天，海风轻柔，是一个优良的海冰沙湾。有不少漂亮的海滩酒店和度假村位于海滩北部，十分幽静。而南

部则相对热闹许多，集中了很多小旅馆，以及餐厅、服装店、酒吧、夜总会等各种各样的商业和娱乐场所。还有一尊高达3米的大佛像坐落在芭提雅山上，大佛左右两边都有佛像。

资讯攻略
- 市区中北部，大致在1号街路和南芭提雅路之间
- 从市区乘坐嘟嘟车约20泰铢/人

TIPS 在这里泰国人把亚洲人和欧洲人游玩的海滩分成了两部分。

迷你暹罗

迷你暹罗为世界第四大微型景观，位于芭提雅市近郊素坤逸路。这里有泰国80多个名胜景点的缩影和百多座小型建筑物，包括泰国地形和自然环境，有高山、河流、瀑布、铁路及全国72府名胜古迹，展示了泰国著名的文化和历史建筑物，与实物的比例为1:25。公园内还有一些世界著名的小型建筑物景点，如法国埃菲尔铁塔和凯旋门、意大利比萨斜塔、罗马斗兽场、美国自由女神像、德国科隆大教堂等。基本上泰国的有名景点这里都有展示，因此这里能"游遍"泰国。

TIPS 园中定时举办旧时养蚕、织布、打造银器首饰等民族工艺制作方面的表演。

东芭乐园

东芭乐园是一个泰式的休闲娱乐度假公园，公园内的节目由3部分组成：泰国的民俗表演、大象表演和参观植物园。民俗歌舞都是由当地人进行表演，非常质朴地道。而大象表演则是最吸引游客的项目，格外精彩。植物园内以兰花为主，还有部分绿色植物是可以出售的。

资讯攻略
- 芭提雅
- 从芭提雅海滩乘车南行约15分钟即可到达，嘟嘟车50泰铢/人
- 250泰铢
- 每天8:00~19:00，传统文化和大象表演每天四场：10:15、11:00、15:00、15:45
- 38-429321

TIPS 东芭乐园可以骑大象绕行，成人400泰铢，儿童200泰铢。还可以跟小动物拍照，50泰铢/次，有小老虎、小猩猩等。

资讯攻略
- 芭提雅市挽腊茫郡素坤逸路
- 200泰铢
- 7:00~22:00

云石公园

云石公园占地6000多平方米，公园内有非常多奇形怪状的巨石和古老的植物化石，造型奇特的树木和漂亮的盆景装饰其间。公园内有一个鳄鱼潭，鳄鱼潭里面有数以千计的鳄鱼和种类繁多的爬行动物，这里还有惊险有趣的鳄鱼表演，如空手抓鳄鱼、头伸入鳄鱼嘴里以及一些魔术表演等。

资讯攻略
- 芭提雅以北
- 位于芭提雅以北十五分钟车程，坐嘟嘟车50泰铢/人
- 免费
- 9:00~18:00
- 38-249311

蒂芬尼人妖秀

蒂芬妮人妖秀知名度非常高，是东南亚首个真正的人妖秀表演，每年都会吸引成千上万的游客前去观看。蒂芬妮剧院内拥有100多位表演者，大约一个半小时的表演会令来自世界各国的游客为其惊叫欢呼。演员外表一流，多才多艺。中国古典舞、韩国传统鼓、印度舞蹈、欧美舞蹈等都有表演。

资讯攻略
- 帕塔亚市芭提雅二路464号
- 9月~次年3月，周二~周日10:00~17:50；6月~8月，10:00~17:50
- 38-421700

信不信由你博物馆

信不信由你博物馆别名为不可思议博物馆，馆内展示的都是从世界各地收集到的各式各样稀奇古怪的收藏品，如来自厄瓜多尔的缩小人头、西藏人的头盖骨及双头猫等。不过展示的东西是真是假，还得认真判断再下结论。

资讯攻略
- 皇家花园广场3楼
- 从市区坐嘟嘟车20泰铢/人
- 成人320泰铢，儿童270泰铢
- 10:00~23:00
- 38-710295

象岛

象岛是泰国第二大岛，位于泰国东岸泰国海湾，芭提雅东南方。这个被群山环绕，未被开发和

破坏的岛屿犹如在时间中停留的隐世国度，是一个真正的世外桃源和生态天堂。象岛周围还有52座小岛，目前其中的47座已经和象岛一起被划成了国家海洋公园。岛内繁茂的热带雨林已开发出一些远足路线，其中推荐尝试"凯翡邦空径"，绝对的野生体验。除了游泳和潜水外，在岛上还可租摩托车到岛内四处游览，摩托车每小时租金70泰铢。

资讯攻略

- 位于泰国东部与柬埔寨临界的 Trat 府，距离曼谷300多公里
- 飞抵曼谷，然后从曼谷机场附近的莫捷北部汽车客运站车站坐车去象岛。另外也有从曼谷起飞的直航航班。海岛有一条环岛公路，任何一个海滩或者渡口只需在路边等出租就行了
- 象岛国家公园的门票每人200泰铢，渡船每人60泰铢。岛上可乘双排车到各海滩，车资40泰铢

狗骨岛

狗骨岛位于东部泰国湾，距离曼谷只有5小时车程。这座小岛屿尚未全面开发，是泰国政府颁发的4星级别海滩。岛上的椰子是可以免费随意吃的。某些沙滩上也有无数海胆海参贝壳类，不过那些却是不能动的。狗骨岛是泰国的国家海洋自然保护区之一，即使划船，也会有人提醒你不要碰到脆弱的珊瑚。

资讯攻略

- 位于东部泰国湾
- 曼谷汽车东站搭乘，双程价格约430铢，单程270铢，7:00～24:00有班车，每小时一班；泰国机动车是左上右下的，不要搞错，刚好和我们的相反

Transportation Information 芭提雅交通资讯

芭提雅没有单独的机场。游客一般都是先到达曼谷,再从曼谷出发到达芭提雅,从曼谷前往芭提雅,交通十分便利,车程约2小时。

机场大巴

曼谷东线巴士总站空调巴士:每天6:00~20:30,每半小时开出一班,末班车为22:00。芭提雅的回程车在海滩路丽晶玛丽娜酒店开出,运营时间6:00~20:00,每半小时开一班,末班车为21:00。单程收费50泰铢,来回程收费90泰铢。

曼谷北线巴士总站:位于柏风裕廷路的北线巴士总站的空调巴士,班次为每天6:00~18:00,每小时开出一班。回程车自海滩路附近开出,自6:00~18:00,每小时开出一班。单程车费53泰铢,来回程收费96泰铢。

曼谷机场空调巴士:机场开出的时间分别在9:00、中午12:00和19:00。回程巴士在团结城堡开出,时间是6:30、13:00和18:00,单程票价为100泰铢,可向泰航驻机场办事处或芭达雅的皇家克里夫订位。

火车站

曼谷到芭提雅的火车在周一至周五开行,每天一班,票价31泰铢。曼谷至芭提雅:283次,06:55~10:35。芭提雅至曼谷:284次,14:21~18:25。

市内交通

旅游巴士

芭提雅海滩巴士有3条路线,由不同的颜色代表,分别为绿色、红色和黄色,覆盖了芭提雅、纳克鲁阿和乔木提恩的主要道路。站牌与线路颜色相对应,很容易辨认。运营时间为6:00~2:00。3条线路车票通用,单程票30泰铢,日票90泰铢,三日票180泰铢,月票900泰铢。大部分的旅馆和超市都有出售车票。

特色交通

芭提雅的公共汽车由小货车车改装而成,后车厢里装两排椅子坐人,是市内主要的交通工具,运行方式介于公共汽车和出租车之间。没有固定的路线,如果去的地点在司机的预定线路上就可以上车,票价5~10泰铢,按车顶上的铃通知司机停车。

Living Information 芭提雅生活资讯

住宿

芭提雅市内的酒店非常多，各色大小酒店及宾馆，档次不一，可供不同需求的游客选择。芭提雅有豪华的酒店套房，有景色优美的海边旅馆，也有价格低廉的小旅店。

特色住宿地推荐		
酒店名称	电话	地址
芭提雅暹罗海岸酒店	38-428730	芭提雅海滩路
芭提雅探索海滩酒店	38-413833	北芭提雅6/1巷489号
提姆精品酒店	38-723349	南芭提雅2号路397/42
富丽华侨木提恩海滩酒店	38-418999	乔木提恩海滩路

美食

芭提雅美食的两大主题就是"海鲜"和"水果"，这两样是游客必须尝试的美食，否则就枉来一趟了。芭提雅海鲜滋味独特，烹调味美，如同闻名世界的"人妖"歌舞，一次品尝，终身回味。旅游芭达雅，大嚼海鲜，猛吃海味，是人生不可多得的一大快事。芭提雅的热带水果种类繁多，价格低廉，很多水果都是四季都有的。其中以山竹、红毛丹以及水果之王榴莲最为美味，香甜多汁。

购物

芭提雅最好的购物中心皇家花园广场皇家花园芭莎购物中心（Royal Garden Plaza）位于芭提雅二路与海滩路之间的皇家花园芭莎酒店内，它也是一个综合性的娱乐中心。在此购物中心商品非常齐全。

中央购物中心（Central Shopping Center）是泰国著名的连锁百货公司，售卖比较高级的百货商品，位于皇家花园芭莎购物中心旁。

迈克购物城（Mike Shopping Mall）是芭提雅著名的百货大楼，售卖较为普通的日用百货，位于皇家花园芭莎购物中心旁。

娱乐

大街上，酒吧、咖啡厅、餐厅酒家随处可见；在海上，游船、跳伞、海钓、快艇、海上摩托艇、冲浪、滑板、潜海等各种刺激的水上活动应有尽有；海滩上，细腻的沙滩和清澈的海水，无数游客在此游泳、日光浴，享受美好假日。

芭提雅的夜生活更是多姿多彩，有正宗的泰式古方指压按摩、泰国浴、桑拿浴，服务小姐们除了服务品质一流外，更有不少会用华语交谈，各具特色的KTV、夜总会和酒吧表演，还有享誉已久的人妖歌舞表演等。

普吉岛
Phuker Island

普吉岛是泰国最大的岛屿,这里海滩宽阔,沙粒洁白无瑕,海水如翡翠般碧绿。这里的海滩类型非常丰富,有清净悠闲的海滩,有感觉豪华类似私人性质的海滩,有海上体育运动盛行的海滩外,还有夜晚娱乐活动丰富多彩的海滩。除了海滩,岛上的丛林、椰林、橡胶树林点缀其间,风景名胜比比皆是,堪称东南亚最具代表性的海岛旅游度假胜地。这个岛最多游客的是背包客。

普吉岛

英文名称:Phuket Island
面积:约570平方公里
人口:约175万人
著名景点:攀牙湾、西美兰群岛、素林群岛
最佳旅游季节:11月~次年4月

普吉岛旅游示意图

普吉岛必游景点

● 芭东海滩

　　芭东海滩是普吉岛开发最完善的海滩区，位于普吉市西南15公里，也是普吉岛最重要的景点。这里有游泳、太阳浴、香蕉船、帆板、游艇等各种海上活动项目，而这里的海水清澈见底，水中生物种类繁多，是亚洲地区公认的最优良的潜水地之一。这里各种旅游设施十分齐备，饭店、别墅、餐厅、购物中心、便利店应有尽有。餐厅以泰式海鲜最为出名，本地特产的巨型龙虾可达3公斤重。此外世界各地的风味餐厅、露天酒吧一直开到凌晨2点。这里的夜市热闹非凡，在此可以买到优质的泰丝、手工艺品等，这些摊铺也经营到凌晨。

资讯攻略

- 芭东海滩距普吉镇15公里
- 从镇中心可坐嘟嘟车前往，车费为300泰铢左右，或搭乘中巴，起点在普吉镇拉农路上（在机场的对面），途经几个主要海滩，可随停随上，每隔半小时一班，运营时间为7:00～18:00，车费15～20泰铢，如从普吉机场坐出租车前往，车费为600泰铢左右，车程45分钟。也有mini巴士，150泰铢/人
- 免费

TIPS 芭东海滩的物价是最贵的，所以尽量不要在那里买，海滩往里的几条街道的物价稍微便宜些，最好在靠里的主干道拉远提托街上换好钱并买好东西。

● 普吉镇

　　普吉镇的游客没有海边游客那么多，在老城区，逛一趟周末集市，在当地的茶餐厅喝杯茶，都是不错的体验。甲米路和沙敦路交叉口处有一幢葡萄牙风格的老房子，被列为一级古迹，可惜目前不对外开放。沿着泰朗路两旁多为2、3层的连排屋舍，完整保留了早期华人移民风格。迪布街上的连排二层楼房是华人风格的建筑物，这里算得上镇上保存较好的华人建筑物。

资讯攻略

- 普吉机场位于岛的北部，从机场可以乘出租车和小客车到普吉镇。各海滩到普吉镇有班车，票价从15～100泰铢不等，一般18:00后停运。嘟嘟车从海滩至镇上200～400泰铢不等

● 卡隆海滩

　　卡隆海滩是普吉岛第三大海滩，也是岛上最长的海滩之一，长4公里，位于普吉岛西海岸。海滩上有很多的餐厅、酒吧。在海滩的另一边还有一个艺术社区，社区内有很多画室和画廊，都是泰国艺术家建造的。在通向卡隆海滩的路上还新建了一个足球场，能够承办国际重大赛事。这里的海滩比起岛内其他的海滩，气氛更加安静些，喜爱安静的游客千万不要错过。这里的黄昏也是一大美景。

资讯攻略

- 从芭东乘车前往10分钟可到。海滩距离普吉镇20公里，搭乘中巴45分钟可到，每隔半小时一班，运营时间为7:00～18:00，车费20泰铢左右。从普吉机场坐出租车前往，车费为700泰铢左右，车程1小时。也有mini巴士，150泰铢/人

TIPS 每年5月到10月雨季间，在卡隆海边游泳要小心，随时留意河滩上是否插上红色警示旗，因为这一段时间会有较大风浪。当插上红色旗时，应避免在海滩附近活动。

幻多奇乐园

　　普吉岛最受欢迎的旅游点就是幻多奇乐园。幻多奇剧场每晚都会有精彩绝伦的节目，如歌舞、魔术、杂技以及大象表演，为了方便各国游客观看，还有英语和泰语讲解，以讲故事的方式向游客展示泰国传统文化。特别是在节目的最后十几头大象一起走到舞台上，气势十分壮观。幻多奇乐园占地宽广，内设有主题商业街、小吃摊、宫廷式餐厅及豪华的现代化大剧院。

资讯攻略

- 位于卡马拉海滩
- 从芭东海滩乘坐出租车或嘟嘟车前往约10分钟。幻多奇乐园的全岛酒店接送服务每人300泰铢
- 单看舞台表演，1500泰铢；自助餐：成人800泰铢，4～12岁儿童600泰铢；演出+自助餐套餐，成人1900泰铢，4～12岁儿童1700泰铢。剧场内位置最好的金席另加250泰铢。4岁以下儿童免费，但不占座位
- 每天17:30～23:30，演出时间：每天21:00，演出持续1小时15分左右

TIPS 游客去看表演时最好能衣着光鲜亮丽，因为进场后你有许多的拍照机会，无论是和人还是动物，都会让人忍不住想要合影留念。同人妖合影费用为20泰铢。

攀牙湾

　　攀牙湾被认为是泰国南部风景最秀丽的地方，华人更是称这里为"小桂林"，面积有400多平方米。海中遍布着数以百计的形态奇特的石灰岩小岛，石灰岩内部有40多个大小不同的洞穴层叠在一起，靠海面的部分还有河道和海洞。在洞穴里有很多石笋状的钟乳石林。在攀牙湾北部的入海口有泰国最大的红树林保护区，同时这里的红树林也是现在保护得最好的。

资讯攻略

- 位于普吉岛东北角75公里处
- 从普吉坐班车出发2小时到，36泰铢，每天有五班。然后坐长尾船或快艇去007岛。普吉岛有众多旅行社代理攀牙湾一日或半日游，从二岛游到六岛游多种类型可供选择，价格700～1200泰铢有探访007岛、水上渔村、独木舟探险、皮划艇、骑大象、看猴子等活动，旅行社负责到酒店接送
- 两个人租一艘皮划艇，200泰铢每人，划45分钟，可穿梭于各个大小溶岩洞之间

卡塔海滩

　　卡塔海滩呈w型，由两个美丽的海湾形成。这两个海湾被当地人称为"大卡塔"和"小卡塔"。在卡塔海滩的主干道上漫步还能欣赏到南面查龙湾的美丽景色。卡塔海滩南端是一条酒吧街，比起其他的海滩酒吧的喧闹，这里更加安静。沙滩的环境非常干净整洁，沙滩上的小贩设摊贩卖食品和物品的同时还负责清理摊位附近的卫生。

资讯攻略

- 卡塔海滩紧临卡隆海滩
- 从卡隆海滩乘车前往5分钟即到，从芭东海滩乘车前往也只需15分钟。海滩距离普吉镇17公里，搭乘中巴40分钟可到，每隔半小时一班，运营时间为7:00～18:00，车费20泰铢左右。从普吉机场坐出租车前往，车费为750泰铢左右，车程1小时。也有mini巴士，150泰铢/人

TIPS 在东芭乐园可以骑大象绕行，成人400泰铢，儿童200泰铢。还可以跟小动物拍照，有小老虎、小猩猩等50泰铢/次。

Transportation Information 普吉岛交通资讯

背包客前往普吉岛时,最好提先提前了解普吉岛的交通,因为普吉岛的面积较大,各个游览区域和景点之间的距离也是近远不等,在出发前提前安排交通,是非常必要的。

飞机

普吉岛的机场每周都有从上海(每周至少三班)、香港、台北、新加坡、马来西亚、日本和欧洲各地飞来的航班,而北京和广州每周也有经停曼谷到普吉岛的航班。此外也可从曼谷转机到普吉。泰国国际航空公司每天从早到晚有十几班飞机往返曼谷和普吉,航程约1小时20分。除此之外,在宋卡、苏梅岛、清迈等地都有定期的班机飞往普吉岛。

机场交通

普吉机场位于岛的北部,从机场可以乘出租车和小客车到海滩。从机场到芭东海滩大约需要45分钟,乘小客车大约150泰铢/人,乘出租车约600泰铢/车。通常下榻的高级酒店会有接机服务。

火车站

曼谷到芭提雅的火车在周一至周五开行,每天一班,票价31泰铢。曼谷至芭提雅:283次,06:55~10:35。芭提雅至曼谷:284次,14:21~18:25。

长途汽车

普吉岛长途汽车站位于市区中心的攀牙路(Phang Nga Rd)上。

普吉至曼谷,车程约12小时,车费500~800泰铢。每天早晚各有若干班次长途开往曼谷,其中空调车的班次通常是夜班(17:30、18:00和18:30)。

普吉至合艾,每天早上有数班班车,车程6~7小时,空调车约250泰铢。

普吉至甲米,从早上7点开始至晚上7点之间有固定班车,车程4小时,空调车约120泰铢。

市内交通

泰国的火车线路尚未通达普吉,如果游客选择坐火车前往普吉,可在曼谷华南蓬火车总站搭乘南方线列车先到素叻他尼(Surathani),火车二等空调车478泰铢。然后在素叻他尼转乘长途汽车前往。火车站前有空调巴士至普吉岛,车程3小时,空调巴士的车费约180泰铢。

自驾租车

除了安飞士·赫兹等租车公司外,镇上以及各海滩的路上都有露天的租车店与摩托车店。100CC的摩托车150泰铢/天、吉普车800泰铢/天、丰田汽车1500泰铢/天(油钱另计)。

旅游巴士

普吉镇上有开往各海滩的巴士,一种蓝色,另一种绿色(空调)。运营时间为7:00~18:00,每隔30分钟由市内拉农路的市场开出。这种车没有固定车站,你可以在沿途经过的任何地方上车,随叫随停,车身用英文写着目的地名。

渡船

从拉崴海滩乘坐渡轮到珊瑚岛航程约10分钟。开往皮皮岛的船叫Friendship Boat,每天8:30开船,航程1.5小时,码头在普吉镇附近。往返船票加酒店接送费用约500泰铢/人。上船后每人身上贴个标签作为买票的标志。

出租车

岛上的出租车较少,基本只跑机场和酒店一线。如果距离不远(30分钟以内),可以乘坐嘟嘟车。在普吉的嘟嘟车和曼谷的不同,是由一种小货车改装而成的四轮车。车型小,大概可坐6个人,不是很舒服,但价格便宜。

TIPS 为了避免纠纷,乘坐嘟嘟前一定要先讲好价钱。一般到镇上约300泰铢,到各海滩450~600泰铢。

Living Information 普吉岛生活资讯

住宿

作为世界知名度假海岛,普吉岛旅游业发展成熟,住宿设施完善,种类齐全,从海滩到城镇,从五星酒店到背包客经济型旅馆,可以满足不同游客的选择。而面朝大海的海边住宿,自然是游客们的首选。

特色住宿地推荐		
酒店名称	电话	地址
萨瓦帝度假村	(07) 633-0979	卡塔路萨瓦帝村53号
艾维森普吉岛	(07) 638-1010	普吉岛城区修正路100号
美乐度假村和别墅	(07) 633-7888	卡塔卡塔乡间别墅82号
普吉岛卡隆海滩莫凡波度假村及水疗中心	(07) 639-6139	帕塔克路509号

美食

泰国菜以其味道鲜美和原料新鲜而闻名于世,普吉更以口味奇特的海鲜产品而独具特色,地道的普吉菜在普吉的一些经典老店都可吃到。普吉的主要就餐场所集中在芭东海滩和普吉镇上,其他一些海滩的餐馆虽然不够密集,但也有些不错的选择。普吉的海鲜以大量的鱼、蟹、鱿鱼,尤其是安达曼海盛产的新鲜

味美的对虾和大龙虾而闻名于世。在普吉岛，无论是泰式、中式还是西式的烹饪都能保持海鲜原汁原味的鲜美。

购物

到泰国旅游，在超级购物中心和街头市场上总能买到一些奇异的物品，普吉也不例外。普吉特产主要有蜡染制品、锡器和腰果等。大型百货公司和超市主要集中在普及镇的几条主要马路上。此外芭东海滩也是一个非常重要的购物场所。其他如卡塔、卡隆和拉崴等海滩也能买到一些纪念品。

娱乐

在普吉岛，不仅可以享受阳光、海滩外，丰富多彩的娱乐生活也会令你不虚此行。除了泰国传统的一些娱乐项目之外，普吉岛的夜生活和水上活动就是普吉岛的娱乐特色。夜生活有西蒙娱乐集团人妖秀、泰拳表演、酒吧、老虎娱乐中心、人妖酒吧可以选择。水上活动有游泳、浮潜、海底漫步、深潜等。还有一些其他活动，比如高尔夫、SPA和泰式按摩、沙滩晒太阳灯都是非常不错的娱乐项目。

皮皮岛
Phi Phi Don

皮皮岛的由两部分组成的：北部的大皮皮岛和南部的小皮皮岛。这里阳光普照，沙滩柔软洁白，海水碧蓝宁静，天然的洞穴鬼斧神工，拥有这样壮美的自然风景也使得它成为了人们热爱的度假胜地之一。这里也是热带运动的游客热门景点，如游泳、潜水、滑水、独木舟、风浪板、香蕉船等，丰富多彩的水上运动，让人流连忘返。同时皮皮岛也是安静的旅游胜地，躺在躺椅上，晒晒太阳，享受海风也是不错的休闲方式。

皮皮岛

英文名称：Phi Phi Don
面积：约34.6平方公里（大皮皮岛和小皮皮岛）
人口：约175万人
著名景点：攀竹子岛、通赛湾、蓝通海滩
最佳旅游季节：11月~次年5月

皮皮岛旅游示意图

皮皮岛必游景点

● 玛雅湾

小皮皮岛的西南部是玛雅湾，礁石壁立的小皮皮岛，海滩虽然很少，而且都不大，但却都雪白洁净。这里海水碧蓝，岸边点缀着精巧的椰树，四周上百米的绝壁气势非凡，宛如一只巨大的手保护着玛雅湾。只有一个狭窄的出海口，给人一种与世隔绝的感觉，热带的海岛气息，使得它非常适合观光和潜水。

资讯攻略
- 位于小皮皮岛的西南部
- 从大皮皮岛包船至这里浮潜一次需2~3小时，2~4人的船费700~900泰铢
- 200泰铢/人，附近浮潜不另收费

TIPS 玛雅湾的沙滩混杂了一些珊瑚和贝壳，赤脚踩上去当心被划伤。游客最好穿上软底拖鞋，这样能够玩得尽兴又安全。皮皮岛至今仍是一座无人居住的岛屿。

● 竹子岛

竹子岛也称百岛（Ko Phae），是大皮皮岛北部的一个离岛。之所以被称为竹子岛因为岛上有很多的竹子。皮皮岛的最佳游泳和潜水点之一是南部的岸上有许多死去的珊瑚块，表明附近海域珊瑚众多，有遍布艳丽的珊瑚礁岩。竹子岛也是晒日光浴的理想场所的竹子岛，东部和北部拥有美丽的海滩。

资讯攻略
- 位于大皮皮岛以北，靠近蚊子岛
- 租船每3小时约900泰铢
- 上岛收费200泰铢/人，附近浮潜不另收费

● 蓝通海滩

大皮皮岛北端是蓝通，这一带的沙滩特别干净，但几乎是私人独享的，除了附近几个酒店的住客外，很少有人在这里长时间逗留。蓝通和通赛湾相比，游客很少而非常冷清，但是多彩多姿的海底世界，附近纯净的海水，适合潜水活动。

资讯攻略
- 位于大皮皮岛北端
- 由于岛上没有道路，从通赛湾到蓝通必须乘船，包船价格在600泰铢左右。如果不是住在附近的酒店，最好只是把这里作为环岛游套餐中的一站

TIPS 住宿：蓝通附近的几家酒店口碑都不错，唯一的麻烦是交通不便
餐饮：海滩附近只有一家小饭店，但是价格公道，味道也不错。此外就只有酒店附设的餐厅，价格要贵得多

● 通赛湾

通赛湾是皮皮岛上唯一的码头,这里是很重要的交通要塞。餐馆和旅馆从早到晚灯红酒绿,很是热闹。码头上的店子都在一条小小的巷子中,有旅行社和网吧,有7-11便利店和纪念品商店,还有旅游日常所需用品。同时,这里也有细白沙滩晶莹闪烁、热带椰林舞影婆娑、碧绿海水摄人心魄。高档的海景餐厅、路边摊、大排档应有尽有,最物美价廉的是各种新鲜海鲜,简单地烤一烤、煮一煮就鲜美无比。如果你不是不喜欢吃辣的,在餐前是要特别提出,因为这里的人口味偏辣。

资讯攻略
- 位于皮皮岛上
- 前往皮皮岛的第一站就是通赛湾码头,加上这里是皮皮岛的唯一码头,所以无须担心交通问题

● 维京洞穴

维京洞穴是栖息着很多海燕、盛产燕窝的巨大的石灰岩洞穴,故也被称为"燕窝洞"。在这里能够看到工人在附近的海面上采集燕窝的艰苦工作场面,也能够看到刻在洞穴的洞壁上的千姿百态、栩栩如生的壁画,有人类、大象、船只的壁画等,如欧洲商船、阿拉伯船、中国大帆船、欧式的桅杆船、蒸气轮船、螺旋桨帆船。

资讯攻略
- 位于大皮皮岛以南2公里的小皮皮岛上
- 一般同玛雅湾一起游览,2~4人的船费700~900泰铢

● 蚊子岛

大皮皮岛北部的蚊子岛也称荣岛(Koh Young),它是一个离岛。蚊子写上有非常多的蚊子,为了防止蚊子叮咬,一定要记得抹好药水再上岛。皮皮岛最漂亮的珊瑚岩是在蚊子岛东边岩岸,山谷中央环绕着一个美丽的小海滩,海水清澈中隐约可见珊瑚礁岩的绚丽,众多游客在它的吸引下前来浮潜。在4~5米的深度中,有很多鱼和珊瑚礁,还有海胆和海参,要当心海胆扎脚,也要切记不能踩在珊瑚上,不要把它们踩死。

资讯攻略
- 位于大皮皮岛北部
- 租船每3小时约900泰铢
- 200泰铢/人,附近浮潜不另收费

Transportation Information 皮皮岛交通资讯

前往皮皮岛最方便的途径是先乘坐飞机到普吉岛，再由普吉岛码头乘船至皮皮岛。

火车站

泰国的火车线路到目前为止，尚未通达普吉或甲米。如果游客选择坐火车前往普吉或甲米，可在曼谷华南蓬火车总站搭乘南方线列车先到素叻他尼，而后在素叻他尼转乘长途汽车前往。建议尽量避免走这条繁琐的路线。

长途汽车

由曼谷坐车前往普吉，路程将近900公里，需时约14小时，终点是普吉市区的攀牙路（Phang Nga Rd）汽车站，返程相同。在曼谷市南线巴士总站（位于Pinklao-Nakhon Chaisri Road），每天都有十几班车开往普吉；由曼谷前往甲米，同样在曼谷市南线巴士总站乘车。

市内交通

长尾船

长尾船是一种泰国小木船，价格较贵。到小皮皮岛，可以参加大皮皮岛上的旅行团，也可以在大皮皮岛自行包长尾船前往，价格400~500泰铢。

快艇

对于目标直指皮皮岛而不愿意花上半天甚至一夜去等轮渡的游客，还有快艇可以选择，一般包船要价5000泰铢。

渡船

皮皮岛对外交通唯一的途径就是乘船，游客需要先到普吉岛或甲米，再搭轮渡前往皮皮岛。普吉岛到皮皮岛航程近2小时，甲米到皮皮岛航程1.5小时。往返皮皮岛和普吉也可以包船，速度比较快，有一种叫做Speed Boat的交通工具，可在酒店租定，价格为5000泰铢左右，想要便宜些就直接和船家交易。

普吉岛——皮皮岛：08：30、14：30
皮皮岛——普吉岛：09：30、14：30

票价：700泰铢左右，在普吉岛酒店或旅游公司购买，可以安排普吉岛所住酒店到码头的免费接送。

甲米——皮皮岛：09：30、14：30
皮皮岛——甲米：09：00、16：00

票价：300泰铢左右。普吉岛-皮皮岛-甲米的联票500泰铢左右。

TIPS 如果乘飞机到达普吉岛或甲米后希望直接换乘轮渡，应该留出至少1.5小时的换乘时间。

Living Information 皮皮岛生活资讯

住宿

皮皮岛的住宿集中在大皮皮岛,小皮皮岛至今仍是一座无人居住的岛屿。岛上住宿以酒店和度假村为主,没有经济型的旅馆。住宿费用500泰铢/人起。

特色住宿地推荐		
酒店名称	电话	地址
皮皮岛巴娜度假村	75-601177	皮皮岛码头
皮皮岛卡斯塔酒店	75-601214	甲米奥南第7村庄129号
皮皮岛乡村酒店	76-222784	甲米奥南第8村庄49号
假日酒店	75-627300	皮皮岛喀比尔斯7号1屋
皮皮岛自然度假村	75-626900	皮皮岛阿博雷尔度假村奥南2号142屋

TIPS 岛上生活用水都是海水淡化得来,会有点咸味,再高级的酒店也是如此。

美食

皮皮岛的海堤上都是海鲜餐馆,在这些餐馆里坐在海堤边上,吹着轻柔的海风,听着阵阵的海浪,看着月色下的海景,吃着美味的海鲜,很是享受。要想省钱,还可以吃烧烤小店,一条烤鱼80泰铢左右,加上两听可乐,200多泰铢足够两人大快朵颐了。皮皮岛的饭店多集中在繁华的通赛湾"商业区"一带,不过岛上其他地方条件就比较简陋了,可能只能在酒店附设的餐厅解决三餐。

购物

大皮皮岛西海岸的中部是皮皮岛的袖珍"商业区",靠近通赛湾。码头上的店铺都在一条小小的巷子中,有旅行社和网吧,有7-11和纪念品商店,也有旅游日常所需用品,还有许多正规经营的旅游代理店和潜水商店。

娱乐

皮皮岛是世界闻名的潜水乐园,其潜水深度可达30米,水下能见度为10~25米,潜水环境多姿多彩,从海底山到耸立海面的礁岩,从浅海的珊瑚群到深海的各种海洋生物,从直立的石灰壁到深不可探的岩洞,应有尽有,令人不能不感叹造物之奇。

苏梅岛
Koh Samui

这座岛屿是泰国的第三大岛,周围有约80个大大小小的岛屿,但都是无人岛。这座岛屿和泰国其他热门岛屿比起来,更加宁静,与世隔绝般纯净自然。虽然沙滩上没有拥挤的人群,但这里的水上运动却一项也没少。在这里可以潜水、划水、扬帆出海、甚至划独木舟,在享受海滩美丽的同时,也不要忘了去探秘葱郁的椰树园、沉静的小渔村和美丽的瀑布。

苏梅岛

英文名称:Koh Samui
面积:约247平方公里
人口:约5万人
著名景点:白沙滩,椰树之岛,查汶海滩
最佳旅游季节:11月~次年4月

苏梅岛旅游示意图

旅游资讯篇
旅游文化篇
旅游景点篇

苏梅岛必游景点

● 涛岛

涛岛外形类似一只乌龟，又被称为龟岛，面积很小。涛岛的珊瑚礁和丰富的海洋生物，为人们提供了极佳的潜水环境，是暹罗湾中甚至整个泰国中最有名的潜水胜地。在这里可以考潜水执照，拿到PADI各级潜水执照的价钱也比别处便宜。而且这座岛屿远离人群，一个人经常可以独自拥有享受数百公尺沙滩。岛上比较有名的潜水地点约10个。岛内的度假小木屋价钱都不高，有无空调价格不同。

资讯攻略
- 位于泰国东南面的一个小岛
- 从苏梅岛到涛岛坐船两个小时，波菩码头和湄南码头都有渡船，往返价格在850泰铢左右，包括来回的酒店接送。涛岛上的交通主要是皮卡的士，无论远近50泰铢/人

● 南园岛

南园岛由3个小岛组成，位于泰国万海，在涛岛西北角，由一片洁白的人字形沙滩连接而成。每当落潮时，沙滩上左右两边都是海，这里的海水很特别，共有4种颜色，最接近海滩的海水是透明的，从海滩往大海深处一些的海水是绿色的，在稍微远一些是浅蓝色的，大海深处则是深蓝色的。许多五彩鱼生活在靠近沙滩约2米处的海水中，如果潜入水中，会有上百只五彩鱼会环绕嬉戏，乐趣无穷。如果想进入珊瑚最多的海域，可以直接从大岛的栈桥上下海，体验美丽缤纷的海底的世界。

资讯攻略
- 位于泰国海湾，在涛岛西北角
- 从涛岛乘船大约15分钟就能到达
- 100泰铢，如需在岛上酒店入住，门票即免

TIPS 小岛上不允许任何人携带塑料制品或罐头上岛，以杜绝污染。更苛刻的是，如果岛上条件不允许，他们有权拒绝你上岛。

● 查武恩海滩

查武恩海滩位于苏梅岛东海岸，这个沙滩不仅是岛上最长最热闹的沙滩，更是最著名的大沙滩。沙滩路位于沙滩内陆一侧，酒吧、餐厅、商店和娱乐场所等都建在路的对面，而这条道路的沿途有众多的高级饭店、度假村、餐厅、潜水学校、风格各异的酒吧和购物中心，是游客的集散地和夜生活的中心。沙滩上有美丽的风光景色，水上娱乐项目众多。随风沉浮的帆船、呼啸而过的水上摩托，以及可以现场租用的潜水设备，都能让你在这里度过一个愉快的假期。在海边总少不了海鲜，这里的餐厅都提供美味的海鲜，还有传统的传统的泰国菜。

资讯攻略
- 位于苏梅岛东海岸
- 从苏梅机场到查武恩海滩只有小巴，明码标价，到海滩北部100泰铢/人，到海滩南部120泰铢/人。从轮渡上岸地点那通码头到查武恩海滩嘟嘟车50泰铢/人

帕雅寺

苏梅岛上的地标就是帕雅寺,这座寺庙也是岛上有名的景点之一。一尊12米的金色大佛像就坐落在寺庙内,非常雄伟,从岛的四周都能看到这尊高大的金色佛像。寺内还有神像和主题为神话故事的雕塑群。有一个市集就在寺庙的附近,里面大部分商品都是一些贝壳类的手工艺品,很适合当做纪念品。

资讯攻略
- 位于大佛海滩边的小岛
- 同大佛海滩相连,可从大佛海滩驱车(5分钟)或步行(15分钟)前往
- 免费

帕岸岛

帕岸岛以满月派对而闻名全球,位于泰国东南方暹罗湾中的岛屿。南边的苏美岛和北边的龟岛是帕岸岛的姐妹岛,这座岛屿是自助游旅行者的旅游点。这里的海滩是亚洲最好的沙滩之一,岛上还有连绵的山峰和茂密的丛林。这个沙滩每个月吸引超过两万名的年轻的背包客前来旅游,不仅可以享受海边风光,更可以穿过茂密的丛林,观看壮阔的瀑布旁,在丛林中还可以见到几种珍惜的兰花。不过穿越丛林时要小心,这里时常会有野鹿、野猪和蜥蜴出没。

资讯攻略
- 位于泰国东南方暹罗湾中的岛屿
- 从苏梅岛出发,乘坐摆渡,只要半小时就可以到达帕岸岛

拉迈海滩

这是游客最喜爱的海滩之一,这里的海水非常清澈,透明度很高,同时这个海滩也接近椰林和香蕉园。拉迈海滩上还设有一个博物馆、一个市集以及一些健身中心和潜水商店等。海滩上面有一个由天然岩石形成的祖父祖母石,又称男人石(Hin Ta)和女人石(Hin Yai),是这里最著名的景点。这里的海水娱乐项目也非常多,游泳或者潜浮都是不错的选择。

资讯攻略
- 位于苏梅岛东海岸,查武恩海滩以南10公里
- 从查武恩海滩乘坐嘟嘟车10分钟可到,车费20泰铢

Transportation Information 苏梅岛交通资讯

国内目前没有直飞苏梅岛的航班,可以在曼谷转机,也可以从香港直飞苏梅岛。岛上的交通方式可就是地方味十足了,有小货车改装的嘟嘟出租车,有当地的松塔欧(Song Taew),还有随处可见的摩的。

飞机

苏梅岛机场位于岛的北部,机场建设仿佛一个热带大花园,很有特色。其航权属于曼谷航空,所以从曼谷到苏梅岛的机票票价比较贵,单程约1000元人民币,航程约1小时20分,航班极为密集,每天8:00~19:00有十几个航班。另有普吉岛直飞的航班,飞行50分钟,每天有两个航班。

机场交通

从机场到海滩可以坐出租车或搭乘巴士。出租车至查武恩海滩约500泰铢/车。巴士车票在服务台出售,约120泰铢/人,去往大佛海滩需要5分钟左右,其他海滩需要15~30分钟。但是由于机场班车车次有限,因此有时需要候车。

火车站

在曼谷华南蓬火车站每天有数班火车前往苏梅岛对面的城市素叻他尼的Phunphin火车站,建议乘坐17:00或18:30次火车,抵达时间分别是次日凌晨的4:42和6:00,再从火车站搭巴士到挽隆(Ban Don)码头,乘坐轮渡到苏梅岛,这样无须在小镇上停留一晚。

长途汽车

乘坐巴士是相当经济的,巴士分普通车没冷气,普通冷气巴,高级冷气巴,豪华冷气巴等。长途车有夜巴车。从曼谷至素叻他尼,夜间巴士班次较多,行程约13小时,按有无空调分350泰铢和600泰铢两种。在素叻汽车站下车后可直接乘坐Seatran汽车换乘快船联运(250泰铢,3小时),也可以乘坐汽车换乘渡轮联运(150泰铢,4小时)。自己坐渡轮的话需先搭车至Don Sak码头。

渡船

苏梅岛上共有5个大小不等的轮渡码头,分别开往周边岛屿和素叻他尼,它们分布在苏梅岛的西岸和北岸。其中最大的是位于那通镇的那通码头,其他的码头只在旅游旺季开通前往周边岛屿的一些班次。它们的名称和方向分别是:

那通码头(Nathon):那通-素叻他尼、涛岛和攀牙岛

波菩码头(BoPhut):波菩-涛岛、喃园岛、安迪群岛、攀牙岛

美喃码头(MaeNam):湄南-涛岛、攀牙岛、安迪群岛

通洋码头(ThongYang),旺季时有船来往素叻他尼

大佛码头(Big Buddha),旺季时有船来往涛岛、喃园岛、涛岛

Living Information 苏梅岛生活资讯

住宿

　　素有泰国"贵族岛屿"美誉的苏梅岛上，酒店度假村林立于洁白幽静的海滩上，因为几乎每家苏梅岛酒店度假村都设立在美丽的海滩边上，所以这也是当地最主要观光度假卖点。其中以查武恩海滩chaweng beach开发得最为完善，另像拉迈海滩则以美丽的白沙、僻静的氛围吸引游客。一般的度假小木屋的住宿费用350～500泰铢，而高档的酒店就要贵一些了，一般是在1000泰铢/天左右。

特色住宿地推荐

酒店名称	电话	地址
诺拉海滩度假村及水疗中心	77-913555	查温恩海滩第5村庄111号
莎丽苏梅岛度假村	77-247666	苏梅岛第4村庄135号
查武恩丽晶海滩度假村	77-422403	达拉岛海滩度假村别墅
彭普达海普度假酒店	77-246154	邦拉克海滩第4村庄32号
班苏梅岛度假村	77-422403	查武恩崇文路14/7号

美食

　　苏梅岛的纯真和朴实与泰国其他旅游岛屿不同，一直是泰国人引以骄傲且不容改变的特色。苏梅岛对美食有举足轻重的分量，所以这里无论是泰式料理、海鲜料理、各式的异国料理，还是创意料理都很丰富。苏梅岛的餐厅一般集中在通港的港口码头，这些餐厅不仅提供传统的泰国菜，还有很多各国的料理。码头附近的小吃也非常多，游客可以一边闲逛小摊，一边享受美食。此外，各个海滩周围也有不少餐馆。

购物

　　苏梅岛并不是一个购物的好地点，岛上没有任何工厂，因此所有的商品都是从泰国本岛或者中国运进来的，价格都不菲。不过苏梅岛的"芝麻椰子糕"很具当地特色，是当地特产，其他就没有什么代表性的纪念品了。

娱乐

　　苏梅岛的娱乐项目非常多，有各种娱乐项目，也适合喜欢安静的游客，可以说是动静皆宜。对于喜欢安静的人们来说，苏梅随处是栖息地，沙滩广阔，是静休上佳之选；喜欢热闹的，可以水上摩托、沙滩排球；喜欢探险的，可以出海、水上降落伞、潜水等。最著名的查武恩岛最适合人们开展各种娱乐活动。SPA更是无处不在，沙滩边、大街上、酒店里，都能享受到这项服务。这里的夜生活也是丰富多彩，是交友的好场所。

甲米
Krabi

甲米是一个拥有悠久历史的城市,是泰国南部的一个府。这里有美如天堂般的热带岛屿群、棕榈树摇曳生姿的广阔沙漠,以及蛮荒原始的瀑布森林和山间岩穴,充满生态保育的国家公园,各种丰富的观光资源令甲米成为一个洋溢着田园美景的秀丽府城,散发迷人特色。这里也是泰国南部海岸的乐园,拥有各种水上活动、海鲜美味、自然景观等。

甲米

英文名称:Krabi
面积:约11472.1平方公里
人口:约459万人
著名景点:石灰石山,甲米镇
最佳旅游季节:11月~次年4月

甲米必游景点

兰达岛

兰达岛由两个小岛组成，称为大兰达和小兰达，位于泰国西南方、泰国南部的攀呀湾东边。岛上的地形非常奇特，向南北方向延伸了27公里，从原始热带雨林的山脉横穿而过，沙滩的细沙下全是坚硬的岩石。这座岛屿离马来西亚很近，在很多的旅行书上是这样描述的："是一个能够看到猴子和大象的足迹的地方"。从这句话就可以看出这座岛屿上有很多的猴子和大象。岛内设有国家公园，可以骑大象。每年的5月~10月是雨季也是观光淡季，8月~11月为锁管季，最适合到这里旅游季节则是10月~次年3月。

资讯攻略

- 位于泰国西南方，喀比（甲米）府城南方约70公里处，在泰国南部的攀牙湾东边
- 从甲米可以通过两次车辆轮渡。开车前往兰达岛每次摆渡10~15分钟。因车渡需要等待，整个行程约2小时。旅游旺季时还有直达快艇

虎穴庙

虎穴庙由在洞穴中可以看到老虎的爪痕印在石头上而得名，距离甲米镇7公里处，位于茂密的丛林的山脚下。洞穴内汇集了许多历史古迹，曾有石器、陶器碎片和佛祖脚印等古文物在此出土。寺庙旁的小山虽然只有600米高，但是阶梯在200级以后几乎都是垂直的，必须手脚并用才能上山，非常惊险。在山顶可以远眺整座甲米镇，甚至可以看到远处的石灰石山。

资讯攻略

- 位于甲米镇7公里处的寺庙
- 从甲米镇坐车前往约5分钟就到，嘟嘟车15泰铢/人；从奥南海滩坐车前往约30分钟，嘟嘟车300泰铢/车

石灰石山

在甲米的沿海岸，石灰石山随处可见，这是甲米最著名的景点之一。这里是熔岩区，石灰石山冒出海面，形成一座座形状各异的小岛，千姿百态，别有趣致。其中一座最著名的石灰石山（KhaoKhanapNam），被视为甲米的标志。从船上看去，这是一座绿意盎然的山，只有上岛才能发现山上有一个巨大的岩洞，洞口处壁藤缠蔓绕，隐藏得非常好。

资讯攻略

- 位于甲米海岸
- 只能包船游览或参加半日游、一日游团。包船一日游约600泰铢，半日400泰铢

莱雷海滩

莱雷海海滩由3个海滩组成：东莱雷、西莱雷以及帕囊。面积不大，从东莱雷走到西莱雷或帕囊只需10分钟的时间。莱雷海滩以攀岩闻名，有众多的岩壁和岩洞。沙滩就分布在岩壁下，别有一番风味。西莱雷沙滩面积稍大，是游客比较集中的地方。帕囊海滩面积也不大，位于岩壁下方，有一座钟乳石洞穴，里面供有一座女神像，能保佑船家平安

归来。从2003年开始,当地举办的攀岩节活动便在帕囊海滩举行,吸引了众多的攀岩爱好者和攀岩好手前来参加。在莱雷海滩参加攀岩课程一般1000泰铢/天,价格虽高,但是物有所值。

资讯攻略
- 位于甲米
- 东莱雷有发往甲米镇的长尾船,西莱雷有发往奥南海滩的长尾船

甲米镇

甲米镇位于甲米河的入海口处,现在在甲米镇停留的游客渐渐减少。更多来甲米镇的游客是为了去周边的景点和体会甲米镇浓郁的本土风情。附近最重要的景点Khao Khanap Nan,是水面中突起的小小岩峰,上面有神奇岩洞。而小镇最吸引人的是那种休闲的气氛,安宁而美丽的甲米河穿过小镇,河里有大片大片的红树林,里面生活着很多猴子和野生动物。河上有渔场,专养一些奇特的鱼来吸引游客。在甲米河畔悠闲的散步也是一个很不错的选择。

资讯攻略
- 位于甲米河的入海口处
- 从甲米机场出来,有机场穿梭巴士,到甲米镇约30分钟,费用150泰铢

Transportation Information 甲米交通资讯

飞机

从泰国的曼谷和合艾（泰航、pb air）、新加坡（胜安航空）以及马来西亚的吉隆坡等地，都有航班直飞甲米。其中从曼谷到甲米需飞行1小时15分钟，泰航每天有3班航班，费用约2500泰铢。

机场交通

从甲米的机场到海边的度假区只要30分钟的车程。从机场出来，有150泰铢/人的机场穿梭巴士，先后经过甲米镇和奥南海滩，终点站是诺帕拉塔拉海滩。从机场打的至甲米镇约300泰铢，至奥南海滩约400泰铢。

长途汽车

每天都有从曼谷南线巴士总站开往甲米的非空调巴士和空调长途汽车。有3种类型的空调巴士，从曼谷出发的时间如下：

豪华巴士：18:00和18:30；
标准1巴士：7:30、19:00、19:30和20:00；
标准2巴士：19:30和20:00。

上面提到的时间表可能会有所改动。请与南线巴士总站联系查询最新的时间表，电话：2435-1199-200，或与甲米巴士站联系，电话：7561-1804。

市内交通

渡船

长尾船是岛屿之间往来最主要的交通工具。在甲米镇上有新旧两个游船码头，新码头位于甲米镇的南部，其规模看起来比甲米机场还要大。这里有发往兰达岛、皮皮岛等外岛的游船。旧码头位于镇中心，主要发往莱雷海滩，长尾船价格便宜，只要70泰铢。如果想要节约时间也可以包快艇，约1200泰铢/天。

公共汽车

甲米的内部交通很便利，有很多嘟嘟和小货车型的公共汽车，随时都能找到去各个地点的车，价钱公道，从奥南海滩去甲米镇约40泰铢，到附近其他的海滩约20泰铢。

Living Information 甲米生活资讯

住宿

在甲米住宿是一件惬意的事。在这里,从超级豪华的宾馆到非常简易的招待所都可以找到,而且绝对物超所值。游客住宿主要集中在奥南海滩和相对安静的诺帕拉塔拉海滩。

特色住宿地推荐		
酒店名称	电话	地址
今朝好梦旅馆	75-622993	岛塔拉基路83号
奥南日落旅馆	75-637441	奥南
帕能旅馆	75-637130	奥南第2村庄119号
瑞亚维德酒店	75-620740	奥南第2村庄214号

美食

在甲米的奥南海滩有很多的大排档,在这里可以吃到非常新鲜海鲜。另外酒店也有餐厅,味道和价格也都是不错的。在甲米,尤其要提到的是烤鸡腿和水果飞饼(据说其中的菠萝飞饼是最好吃的),路边小摊子上就有卖,味道很好。

购物

甲米的土特产是鱼子酱和鱼干,这些可以在当地选购,很受欢迎。土特产品购物主要集中在甲米镇北面。甲米的物价稍微有点贵,而且选择面不是很大,因此只想单纯的购物最好不要安排去甲米。

娱乐

甲米的水质条件非常适合浮潜,尤其是在海岸旁岛屿的附近非常理想。岛上的石灰岩悬崖是攀岩最理想的地方,据说这里一共有460条攀岩路线。在这里参加攀岩课程一般1000泰铢/天,有很多专业的公司提供攀岩的设施和培训。白天享受阳光沙滩,晚上自然不能错过这里的夜生活。入夜,点一杯饮料,坐在一大堆异国朋友中间,谈天天,吹吹海风,惬意非常。有乐队表演的露天酒吧,兴起时大家会一起唱歌跳舞。

华欣-七岩
Hua Hin-chaam

泰国东岸度假胜地——华欣和七岩是两个相连的海滩,以碧海、沙滩、椰影的南国风光闻名于世,是泰国皇室、贵族最钟爱的避暑胜地,也是泰国上流社会的高级度假别墅区。

邻近芭提雅、普吉岛等地却呈现少有的宁静祥和。在清静的小渔港气氛中,两个度假胜地逐日发展,展现出泰国的淳朴风情,是难得未经粉饰的清新之地。

华欣-七岩

华欣
英文名称:Hua Hin
人口:约48700万人
著名景点:避暑行宫、金美沙滩
最佳旅游季节:11月~次年1月

七岩
英文名称:Cha-Am0
最佳旅游季节:11月~次年1月
著名景点:爱与希望之宫

华欣七岩旅游示意图

华欣—七岩必游景点

郜穴

郜穴洞窟距离碧差汶里市区约23公里，如开车需要约一个小时，下车后再步行10~15分钟即可抵达。洞中奇幻美妙的景色随着光影的变化不停改变，令人印象深刻。洞穴中通道既深且长，进去一定要携带手电筒或者别的光源。

资讯攻略
- 距离碧差汶里市区约23公里
- 开车约需要一个小时

拷汪宫

拷汪宫位于碧差汶里府城境内的山丘上，目前已改为国立帕那空奇里博物馆。搭乘缆车登上山巅之上的拷汪宫，不但可以感受到"山中之城"的灵秀气息，更可以眺望远处，俯瞰山下城市壮丽景观，天高地阔的情境令人心神开阔。

资讯攻略
- 位于碧差汶里府城境内的山丘上
- 拷汪宫距离七岩约35公里，包车前往需25分钟，花费在250泰铢左右
- 40泰铢
- 每周开放五天，9:00~16:00。可选择步行或搭乘缆车上山

TIPS 到山脚下后可选择步行或搭乘缆车上山。建议同拷龙穴一起游览。

三百峰国家公园

三百峰国家公园是泰国第一个海岸自然公园。公园内有种类繁多的自然奇观，以及多样化的鸟类生态，有超过275种的鸟类在此生存。这里有无数高峻的石灰岩山峰，到处是神秘的石窟洞穴，这里最适合喜爱丛林健行的爱好者。游览这里最好的方式就是参加华欣当地的旅行团去三百峰国家公园，报价1300~1400泰铢/人，其中包括了午饭和酒店接送，非常的实惠。

资讯攻略
- 巴蜀府三百峰77120
- 自己前往需先到达自邦铺村，从华欣坐车约40分钟可到。村里乘船约需30分钟 (20泰铢) 后抵达
- 40泰铢
- 32-619078

TIPS 该国家公园设施完善，不仅提供导游和地图，还提供住宿和餐饮。国家公园有小木屋和露营区可以供游客过夜。

康卡沾国家公园

　　康卡沾国家公园是泰国最大的野生动物保护区,在公园内有丰富的自然资源和许多罕见的野生珍奇动物。光鸟类就达400种以上,包括巨嘴鸟、绿色阔嘴鸟及大型犀鸟、蛇冠鹰、鸣鸟等,它们生活在被浓密雨林覆盖的溪谷与山丘内。在这里可以参加丛林探险、观鸟赏蝶、在山林骑行以及骑大象或激流泛舟等娱乐活动,还可以在公园里停留一两晚,在河畔扎篷住宿过夜,体验和感受丛林中充满惊奇的自然生态。

资讯攻略
- 碧武里,康卡松皮弄
- 32-467326

TIPS 进入公园前必须先申请许可证,一些特定路段需向导陪同。6月~10月的雨季期间林道泥泞危险,不宜前往。

赵参兰海滨

　　赵参兰海滨是一处迷人的海滨度假胜地。距赵参兰海滩约4公里的地方,有一个长达2公里的龙岬海滩,晶莹的白色沙滩是其特色;在7公里外还有一个著名的铺吉天沙滩,这里蓝天碧海的景致,使得这个海滩成为这里最受欢迎的海滩之一。七岩南北延伸的海滩上没有一块岩石,这种景色很不常见。湛蓝的海水、摇曳的椰林和细白的沙滩,形成了一幅绝美的海滨风光画卷,景色独特而迷人。

资讯攻略
- 距碧汶里府市集约15公里路程
- 从七岩市区坐嘟嘟车前往50泰铢/人,需20分钟

爱与希望之宫

　　这座王宫是拉玛六世为祈祷他的爱妃能生个小王子而修建的,但最终未能如愿。这座宫殿完全是木制而成,以1080根柚木支撑而起的16栋木制高脚宫殿,由长廊连接在一起,从陆地延伸至海滨。这座建筑物华丽而安详,带有殖民风格。两层楼高的宴会厅,墙面是神秘的淡蓝色,柱子为温暖的鹅黄色,搭配红色的屋顶。地板一尘不染,倒映着回廊的廊柱,让空间更为宽阔。赤脚走在柚木地板上,感受海风带来的凉爽,心都会沉静下来。

资讯攻略
- 从华欣前往土岩约20公里的路上
- 从华欣前往没有公共班车,包嘟嘟车前往单程250泰铢,来回450泰铢,单程约30分钟
- 30泰铢
- 8:30~16:30,周三不开放

TIPS 在那里上卫生间,是不能穿自己的鞋子进去的,要在门口换上他们预备的拖鞋。

Transportation Information 华欣-七岩交通资讯

飞机

拥有国内线机场,但无固定航班,仅有私人及非定期性包机起降。

铁路

泰国铁路南线经过华欣,从曼谷到华欣车程3~4小时。

长途汽车

凡是去华欣的车都会过七岩。但是它一般只停在七岩的公路边。如果要去七岩海边,可以在上车时与司机说好,他会从公路边拐进去,在海边停靠。华欣发往曼谷的班车位Siripetchrasem Hotel于酒店的隔壁,而发往其他地方的班车位于火车站边上的长途汽车站。

嘟嘟车

嘟嘟车在市内是最常见的也是最方便实惠的一种交通工具,即叫即停。

出租车

出租小排量的摩托车约250泰铢/天。

Living Information 华欣-七岩生活资讯

住宿

华欣和七岩有极佳的住宿选择,从提供完善娱乐设施的豪华别墅,到经济实惠的海边小屋,应有尽有。华欣和七岩也是泰国当地人的热门度假场所,所以一些经济型旅馆周末时房价会上浮20%左右。

美食

华欣当地特色的美食中比较驰名的有碧武里,是一种以蛋做成的糖果,在华欣北部的拷汪可以找到不少专卖店。泰国甜点雪之少女也非常出名,这种甜饼圈外面是一层甜甜脆脆的饼干,里面一层白色的黏黏的甜霜,有蛋黄和椰丝两种口味,口味十分独特。华欣和七岩的海鲜都十分出名,尤以乌贼、螃蟹和蛤蜊为最。

购物

七岩Premium Outlet购物中心的品牌非常多，著名的滑板与冲浪品牌，还有耐克、阿迪达斯等，价格非常实惠，爱购物的人绝对不能错过。

Dechanuchit Rd路位于华欣市的长途汽车站附近，是最热闹繁华的购物场所。高级的丝质和棉质之品，以及各式手工艺品琳琅满目地陈列在摊位上供游客挑选，款式及图案样式多且价钱合理。

 ## 娱乐

U-Turn
地址：泰国 华欣 希尔顿酒店所在街对面的榕树高尔夫俱乐部

Banyan Golf Club
地址：泰国 华欣 101 Moo 9
电话：66-32616200
网址：www.banyanthailand.com

S'MOR
这家宾馆的SPA部，接待过一些著名人物。两小时的SPA加1小时精油按摩约1000泰铢，并有专车接送。

清莱
Chiang Rai

清莱是泰国最北部的首府,地处泰国、老挝、缅甸三国交界处,距首都曼谷约900公里。有名的金三角就坐落在这里。清莱绿树成荫、景色秀丽,是一座宁静简朴的小城。这里是通往北部山区的要道,质朴的山地村落、浪漫的湄公河以及神秘的金三角共同构成了清莱的主要景致。

清莱

- **英文名称**:Chiang Rai
- **面积**:约11678平方公里
- **人口**:约6.2万人
- **著名景点**:王太后行宫、金三角
- **最佳旅游季节**:除了8、9月的雨季,其余月份均可

清莱旅游示意图

清莱必游景点

● 湄赛

湄赛是泰国最北部城镇，位于缅泰边界，也是游客从缅甸进入金三角的必经之地，和缅甸仅有一桥之隔。湄赛又被称为睡美人，因为其沿途山脉的形状像个睡美人。城中只有一条主要街道，街道西边不远处有一座小山，爬上100多级石阶就可以登上山顶，站在山顶的观景亭上可以一览全镇风光。虽然小镇本身很平凡，但小镇旁边流向缅甸的湄赛河上却风景怡人。

资讯攻略

- 位于缅泰边界，坐落于泰国最北端，离曼谷720公里
- 清莱客运站有巴士直达

TIPS 住宿：从国境桥步行10分钟可到湄赛旅馆，单人间80铢，双人间10铢。此外，位于城镇北部的王通大酒店是一家高档饭店，单人间1400铢，双人间1600铢

当地人可自由出入泰缅边境，但游客必须在泰国办理出境许可证，进入缅甸后再换取边境通行证；持边境通行证的游客也只能在限定范围内活动。

● 美斯乐村

美斯乐村位于海拔约1300米的美斯乐山上，是泰北最大的华人村，村民们保留了浓厚的中国汉民族生活习惯和风格。美斯乐村地处高山，气候温和湿润，终年云雾缭绕，林木隽秀，山花烂漫，美景宜人，故又被称为"小瑞士"。每年12月底到次年2月初，满山遍野全都笼罩在浅浅的粉色之中，景色优美，色彩灿烂夺目。

资讯攻略

- 位于清莱西北约60公里处
- 可以搭乘清莱到湄赛的班车，37泰铢，约1小时到达，巴山村（Ban Basang）下，然后再搭乘嘟嘟车，50泰铢，约1小时，爬山至美斯乐村

● 金三角

金三角是缅甸、老挝、泰国交会处。交点位于湄公河的一个弯道处，靠近村庄苏鲁克。此处交通闭塞、重峦叠嶂，因盛产罂粟，并通过当地军阀、毒枭等制造鸦片、海洛因等毒品而闻名世界。一般观光意义上的金三角，是指距清盛9公里的索拉，因为那里有"金三角"的大理石牌坊。牌坊高4米，上面用有泰英两种文字刻着"金三角"字样。如今的苏鲁克迫切希望利用它得天独厚的地理位置迅速发展其旅游业，因此，这里兴建了很多商店、饭店和旅馆。

🟢 资讯攻略

🚌 从清莱客车站每隔15分钟有一班巴士车发往清盛，两小时可到。车子停靠在帕宏育廷大街中部，街上有小客车开往金三角，车程15分钟

● 灵光寺

这是一座特别的泰国佛寺，由泰国的知名艺术家（Charlermchai Kositpipat）出钱出力、设计建设。建筑物全体通白，伫立在蔚蓝的天空下，堪称一件美丽的艺术作品。这栋充满现代化风格的佛寺庙堂外部装饰着镜子的碎片，山形窗边则有纳加（多头蛇和幽冥世界之神祇）以及大象和伞等形状装饰。寺庙内部有手绘的巨幅佛像壁画。

🟢 资讯攻略

📍 位于清莱西南部15公里处，在清迈和清莱之间的公路边
💰 免费

TIPS 这里的厕所必须换鞋进入。

● 王太后行宫

王太后行宫是一座设在山里的培养植物花卉中心，在山坡上所开辟的巨大花圃，繁殖了万紫千红的花卉，这是皇太后的恩典，教导当地山区民众种植花草，使一片颓废的山野地带，变成花团锦簇的天地。行宫全部采用木结构，以泰北传统建筑与欧洲瑞士典型的设计为蓝本，屋顶呈金字形，外观如同一座雕塑，简朴、实用又不失高雅。内部分两层，楼上是皇太后的起居室，四间居室间间相通。在二楼的楼梯上刻着从1到9再到0的10个数字，象征了人的生命轮回。大厅的天花顶上满是用松木精琢而成的云彩图案。

🟢 资讯攻略

📍 清莱夜庄，登上雷东的公路约22公里
💰 免费

● 奥南海滩

奥南海滩是甲米最有名也是最热闹的海滩，位于甲米镇约20公里。这里的生活设施便利，出行方便，来甲米的游客大部分都聚集在此。奥南海滩白色的沙滩延伸到非常著名的石灰石山脉的山脚，这里欧洲游客非常多，这让奥南看上去很类似欧洲小镇。沙滩周围遍布餐饮、商店、住宿等一些生活设施。

🟢 资讯攻略

📍 位于甲米镇约20公里
🚌 从甲米机场出来，可乘坐机场大巴150泰铢，约30分钟可到奥南海滩。从奥南海滩坐嘟嘟车到甲米镇约40泰铢/人

徒步游山地部落

山地部落族群
阿卡族（Akha，泰语：L-kaw）
人口：48500
目前位于：泰国，老挝，缅甸，中国云南
经济作物：大米，玉米，鸦片
信仰系统：万物有灵论，强调祖先崇拜
明显特征：阿卡人头上戴串珠、羽毛和悬垂的银器饰物。村寨位于海拔1000~1400米高的山脊或陡坡上。他们属于泰国少数民族中最穷的民族之一，拒绝融入泰国主流社会。

在清迈、清莱或者夜丰颂，最流行的一项旅游项目就是徒步穿过山区，游览该地区传统的山地部落村寨。"山地部落"指的是生活在泰国北部和西部的深山中的少数民族，泰国人把他们称做"Chao Khao"，字面意思是"山地人"。每一个山地部落都有自己独特的语言、习俗、着装方式和精神信仰。他们大多数起初是游牧民族。大约在200年前从中国西藏、缅甸和老挝移民过来，但有些部落来到泰国的时间可能更长。位于清迈的部落研究所确认了10个不同的部落，但是在泰国可能有20个部落。该研究所估计山地部落的总人口约6万人。孤独星球出版的山部落常用短语对一些部落语言和文化做了简单实用的基本介绍。

对于东南亚的山地部落而言，发展旅游业有利有弊。旅游业可以帮助保护这些文化，使其免于政府的大规模拆除行动。但是旅游业也会使传统习惯因为长期接触外界影响而受到侵蚀。由于徒步游是一桩大生意，一些乡村已经变成了真正的主题公园，进出游客川流不息，实际上创造出了一种与徒步游客希望发现的截然相反的环境，而且改变了村寨的原有结构。

在徒步游前做好资料收集工作。了解清楚旅行团是否为小规模的，导游是否能说山地部落语言，是否能解释部落文化，同一天有多少其他的旅行团会游览这个山村。同时要弄清楚这个村寨对于自身作为景点的事宜是否有说话权，村寨是否可以从中获益。

记住，一般而言这些山村是这一地区最贫穷的，你认为最没价值的物品对当地人可能是不可想象的奢侈品。虽然你的游览不可能对这个村寨毫无影响，但你至少要尊重他们的文化，遵守当地的禁忌。

（1）尊重宗教标志和仪式。除非先得到允许，不要触摸村寨入口的图腾或其他任何明显具有象征意义的物体。除非得到邀请，不要参加仪式，保持一段距离。

（2）不管多热，出了多少汗，也要着装稳重。

（3）徒步游或在山村留宿时，不要乱丢垃圾，垃圾随身携带。

（4）不要吸毒，不要抽鸦片或吸食其他毒品，给山村部落的年轻人树立一个好榜样。

（5）除非对方允许，否则不要拍照。因为传统信仰，许多人甚至整个部落可能会强烈反对拍照，即使没人注意，拍照之前也要记得先询问。

（6）不要向小孩施舍糖果或进行其他形式的施舍（如铅笔和钱），因为这会鼓励乞讨并削弱父母赡养家庭的能力。事先和导游商谈，了解当地学校或医疗中心可能需要的物品，从而使得整个社区都会从中收益。

Transportation Information 清莱交通资讯

飞机

曼谷、清迈有航班直达清莱,飞行时间分别为1小时20分钟、40分钟。你可以在机场大厅的服务台预订前往目的地的出租车。

长途汽车

从清迈乘巴士可直达清莱,需时3小时,空调客车102泰铢,普通客车57泰铢。曼谷也有巴士直达清莱,车程约13小时。

市内交通

租车
清莱客运站和当地的一些大型酒店都有租车服务,价格为汽车800泰铢/日,摩托车150泰铢/日。

双排嘟嘟车
双排嘟嘟车是非常方便的交通工具,但是必须要先讲好价钱,再上车,市区内10~20铢,至于到郊区有时需要包车,一天的费用1200~1500泰铢。

Living Information 清莱生活资讯

 住宿

清莱的住宿选择非常多,有高档的酒店也有廉价的小旅馆。清莱中档以上的酒店多数都有接送游客到机场的服务,可以直接在机场服务台进行查询。

特色住宿地推荐

酒店名称	电话	地址
乐聊旅馆	53-711481	桑卡尔街3/2号
花园旅馆	57-17090	163/1 Th Banphaprakan
班布酒店	53-718880	界遥街879/2号
传奇酒店	53-910400	Kohloy Road
威昂茵酒店	53-711533	帕风裕廷路893号

 美食

在旅游淡季,当地一些高档宾馆往往会推出丰盛的自助餐。自助餐以精致的泰国菜和西餐为主,此时为了招揽游客,价格一般都非常低廉。

清莱的白天集市在Utarakit路附近,而夜市则在靠近长途汽车站的帕风裕廷路附近,这些都是既能寻找便宜美食又能领略当地风貌的好去处。

 购物

清莱现代概念上的购物中心或百货商场很少,多是代表泰北民族特色的手工艺品、纪念品和旅游品商店。它们大多集中在市中心的帕风裕廷路(Phaholyothin Rd),同时,位于帕风裕廷路北段的清莱汽车站旁,还有一个类似于清迈夜市的清莱夜市(Night Bazaar),在当地颇为著名。

特色购物地推荐

名称	地址
清莱手工艺品中心	帕风裕廷路5巷273号(273Mu 5,PhaholyothinRd)
曼达雷商店	美塞镇帕风裕廷路381/1-4号(MaeSai,381/1-4 PhaholyothinRd)
银桦商店	帕风裕廷路891号(891PhaholyothinRd)
苏玛丽手工艺品中心	帕风裕廷路879/7-8号(879/7-8PhaholyothinRd)

大城
Ayutthaya

这座小城市有400多年的历史,曾经是泰国的首都。市内遍布历史遗迹,当地的寺庙、皇宫及佛像的镂刻,庄严典雅,其中阿育他亚的寺庙和古遗址已列入世界遗产名录。市内有300多家寺庙,和曼谷一样,也是一个佛都。

大城

英文名称:Ayutthaya
面积:约12480平方公里
人口:约9万人
著名景点:瓦崖差蒙空寺、帕楠称寺、帕兰寺
最佳旅游季节:11月~次年1月

大城旅游示意图

大城必游景点

● 挽巴茵夏宫

挽巴茵夏宫建筑规模是泰国东西南北中五处行宫中最大、最美的一处行宫，离曼谷最近。挽巴茵夏宫宛如一个大公园，其建筑集合了泰、中、西三种迥异的建筑风格，主要的三座宫殿分别是缅甸式的、中国式的和哥特式风格。其中中国宫殿式建筑天明殿，可以让你体会到中华文化在传播过程中的一些有意思的变化。水上皇亭是一座典型的泰民族的建筑物，在甸式建筑中最引人注目。

资讯攻略
- 位于古都大城以南25千米，曼谷以北58千米，坐落在湄南河左岸
- 在大城诏舞会路上的诏舞会市场乘小巴，约15分钟车程，票价30泰铢
- 100泰铢
- 上午8:30~12:00，下午13:00~15:00

过程中发现在巨佛体内竟有好几百尊小佛，消息传出，受到前往拜谒的大城佛教徒们的尊崇和景仰。在门口停车场的对面，有非常多的地摊，可以买到各种纪念品。

资讯攻略
- 位于大城岛，位于帕司山碧佛寺南侧约500米处
- 帕司山碧佛寺徒步至此约5分钟，也可在大城火车站搭小巴或乘嘟嘟车约15分钟到达，车费30泰铢/人
- 免费
- 9:00~17:00

● 蒙坤巫碧寺

蒙坤巫碧寺建于1357年，寺里供奉着泰国最大的佛像，一座青铜制的巨大坐佛像。此佛像在修复

● 洛布里

洛布里曾是大城王朝的陪都，是当时的文化和宗教中心，拥有悠久的历史文化，后被素可泰王朝所灭。城中名胜古迹有三峰塔（Prang Sam Yot），也称邦三育佛塔，是高棉族建都时所建。17世纪帕那莱王所建的旧宫和迎宾馆、瓦玛尼拉春堪佛寺、古炮台及城门、拍招哈屋、然拉尼域宫、婆罗门寺等也都是洛布里的名胜古迹。

资讯攻略

- 位于泰国中部，距大城约60公里，距曼谷129公里
- 从大城到洛布里每10分钟就有一趟班车，车程1.5小时，40泰铢。从曼谷到洛布里在曼谷汽车北站发车，每20分钟就有一趟路过这里的班车，车程3小时，65泰铢
- 国王宫殿门票免费，三峰塔门票30泰铢，瓦玛尼拉春堪佛寺门票30泰铢
- 国王宫殿，开放时间7:30~17:30。三峰塔，开放时间8:00~18:00。瓦玛尼拉春堪佛寺，开放时间周三至周日7:00~17:00，周一和周二休息

资讯攻略

- 在大城岛内，位于帕司山碧佛寺的东侧，从帕司山碧佛寺徒步至此约10分钟
- 在大城火车站搭小巴或乘嘟嘟车约15分钟到达，车费30泰铢/人
- 30泰铢
- 9:00~17:00

TIPS 如果要和佛头留影，必须蹲下来，因为自己的头是不能超过佛祖的头的。

● 拉嘉布拉那寺

这座寺庙是大城王朝的七世王所建，以其宏伟的宝塔著名。相传寺庙里埋葬了以前的国王和王子，穿过只剩下一面墙壁的大门，距离很远就能看见主塔，古老而宏伟，仿佛进入遥远时空，周围是残损的佛堂围墙、支离破碎的佛陀，参天的大树和闭目微笑的佛像。登上佛塔，能够俯瞰整个古城的全貌。佛塔中有一个地下室，泰国最古老的佛像壁画就在这里。在这里还有一座有围墙的庙宇以及念门廊等，也是非常值得游览的古迹。

● 帕玛哈泰寺

大城著名的榕树包佛头就在这里。一颗佛陀的头被包裹在树根中，这种情形非常奇特少见，大树和佛头非常和谐，已经浑然成为一体。帕玛哈泰寺的主塔曾高达40米，是大城最早建成的高棉式佛塔之一，不过现在只剩下底部的基座，从围绕四周的佛塔上依稀可以看到当时以灰泥装饰的痕迹。寺庙内绿树成荫，走进寺庙仿若走入森林之中，空气都凉爽很多。

资讯攻略

- 位于大城岛上的拉嘉布拉那寺在岛的东北角
- 出帕玛哈泰寺随着大街向北走，约500米即到
- 30泰铢
- 9:00~17:00

Transportation Information 大城交通资讯

飞机

可搭乘泰航(02－2509－6800)、长荣(02－2501－1999)、荷航(02－2772－2188)、华航(02－2715－1212)等飞机抵达曼谷。

火车

大城位于曼谷以北76公里的湄南河畔，曼谷华南蓬火车站开往北部的列车几乎都经过大城，每天约有十几班列车，车程1.5小时。普通列车只需20泰铢，空调列车需300泰铢。

出了火车站正门，对面有个路口往西走就可以到达渡轮码头，摆渡到对岸后就有小巴和嘟嘟车了。

长途汽车

每隔半个小时就有从曼谷直达大城的长途空调巴士出发，运营时间为5:30～19:20。在曼谷的长途车东站也有发往大城的班车，票价约50泰铢，车程为2小时。

大城岛内有两个长途汽车站，其中来自南部、西部和东部的班车停靠在大成纳瑞宣长途汽车站，该车站位于岛的北部，靠近帕玛哈泰寺。而来自北方的班车停靠在另一个汽车站，那个汽车站位于城的东北部旅馆餐饮集中的地方。

去洛布里的班车从大城汽车北站发车，每10分钟就有一趟班车，车程1.5小时，票价40泰铢。

市内交通

自行车

在大城岛内租一辆自行车游览景点是一个自由悠闲的好方法，租金一般40泰铢/天，无须押金，只要拿护照登记一下即可，还送一张地图。也有150cc~200cc的摩托车租赁，一般200泰铢/天，需要押金。

出租车

大城的公交车和出租车都是嘟嘟车，车费约30泰铢，从火车站到柴瓦塔娜兰寺的费用约为200泰铢，平时包嘟嘟车的价格约为200泰铢/小时。

Living Information 大城生活资讯

 住宿

　　大城的旅馆以中低档为主，即使是最好的度假村一晚上的的费用也不会超过1000泰铢，一般的旅馆约300泰铢。旅馆一般集中在大城岛内的东北角，汽车站和火车站的中间区域。大城大部分旅馆不提供拖鞋和洗漱用品，需自带。

 美食

　　这里的餐饮业没有曼谷那么发达，美食的种类也没有那么繁多，但是一些夜市或小摊上的小吃还是能够时不时地带给你一些意外的惊喜。

富阿露夜市和赵波隆市场

　　位于岛内东北角的乌通路上是个夜市聚集地，你可以在这里吃到穆斯林式的薄饼（Rotti），还有受欢迎的泰国菜。如果你想在大城找一顿便宜而有特色的晚餐，这里能够满足你的要求。

柚木

　　这里是河边的露天餐饮的聚集地，也非常值得去尝试。

 娱乐

　　大城的娱乐项目并不多，但是这里的大象园却是游客的必去之地。大象园中有超过300头的大象，位于帕司山碧佛寺附近，可同帕司山碧佛寺一同游览。

　　骑大象：骑大象500泰铢/2人，线路是从大象园走到帕司山碧佛寺再回来，20~30分钟。

　　大象表演：观看大象表演100泰铢/场，包括大象绘画表演和一些杂技动作。

　　照顾一头大象一整天：这是由两个澳大利亚人发起的一项带有慈善性质的特殊活动项目，用来改善和帮助一些退休大象的晚年生活。员工会先替你指定一头大象，接下来的一整天你都将通过清理圈舍、洗澡等一系列活动来照顾它，培养人和大象之间的感情。费用为4000泰铢，包括三餐和一晚住宿。

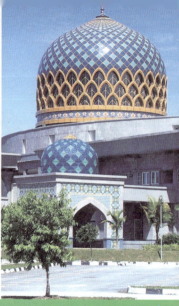

东南亚主要的旅游国家 新加坡

① 新加坡
② 圣淘沙

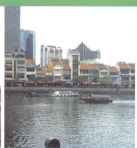

新加坡档案
Profile of Singapore

● 首都

新加坡被称为"花园城市",在市内拥有2000多种高等植物,市内人行道两旁种着叶繁枝茂的行道树及各种花卉,草坪、花坛小型公园点缀其间。甚至在桥上,都种有攀爬植物,而且几乎在每家住宅的阳台上都有各式花盆。

● 国旗

新加坡国旗又称星月旗,由红、白两个平行相等的长方形组成,左上角有一弯白色新月以及五颗白色小五角星。红色代表了平等与友谊,白色象征着纯洁与美德。新月表示新加坡是一个新建立的国家,而五颗五角星代表了国家的五大理想:民主、和平、进步、公正、平等。

● 气候

一年中的任何时间都是到新加坡旅游的好时间。新加坡地处赤道附近,属于典型的热带海洋性气候:一年四季差别很小,年平均温度在23℃~31℃,全年都很温暖;一年中的降水很多,全岛经常会有阵雨及雷雨。不过每年的11月~次年正月雨水最多。相对来说,比较干燥的是在6月~8月。没有台风,日夜温差不大。由于新加坡气候常年如春,建议穿着轻便的棉质衣服,带好雨具。

● 人口民族

新加坡是一个多元民族的国家,其中华人占74.1%,马来人占13.4%,印度裔占9.2%,欧亚裔和其他族群(包括娘惹)占3.3%。新加坡华人大部分来自中国福建、广东、浙江和海南等地,其中4成是闽南人,其次为潮汕人、广府人、客家人、海南人和福州人等。

● 语言货币

语言:新加坡的官方语言有4种:马来语,汉语,泰米尔语和英语。英语是一种商业语言,能被大家广泛地运用和理解。大部分新加坡人都能说两种语言,既能说他们的母语又能说英语。马来西亚语是他们的官方语言。

货币:货币为新加坡元,简称新币或新元,与人民币的汇率大约是1:5。大部分银行可兑换旅游支票及外币服务。

● 宗教信仰

多民族的新加坡其宗教信仰也十分多元化,世界上的主要宗教信仰在这里都有信徒。按照传统的习惯,中国血统的人大都信奉佛教或道教,少数人信天主教或基督教。佛教:31.9%,道教:21.9%,伊斯兰教:14.9%,基督教:12.9%,印度教:3.3%,其他宗教:0.6%,无宗教:14.5%。

新加坡
Singapore

　　新加坡是一座绿色城市，也是著名的旅游胜地。在新加坡河畔，有一座乳白石的"狮头鱼尾"雕像，它是这座城市的标志和象征。市内景点众多，如有天福宫、星和园、裕华园、苏丹伊斯兰教堂、双林寺和供奉有18手观音菩萨像的龙山寺等名胜，还建有植物园、动物园、国家博物馆、范克利夫水族馆、新加坡战争纪念塔等。

新加坡

英语名称：Singapore
面积：714.3平方公里
人口：约518万
著名景点：植物园、夜间动物园、新加坡河
最佳旅游季节：全年均可

新加坡旅游示意图

新加坡必游景点

新加坡植物园

新加坡植物园以研究和收集热带植物、园艺花卉而著称，占地54公顷。园内多种亚热带、热带的奇异花卉和珍贵的树木多达20 000万多种。植物园的植物都标明其学名及原产地。如今的植物园内有一间植物标本室，收集了60万个植物品种；一个图书馆，馆内的档案材料最早可以追溯到16世纪；一些鸡蛋花藏品；一个演变园和一个占地4公顷的"最初的新加坡丛林"。

资讯攻略

■ 新加坡古鲁尼路

🚇 乘搭地铁至乌节(Orchard)站(NS22)，然后在乌节林荫道的公共汽车站乘搭新巴7、77、105、106、123、174号。新加坡地铁局75号公共汽车。从荷兰路乘搭CSS2号、新巴66、67、151、153、154、156、170、171、186、502号公共汽车。从武吉知马路乘搭新加坡地铁局67、171号公共汽车

💴 新加坡植物园：免费；国家胡姬花园：成人5新元，儿童1新元，60岁以上的乐龄人士和12岁以下的儿童免费；雅格巴拉斯儿童花园：免费

🕐 新加坡植物园每日5:00~24:00，国家胡姬花园每日8:30~19:00，RISIS商店每日8:45~17:45，雅格巴拉斯儿童花园8:00~19:00（每周一歇业，当日正好是指定公共假日除外）

☎ 64717361

新加坡国家博物馆

拥有119年历史的新加坡国家博物馆是新加坡历史最悠久和最大的博物馆。同时也是具有最年轻最具创新精神的博物馆。博物馆不仅是各种展览和艺术品展的举办场所，还通过举办独具挑战性和展现活力的节日和活动来彰显自己的与众不同，带来文化和传统的各种创造性。博物馆内还配备了各种设施和服务，包括零食饮料部、零售点、资源中心、画廊影院和公共雕塑花园等。

资讯攻略

■ 斯坦福路93号

🚇 乘坐地铁：多美歌(NS24)和政府大厦(EW13/NS25)站从这两个捷运站步行10分钟即可到达博物馆

自驾车：周一至周日（包括公共假日）7:00 至 14:00，每小时 2.5 新元（不足一小时按一小时计算）；18:00~03:00，每人4新元，3:00 ~7:00，每小时4新元（不足一小时按一小时计算）摩托车禁止通行。所有停车费均包含商品及服务税。宽限期：10 分钟（仅限上下车）

乘坐公交巴士：在距离新加坡基督教青年会或史丹福路最近的公交站下车

可抵达博物馆的各路公交巴士：17、14E、16、36、111、124、162、174、174E、502、77、106、167、171、190、700、700A

💴 免费进入博物馆。新加坡历史馆和新加坡生活馆（不包括临时展览门票）：10新元（成人）5新元（学生、军人、60岁以上老年公民）

🕐 新加坡历史画廊：每天 10:00 ~ 18:00；新加坡生活廊：每天 10:00 ~20:00

☎ 63323659

旅游资讯篇　旅游文化篇　旅游景点篇

乌敏岛

新加坡的第三大岛是乌敏岛。岛内有小型橡胶园、海滨、养鱼场、原始森林，以及被岩石峭壁包围的湖泊等景观。仄爪哇的自然海洋生物生态区在敏岛的东北角，这个生态区非常有名，因为那里有许多珍奇的海洋生物，如鲨、螃蟹、海星、海马和海胆，还有聚居着地毯海葵和孔雀海葵的海草场以及色彩鲜艳的珊瑚礁。很多种类都非常珍稀少见，值得游览。

资讯攻略

🚇 乘搭地铁至丹娜美拉(Tanah Merah)站(EW4)，然后搭乘新巴2、29号公共汽车至樟宜村(Changi Village)公共汽车转换站，再到樟宜码头(Changi Point)搭乘10分钟的渡船。船票为2.5新元，服务时间是6:00~23:00。岛上交通：出租自行车，4新元/天

TIPS 仄爪哇只在退潮时供人游览，以先到先得的方式接待游客。请向国家公园管理局预约，热线电话：(65)6542-4108。

的几块热带雨林。在园内的巨木森林中，有多达百种的本土植物和一些百龄老树，非常值得游人细细游览观赏。

资讯攻略

🚇 新加坡北部万里湖路
🚌 乘搭地铁至蔡厝港站(NS4)，然后乘搭SMRT 927号公共汽车或者乘搭地铁到宏茂桥(Ang Mo Kio)站(NS16)，然后乘搭新巴138号公共汽车，便能直接到达新加坡动物园
💴 成人22新元，儿童(3~12岁)11新元，电车：成人10新元，儿童5新元
🕒 每日19:30~24:00（门票售卖于23:00终止）
📞 62693411

双溪布洛

双溪布洛湿地保护区是候鸟途径东亚的主要中途休息站，这里栖居着500多种热带动植物。这个保护区是新加坡第一个也是唯一一个受保护的沼泽自然公园。为了方便游客从近处观赏到园内的动植物，保护区建造了一个小亭台阁楼和行人走道。

夜间野生动物园

夜间野生动物园由8个区域组成，东南亚雨林、非洲稀树大草原、尼泊尔河谷、南美洲彭巴斯草原、缅甸丛林等。游人可乘坐游览列车沿两条环路进行45分钟的近距离观察。步园中还有3条在雨林中蜿蜒的步行道，即渔猫小径、巨木森林小径和花豹小径，可以让游人靠近那些从导览车上不容易看到的动物，如懒猴和眼镜猴。园内也保存了新加坡仅存

资讯攻略

🚇 新加坡西北部梁宙路尽头的水之溪
🚌 乘搭地铁至兀兰(Woodlands)站(NS9)或克兰芝(Kranji)站(NS7)，然后乘搭925号公共汽车至双溪布洛湿地保护区门口（周日和公共假日停）或克兰芝蓄水池停车场（周一至周六）后步行20分钟
🕒 周一至周五7:30~19:00；周六、周日和公共假日7:00~19:00
📞 67941401

武吉知马自然保护区

新加坡是世界上仅有的保留有大片原始热带雨林的两个城市之一。离市中心仅12公里远，里面的树种远超北美大陆。保护区的中心是海拔164.3米的武吉知马山，也是新加坡的制高点。小路蜿蜒穿过丛林，沿途可看到各种珍奇鸟类、蝴蝶、猴子、松鼠、猫猴等动物以及各类食虫植物，是远足爱好者的理想去处。

资讯攻略

- 新加坡本岛的正中中心离新加坡中心12千米处
- 乘搭地铁到纽顿(Newton)站(NS21)，然后乘搭新巴171号公共汽车
- 65427788

TIPS 游览保护区需要3个小时的时间，建议在每天的8:00~18:00游览。在山脚有游客中心可以查询详情。

资讯攻略

- 在位于世界贸易中心(World Trade Centre)的新加坡游轮中心搭乘渡轮，船程约45分钟。出发时间：周一至周六为10:00和13:30，周日及公共假日则为9:00、11:00、13:00、15:00、17:00。返回时间：周一至周六为11:15、14:45，周日及公共假日为10:15、12:15、14:15、16:15、18:15。
- 往返船票：成人10新元，孩童(12岁以下)6新元

拉柏多国家公园

拉柏多国家公园是1943年英国人划定为保卫新加坡港口的制高点。今天的拉柏多公园就像一座宁静的绿洲，如诗如画。热爱大自然的游客来到拉柏多公园就一定会感到惊喜，因为这里有大量的野生飞禽，如白壳画眉、黄孔夜莺和白肚帝王海鹰等。除此之外，在这里还能探索第二次世界大战时建于地底、用来存储弹药的地下仓库。

资讯攻略

- 新加坡南部沿海地区
- 乘搭10、30、51、143、176号公共汽车至巴西班让路(Pasir Panjang Road)，然后步行至拉柏多维拉路(Labrador Villa Road)
- 免费
- 每日（公园照明时间为19:00~24:00）

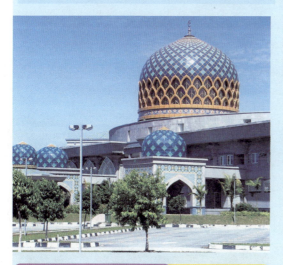

圣约翰岛

这座丘陵起伏的岛屿以前是座监狱，现在则是一个周末出游的好地方。岛上有可供游泳的礁湖、美丽的沙滩、野餐场地、远足小径和足球场。现在的圣约翰岛有适合游泳的珊瑚海滩与浓荫恬静的漫步道路，为新加坡人提供了一个远离尘嚣的世外桃源。

四马路观音堂

观音堂主殿内的主神像是十八手观音圣像。这座金碧辉煌的观音圣像，每10年就要再镀金一次。观音堂香火旺盛，庙堂内几乎每天都有人来参

拜。周六、周日、公共假期，还有每月的农历初一与十五，都是庙堂的旺日。而一年当中最旺的日子主要是四个，即农历年除夕、二月十九的观音诞、六月十九观音修道日及九月十九的观音成道日。

资讯攻略

- 滑铁卢街（Waterloo Street）
- 武吉士地铁站(E1)步行10分种左右，或搭 56、64、65、81、97、103、106、111、131、139、147、160、166 号巴士
- 免费
- 7:00~14:00

TIPS 到观音堂膜拜只能用小香，不能用大香。在入口处摆有小香，香客自取，要捐献香油钱也随各人心意。此外，堂内不设焚烧金银纸的器具，香客也不允许在那里焚烧金银纸。

批的当地人和游客，十分热闹。在武吉士村可以充分体验到韵味十足的东南亚风情。

资讯攻略

- 武吉士街
- 前往武吉士街可在地铁武吉士站下车步行1分钟

荷兰村

荷兰村的范围不大，紧邻着荷兰大道，往旁边延伸出几条小路，围绕而成。白天可以在荷兰购物中心逛逛，从传统的古董、家具、东南亚手工艺品到流行的首饰、服装等，应有尽有，古典与现代并存，是新加坡生活的小缩影。到了夜晚，露天酒吧、咖啡屋以及情调餐厅纷纷亮起烛光，各类音乐在街道上回响，散发着异国魅力，吸引了无数观光客蜂拥而至，周末的荷兰村尤其喧闹无比。

资讯攻略

- 紧邻着荷兰大道
- 可沿兰花大道向西北方向前行，右转往植物公园，经过了乌鲁班丹路，便抵达联邦路，荷兰村便位于右边

武吉士村

这条街在世界各国海员中是相当闻名的。每当夜幕低垂，维多利亚街和滨海街之间约100米左右的路面上挤满了各式摊位。有中式小吃、水果、服装、磁带、CD、礼品、钟表等100多家。此外，道路沿线新型的露天式餐厅、酒吧等也是一家连着一家。白天，这条街道冷冷清清，入夜后则吸引了大

TIPS 要想品尝地道的小吃，有兴趣的游客可以试试位于罗弄力步街口的Lor Liput荷兰村食阁的鱼头米粉。

● 新加坡美术馆

美术馆是由有百多年历史的旧校舍圣约瑟书院改建而成的。美术馆的主要展览厅是主体双层建筑的上下层，是美术馆的永久展品画廊。楼下第一厅展出陆运涛的收藏。第三厅展出企业商家的收藏。第四厅展出郑农的收藏和佘金裕的收藏。楼上第五厅展出画家捐献的作品。第六厅展出版画、素描、金属浮雕。第七厅展出张荔英的收藏。第八厅展出水彩和中国水墨画。第九厅展出书法作品。第十厅展出彩墨画。

资讯攻略

- 勿拉士巴沙路71
- 政府大厦地铁站(C2)步行约10分钟。或搭7、14、16、77、97、131、167、602、603、605、607号巴士
- 成人3新元，儿童与老年人1.5新元。周五18:00 过后免费。特别开放日入场免费，特别作品展览时票价会有更改
- 9:00～18:00 周五9:00～21:00 （周一休息）
- 63323122

TIPS 英语导览：周一14:00，周二至周五11:00及14:00，周六与周日11:00、14:00及15:30；日语导览：周二至周五10:30；华语导览：周六与每个月的第一个周日14:00。

● 新加坡集邮馆

这是东南亚的第一所集邮馆，在大门前竖立着一座殖民时代遗留下来的红色邮筒，目前是新加坡集邮馆的标志。馆内有7个展厅，其中有两个是主题展览厅。此外还有一个小型礼堂。主要设施分成两部分，一部分是展览馆；另一部分是给集邮爱好者提供的各种集邮服务，如出售新加坡发行的首日封和各国邮票。此外，这里也设有邮箱。

资讯攻略

- 哥里门街23B
- 政府大厦地铁站(C2)步行约5分钟。或搭2、12、33、51、61、62、81、84、103、124、145、147、166、174、190、197号巴士
- 成人2新元，儿童与老年人1新元
- 9:00～17:30 （周一和公共假期休息）
- 63373888

● 苏丹旧王宫

苏丹旧王宫现在为马来传统文化馆，位于甘榜格南民族文化区中，与亚拉街、苏丹伊斯兰教堂一起。这里展示着新加坡甘榜格南马来族群的历史、生活和文化记录。现在的王宫已改建成拥有9个展厅的博物馆。馆内还设有商店、表演广场、礼堂和熟食中心等，非常方便游客。

资讯攻略

- 甘榜格南民族文化区中
- 地铁：EW线武吉士站(Bugis)，车站编号EW12。公交车：在桥北路(North Bridge Road)乘7、32、51、63、80、145、197号公共汽车，在维多利亚街(Victoria Street)乘32、33、51、63、80、130、133、145、197号公共汽车，在美芝路(Beach Road)乘10、14、16、70、100、196、401号公共汽车
- 王宫免费，博物馆成人票3新元，儿童（7~12岁）票2新元，七岁以下儿童免费，文化表演成人票15新元，儿童票8新元
- 苏丹宫殿：每日9:00~21:00，博物馆：周一~13:00~18:00，周二至周日10:00~18:00（17:30停止入场）。文化表演：每日9:00、11:30和15:30。

● 樟宜村

樟宜村远离市中心，想要体验新加坡休闲的一

—117—

面即可到这里来。村旁海边干净的沙滩吸引了不少人前往垂钓和游泳。在村里可以找到许多廉价物品，如T恤衫、电子产品、地毯、印度棉织物、鞋、蜡染服饰、和服和各种亚麻布服饰。这里的美食也非常多，在美食中心或街边餐馆都能品尝到美味的海鲜。樟宜监狱教堂与博物馆位于樟宜村附近，也值得一览。

资讯攻略
- 清迈樟宜机场
- 乘搭地铁至丹那美拉(Tanah Merah)站(EW4)，然后乘搭新巴2号公共汽车

新加坡河

新加坡河是新加坡的生命之河，河流贯穿整座城市。在早期，新加坡的居民都是依靠这条河流来维持生计。漫步在河畔，可以参观许多富有纪念性的标志和建筑如鱼尾狮公园、莱佛士登岸遗址和旧国会大厦艺术之家，宗教机构如奥马清真寺、保赤宫，还有驳船码头、克拉码头等繁华的街区。新加坡河岸边有驳船码头、克拉码头和罗拔申码头，游览这里景色的同时也会了解新加坡的历史，并且可以品尝到许多特色美食。

资讯攻略
- 游船服务：新加坡河游船休闲，电话：6336-6111传真：6336-6112
- 6339-6833传真 6336-1830

克拉码头

克拉码头是新加坡著名的旅游名胜地，位于新加坡河与里巴巴利路一角，是以新加坡第二位总督安德鲁·克拉爵士命名。克拉码头以广场为中心分成A~E5个区域。沿河边的A、D、E区域从新加坡著名餐馆的分店到咖啡店、露天水上餐厅，一应俱全。B、C区域则为购物、娱乐中心，这里除了有特产工艺品及各种时装之外，还有大型电子游戏中心。另外，B、C之间的Read路到了夜晚，露天摊位、马路游戏等会统统出动，好像庙会一样热闹。里巴巴利路还有一间1800年开办的冰块制造工厂"黄埔冰屋"，位于入口处。

资讯攻略
- 地铁NE线克拉码头站(Clarke Quay)，车站编号NE5，出站后沿着新加坡河步行即到。

TIPS 周日里，码头便成为跳蚤市场，有超过70个的摊位在这里贩卖古董和艺术品，从清晨营业到深夜。

土生华人博物馆

这是一个全新的博物馆，馆内主要收藏和展示土生华人最精致的物品，以最全面的方式展现土生华人的文化和生活。精品博物馆的定位，将为参观者们带来精彩的体验。藏品丰富的物质文化展采用了最新科技，让参观者可以进行互动和学习。新的土生华人博物馆是一个令国内外游客都流连忘返的好去处。另外，这里还出售一些特色食品。

资讯攻略
- 亚美尼亚街39号
- 从市政厅捷运站(NS25/EW13)，步行至亚美尼亚街史丹福中心。博物馆位于史丹福中心的街对角处
- 成人 5 新元，老人/儿童(全日制学生)2.5新元；周五晚上19:00~21:00有折扣；成人4新元，老人/儿童(全日制学生)2新元
- 周一13:00~19:00，周二至周日9:00~19:00，周五9:00~21:00
- 63327951

仄爪哇湾

仄爪哇湾有6个自然生态区：沿海森林、沼泽地、沙滩、沙土地、珊瑚礁及一个名为青蛙岛(Pulua Seduku)的小岛。海滩有丰富多样的海洋生物。里头的海洋生物种类繁多，如海星、海马、墨鱼、单细胞生物、珊瑚等。仄爪哇只在退潮时供人游览，以先到先得的方式接待游客。请向国家公园管理局预约，热线电话：(65) 6542-4108。岛上有导游服务，行程大约45分钟。参观时，需要穿上适当的鞋子并注意保护生态环境，要注意不乱丢垃圾，不随意触摸生物及植物。

资讯攻略

- 位于乌敏岛东部
- 交通：乘搭地铁至丹那美拉(Tanah Merah)站(EW4)，然后乘搭新巴2号或29号公共汽车至樟宜村汽车转换站。从樟宜的码头乘小船到乌敏岛。单程船票2新元（如加自行车另付2新元）。行程10分钟。小船在12位乘客满后出发。之外，您可以24新元租用整艘船。船只服务时间为9:00～21:00。岛上可租用自行车或计程车前往仄爪哇，行程为20分钟

新加坡动物园

动物园设计巧妙，利用热带森林与湖泊等天然屏障代替栅栏，游客可以观赏得更加清楚。各类动物在自然舒适的环境下自由自在的生活，和游客遥相对应。新加坡动物园是世界十大动物园之一，收罗了290种哺乳动物类、鸟类和爬虫类动物，总数超过3000只。这里所展示的许多濒临绝种的动物之中，有科摩多龙、睡熊、金丝猴，以及世界最大的群居人猿。在稀有动物展览馆内从中国四川来的大熊猫"安安"和"新兴"。

资讯攻略

- 位于新加坡北部的万里湖路
- 乘地铁在宏茂桥站(NS16)换乘138号巴士；或者在蔡厝港站(BP1/NS4)换乘927号巴士。也可以在乌节路一带的酒店购买游园专线车票，9:00和13:30各有一班
- 成人 16.5 元新元，儿童 8.5 元新元
- 每天8:00～16:00

TIPS 动物园特别安排了人猿与游客共进早餐、喝茶的节目，还可拍照留念。

裕廊飞禽公园

裕廊飞禽公园规模庞大，被誉为东南亚最壮观的"鸟类天堂"。园内建有95个鸟舍、10个活动场和6个池塘，养有600多种9 000多只飞鸟。东南亚珍禽屋所展示的是东南亚地区几乎所有的珍禽和濒临绝种的鸟类。在目前世界上最大的步行鸟舍内，自由飞翔的各类鸟1 200多只。企鹅宫占地面积也非常广，是世界第二大的企鹅观赏展区，这里建立了观赏台，供游客欣赏企鹅游泳和进食时的可爱笨拙的样态。

资讯攻略

- 位于新加坡市中心区以西40千米的裕廊镇贵宾山坡
- 乘地铁至文礼(Boon Lay)站(EW27)，然后搭乘新巴194号或251号公共汽车
- 成人：18新元，儿童（3～12岁）：9新元 残障人士：免费 单轨列车车费：成人5新元，儿童（3至12岁）：2.5新元
- 每日8:30～14:00

TIPS 表演富士飞鹰世界：每日上午10:00群星大汇演；每日11:00和15:00空中禽王表演；每日16:00神奇的鸟类世界(视听影片)：10:00和11:00，15:00和16:00。

Transportation Information 新加坡交通资讯

新加坡的交通费用不高，新加坡拥有完善的公车服务和世界上最现代化、效率最高的快速公交系统（地铁），并有大量的出租车，出租车上都有空调。也可以在新加坡租赁一辆自驾车，甚至还可以乘坐三轮车。

飞机

新加坡樟宜国际机场是全球最繁忙的机场之一，航线通达世界54个国家和地区、127个城市。由中国到新加坡很方便，机场每周都有飞往北京、上海、广州、厦门、杭州、昆明和成都等城市的航班。新加坡和吉隆坡之间的穿梭航班，每小时就有一班。

机场交通
包车

在预订酒店或者旅行套餐时，最好查询清楚有关机场接送的服务事项。大部分的旅行套餐中都包括往返新加坡樟宜机场的接送服务。如果没有事先安排，也可以给酒店电话安排交通事宜。

特大号出租车

往返行车服务提供固定的穿梭于市区内旅馆和机场之间的服务。出租车无指定下车地点，搭客在中央商业区内的任何一处都可下车，包括地铁站。在机场第一和第二搭客大厦抵境厅内的机场往返行车服务柜台购买车票。

市快捷运输

有从樟宜机场至中央商务区（CBD）和市政厅（City Hall）的轻轨。车程都在30分钟左右，约12分钟一班。票价2.5新元。前往机场的出租车在中央城区内的4个上车地点分别为凯煌大酒店、文华大酒店、半岛大酒店或滨华大酒店，有班车定点前往机场。票价：成人为7新元，儿童为5新元。

火车

新加坡唯一的主线火车站属于马来西亚铁道公司所有，而后者的所在地丹戎巴葛与新加坡熙熙攘攘的中央商业区（CBD）仅有几步之遥。新加坡位于马来半岛铁路网的最南端。从新加坡到马来半岛西岸各个主要城市如吉隆坡、新山、怡保等，都可以乘火车直达。每天有3班空调快车开往吉隆坡，行程7小时，票价30新元起。

长途汽车

这里有为数众多的长途客车从马来西亚前往新加坡的路线，不过对此车票费用的最佳方式是登录网站：www.easibook.com查看，该网站还能为你免去亲自往返售票处订票的麻烦。

自驾租车

有时候，你可能希望自驾前往新加坡，饱览一路上的优美景色。这一想法对于居住在附近的马来西亚或泰国的居民来说表现得尤为强烈。如果驾驶的是外国登记的车辆，在进入新加坡之前，需要在兀兰或大士检查站的抵达区购买一张自动过关智慧卡(车辆入境通行准证)。

渡船

轮渡码头：新加坡至刁曼岛（Tioman），丹那美拉渡轮码头；

新加坡至丹戎布仑格，樟宜码头（Changi Ferry Terminal）；

新加坡至民丹岛（Bintan）；新加坡游轮中心（Singapore Cruise Cenre）和丹那美拉渡轮码头。

市内交通

地铁

新加坡地铁是一个现代化附空调的客运列车系统，车站遍布新加坡。这个系统拥有3条主线：从滨海湾至裕廊东的南北线；樟宜机场/巴西立至文礼的东西线；和港湾至榜鹅的东北线。

新加坡樟宜机场地铁站至政府大厦地铁站

首趟列车：周一至周六清晨5:31，周日和公共假日清晨5:59。

最后一趟列车：每日晚间11:18。

新加坡政府大厦地铁站至樟宜机场地铁站。

首趟列车：周一至周六清晨6:09，周日和公共假日清晨6:45。

最后一趟列车：每日凌晨12:03。

在新加坡乘坐地铁既方便又便宜。车费0.80～1.70新元。除了使用现金，也可以选择使用易通卡（Ez-link card）支付地铁和公共汽车费用。

公交

新捷运巴士有3条不同的城区环形路线，行经乌节路、小印度、牛车水、克拉码头、甘榜格南和新达城等旅游景点。

新航观光巴士可带你游览市区的各文化娱乐中心，运行路径：乌节路、白沙浮广场、新达城、市中心、驳船码头、牛车水、小印度和新加坡植物园等地。营业时间为9:00～18:00，每30分钟一班车。车票：成人票为6新元，儿童票为4新元；在新航"停留新加坡计划"下抵境的乘客可免费乘坐，其他航空公司过境乘客全日通票3新元。

TIPS 新加坡的公车前门上车，后门下车。上车付费，车上不找零钱，要事先备好。较新型的公交车，下车前只要按一下车内的红按钮就行了，没有红按钮的情况下，要拉一下天窗或车窗上的黑带子，发出"嚓"的声音，司机就会在下一站停车。

公交通票，10新元押金，票面8新元，全天9点以后公交和地铁通票，需要在指定的地铁站退押金，机场也可退。

出租车

新加坡的出租车在路旁招手停车，有急事的时候可在饭店或购物中心的出租车站要车。车费由计价器计算，起价1千米之内2.2～3.2新元，1千米之外每200～225米加0.1新元，各公司计价方式略有不同。

电车

这种交通工具很有历史，可以高效率参观市内景点。行车路线由植物园始发，途经乌节路上大部分的饭店，途中也到纽顿、莱佛士酒店、莱佛士城、皇后坊、鱼尾狮公园、老巴刹市场、马里安曼兴都庙及丹戎巴葛保留区，最后在世界贸易中心折返，并依此路线行驶。

行车时间为每天9:00～21:00，每30分钟一班。可自由使用的一日券需9新元（儿童7新元），限用一次的车票3新元。

Living Information 新加坡生活资讯

 ## 住宿

新加坡旅游业发达,各种级别的宾馆、酒店齐全,既有价格达数百新元的最高级旅馆,又有几十新元的经济旅店和中国式旅馆,游客可以根据自身的经济条件选择相宜的住处。新加坡的高级饭店从设施、气氛、服务各方面都可以称得上世界一流水平。

在新加坡还有许多经济型旅馆,包括高级公寓、旅舍、YMCA(基督教青年会)等,价格是新加坡最低的,这些旅馆多集中于明古连街、牛车水、小印度周围。最近在郊外的住宅区,这种经济型旅馆也渐渐多了起来。

特色住宿地推荐

酒店名称	电话	地址
背包客安逸窝	63388826	大桥路北490号
青年会国际宾馆	63366000	写街路1号
新七层楼酒店	63370251	梧槽路229号
槟榔盒酒店	62477340	如切路220号
困山姆客栈	92774988	邓洛普街73号

 ## 美食

新加坡的美食非常多,在大街小巷都能品尝到新加坡特色小吃,并且新加坡汇聚了世界各地风格的美食,如中国菜、马来菜、泰国菜、印尼菜、印度菜等。而最具新加坡代表性的"娘惹食物"便是由此多元化的美食衍生出的。

驳船码头是新加坡著名的美食及娱乐区,这里的餐厅、酒吧装修别具特色,提供各国风味美食。

老巴刹是新加坡著名的美食区域,其中最有名的要属沙嗲街了,吸引了大批食客前来大快朵颐。老巴刹拥有过百摊档,榴莲泡芙、印度拉茶、合记炒面、串烧等绝对让游客垂涎三尺,并且价廉物美,不容错过。

远东广场保留了大部分的历史建筑,古色古香,在远东广场游客可以品尝到法国菜、意大利菜、日本料理、越南菜等各国美食,并且有很多小吃老店,如陈福成饼家、南生面食等也隐藏在远东广场,需要游客慢慢发掘。

东海岸是新加坡人休闲的常去场所,这里吸引人的除了有迷人的海景之外,还有令人食指大动的海鲜中心。

小印度保存了许多印度的传统文化,当然也少不了印度美食。小印度的印度菜不但正宗,而且价格低廉。

 ## 购物

新加坡全年有各种各样的购物特卖会,其中最负盛名的当属新加坡热卖会,另外,鳞次栉比的世界一流购物中心里各色商品琳琅满目。

滨海湾金沙购物广场是新加坡规模最大的购物中心。这座购物中心位于中央商务区的中心地带,游客可尽情流连于汇集了国际奢侈大牌、新兴品牌与新概念的众多名店。

ION Orchard购物中心是商场中的巨无霸,共拥有300多个食品和零售专卖店。这里更是一个奢侈的购物目的地,只有亲身体验才能领略其中的魅力。

乌节中央城被宣传为时尚人士的购物天堂,商品从时装到食品应有尽有。该商场划分为不同类型如休闲、时尚、活跃的生活方式和食品等不同独立的区域。

远东购物中心最为有名的是其深受欢迎的珠宝和宝石系列产品。在这里销售的还有罕见的瓷器、黄金、钻石、古旧雕件和雕像。远东购物中心还出售电脑、卫生设备和廉价的时装。你可以来这里定制西装,或进行指甲美容。

娱乐

新加坡的娱乐节目丰富多彩,既有迷人的艺术表演,也有精彩的体育活动。一到夜幕降临,各种夜间娱乐场所就活跃了起来,众多的夜总会、歌舞表演和迪斯科使整个夜晚都充满了动感和魅力。

剧院及夜总会

在剧院餐厅及夜总会里,客人可以一面用餐,一面欣赏歌舞表演。在繁华的乌节路上,各个迪斯科舞厅装潢设计各有特色,以时下最流行的劲曲吸引人们狂舞通宵。

夜间码头

新加坡河一带的驳船码头、克拉码头和罗拔申码头,是人们夜间休闲聚会的好去处。黄昏时,河岸上一间间酒馆里流泻出醉人的爵士乐、摇滚乐等,整条河流都在音乐与灯光中荡漾,克拉码头处还有精彩的节目——冒险骑乘。

海岸生活

在东海岸公园和加冷河可以尽享水上娱乐项目。在格兰芝的新加坡赛马公会可以与全场观众一起度过紧张而又刺激的时光。温泉浴、桑拿让精神完全放松。另外还有各种球类运动可以痛快地挥洒汗水。

圣淘沙
Sentosa

　　"圣淘沙"在马来文里的意思是"和平安宁"，圣淘沙距离新加坡本岛南部仅半公里，由一座堤道跨海大桥与本岛连接起来。这个不大的小岛是新加坡最有名的度假休闲胜地。阳光沙滩等自然景观自不必多说，更有精致的人文景致耐人寻味。岛上还种植了许多绿化植物。

圣淘沙旅游示意图

圣淘沙

英文名称：Sentosa
人口：约130万人
面积：3.9平方公里
著名景点：名胜世界、海底世界、圣淘沙海滩
最佳旅游季节：全年均可

圣淘沙必游景点

● 新加坡环球影城

　　新加坡环球影城是圣淘沙名胜世界的重要景点之一，它是东南亚首个和唯一的环球影城主题公园。新加坡环球影城总共设有24个游乐设施和景点，其中18个是专为新加坡设计或改造的，包括有纽约街、太空堡垒、旋转飞盘、古埃及、木乃伊复仇记、寻宝奇兵、失落的世界、未来水世界、遥远王国、史瑞克4D影院等。

● 资讯攻略
- 位于圣淘沙名胜世界
- 搭乘东北线地铁，在港湾站下车，再换乘公交前往，也可以在怡丰城外乘坐PWS8直指进入圣淘沙名胜世界
- 6577-8888

● 圣淘沙名胜世界

　　新加坡圣淘沙岛最著名的景点就是圣淘沙名胜世界了。圣淘沙名胜世界拥有东南亚独一无二的环球影城主题公园、全球最大的海洋生物园、名厨餐馆和名牌店铺、各类娱乐演出以及六家风格各异的星级酒店等。圣淘沙名胜世界是无论新加坡人还是来自世界各地的人都非常喜爱的地方，每年都要接待1300万左右的游客。这里也是新加坡最负盛名的旅游胜地之一。

● 资讯攻略
- 圣淘沙8号入口
- 搭乘东北线地铁，在港湾站下车，再换乘公交前往，也可以在怡丰城外乘坐PWS8直指进入圣淘沙名胜世界

● 花柏山

　　位于市街西部的花柏山是一座海拔115米的小山，前往度假地圣淘沙岛的缆车站就设置在这里。山上景色秀丽，风光明媚，能看到市内林立的建筑群，晴天的话还能看到印度尼西亚和马来西亚。而晚上从山上俯视，夜景更是迷人，令人陶醉，非常适合情侣前来。时间充足的话，建议步行而上，途中的美景实在不容错过。

● 资讯攻略
- 位于市街西部
- 乘坐地铁到NE1 HarbourFront 港湾站，然后从世界贸易中心(World Trade Centre)搭乘计程车或空中缆车。缆车的一段是进入圣淘沙，另一段就是到花柏山上

● 圣淘沙海底世界

　　新加坡海底世界位于圣淘沙岛上，神秘莫测的海底世界一览无遗。这里有很多水下互动活动，生动逗趣的展出让游客意犹未尽。这里最吸引人的是可以观赏到巨型魔鬼鱼、鲨鱼和大量各种鱼群的观光隧道，让人犹如置身海底。

● 资讯攻略
- 位于圣淘沙上
- 至新加坡海底世界和"鱼池"足疗馆从海港中转站乘坐圣淘沙巴士，或从怡丰城三楼搭乘圣陶沙快线，至海滩站下车。转乘蓝线巴士，在海底世界站下车。至海豚湾从海港中转站搭乘圣淘沙巴士，或从怡丰城三楼搭乘圣陶沙快线，至海滩站下车。转乘黄线巴士，在海豚湾站下车
- 新加坡海底世界和海豚湾成人为22.9新元，儿童为14.6新元(3至12周)；3岁以下儿童免费入场
- 新加坡海底世界每日9:00～21:00（最后入场时间20:00）；海豚湾每日10:30～18:00（最后入场时间17:30）；"鱼池"足疗馆每日10:00～19:00（最后入场时间18:15）；与海豚会面活动（视天气情况而定）周一至周五：11:00、13:00、15:30、17:30周六、周日和公共假日：11:00、13:00和17:30培训活动配英文解说

Transportation Information 圣淘沙交通资讯

从新加坡本岛前往圣淘沙岛非常方便快捷，包括缆车、轮渡、巴士、地铁和出租车。

特色交通

缆车
缆车分为普通厢和玻璃厢两种，玻璃厢收费比较贵。运营时间是8：30～21：00，车票不包括圣淘沙岛门票。从花芭山（Mount Faber）港湾第二大厦（Harbour Front Tower2）出发的单程缆车票：成人9.90心愿，孩童4.50新元；来回车票：成人10.90新元，孩童5.50新元。玻璃车厢：成人15新元，儿童（3～12岁）8.00新元。

渡船
开船时间：周一至周五9：30～22：00；周六、周日及公定假日8：30～22：00。

旅游巴士
乘搭公共巴士30、65、80、97、100、131、145、166、855路在直落布兰雅路（Telok Blangah Road）下车，再前往港湾巴士转换站，圣淘沙亮眼夺目的橘色巴士将带您前往圣淘沙岛。

地铁
乘搭东北地铁线（North-East Line），在港湾站（Harbour Front MRT Station）下车，再依照地铁站里的指示牌前往港湾巴士转换站，圣淘沙亮眼夺目的橘色巴士将带你前往圣淘沙岛。

出租车
圣淘沙岛距离乌节路需15～20分钟车程。

公交
岛内有循环行驶的岛车，分为红线、黄线、蓝线。颜色不是指车身的颜色，而是在每辆车的前挡处都有电子显示屏，根据显示屏上的指示来判断是什么线路。所有线路的起点和终点都是进出岛的游客中心，游客可以根据自己想要的旅游线路来选择搭乘岛车。

Living Information 圣淘沙生活资讯

住宿

圣淘沙岛是新加坡著名的度假胜地,因此住宿方面的条件非常好,从高级饭店到廉价的度假村一应俱全,甚至还提供露营的条件,最大限度地满足了不同层次人的需求。

高档的酒店如圣淘沙美福度假酒店、香格里拉圣淘沙大酒店和新世纪度假村等都很豪华,设施完备,价钱在180新元至千元新元之间。经济型的住宿有圣淘沙度假屋、乐怡圣淘沙度假村等,这些住宿地价格适中。很多年轻人愿意选择露营的方式,在大自然的怀抱里放松自己,尝试难得的户外睡眠方式。

美食

圣淘沙岛上的餐饮业很发达,饭店餐馆遍地都是,而且还有多国的特色菜,特别东南亚地区的特色食品不容错过。

推荐美食:猪肉干是新加坡特产,非常薄,大约两三毫米,呈四方形10cm×10cm,味道有点像广东甜腊肠。

娱乐

圣淘沙岛的娱乐活动丰富多彩,游客可以在这里度过一个休闲愉快的假日。

运动类

在圣淘沙,水上运动是最受人欢迎的节目,有游泳、帆船、水上单车等,可尽情享受人与水的互动。在沙滩上,可以打打沙滩排球,或者堆堆沙子。

圣淘沙上有高尔夫球场,不会打球的也可试试圣淘沙香格里拉酒店附近海边的"空中飞人"(FlyingTrapeze),定会让你大呼痛快。

观赏类

到音乐喷泉欣赏水和音乐的绝妙组合,到海底世界看粉红色的海豚翩翩起舞,到亚洲村看各国特色的风情表演,每一项都叫人心情愉悦。

感受类

登上高高的摩天塔顶,站在宏伟的鱼尾狮塔下,坐在幽静的小酒店里,躺在沙滩上,随着每一处地点的更替,心情也随着眼前的景物而更替,或喜或叹,也是一场别样的情绪娱乐。

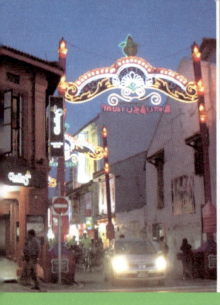

东南亚**主要**的旅游**国家** 马来西亚

① 吉隆坡 ② 马六甲 ③ 沙巴州 ④ 霹雳州 ⑤ 砂拉越州 ⑥ 槟城屿 ⑦ 兰卡威

马来西亚档案
Peofile of Malaysia

● 首都

吉隆坡是马来西亚的首都，也是全国最大的城市，城市里阳光充足，空气清新，市容整洁。宽阔的街道整齐美观，市内建筑物各具特色，体现出多民族、多元文化的异彩。现代化的高楼大厦和圆顶的阿拉伯式建筑点缀在绿荫之间，颇具特色。

● 国旗

马来西亚国旗又被称为"辉煌条纹"（马来语：Jalur Gemilang），是马来西亚的国家主权象征之一。国旗由十四道红白相间的横条所组成，左上角为蓝底加上黄色的新月及十四芒星图案。长宽比例为2:1。

● 气候

马来西亚属热带海洋性气候。终年炎热多雨。6~7月为旱季，10~12月是雨季。在马来西亚旅游，基本上全年都适宜。虽然白天炎热，但是午后有阵雨，晚上会有季风吹拂，十分凉爽。尤其是北部的槟榔屿，早晚气候适宜，凉风不断。东岸每年11月~次年1月是雨季，最好避开这段时间。而5~9月则是东岸最好的"赏龟"季节。

但如果有商务活动的话，最好是每年的3~11月，因为大多数马来西亚商人于12月~次年2月休假。圣诞节及复活节前后一周不宜前往，同时也应避开穆斯林的斋月和华裔人的新年。

● 人口民族

马来西亚的人口比例是土著（包括马来人、依班人、卡达山人等原住民）62.2%、华人22.5%、印度人6.8%、其他民族1.2%、外籍人士7.3%。

● 语言货币

马来西亚的货币称做令吉（Ringgit Malaysia），由中央银行(Bank Negara)发行。1马来西亚林吉特=2.0689人民币（2012年3月）

马来西亚的语言主要有马来语、英语、华语、泰米尔语（当地称"淡米尔语"）。马来语是马来西亚的国语和官方用语。英语作为第二语言或通用语言被广泛地使用在行政、工商业、科技教育、服务及媒体等方面。

● 宗教信仰

马来西亚是个以农立国的民族，因此维持着许多原始信仰，特别是各民族浓厚的宗教色彩。其宗教融合了伊斯兰教、印度教、佛教，其中以印度教影响尤为深远。由于多民族的长期共同生活，形成一种多元的文化特色。

吉隆坡
Kuala lumpur

吉隆坡位于马来半岛的心脏地带，是一座新旧辉映，东方神秘色彩和西方文明有机融合的新兴大都市。市内建筑独具特色，古典和现代、东方和西方各式建筑并存，互相映衬。市内如同一个大型公园，处处可见苍翠树木和拥簇的花园。司法部和最高法院是古老的"阿卜杜勒·萨马德建筑"，是吉隆坡甚至是整个马来西亚的象征。吉隆坡旅游景点众多，有博物馆、动物园、教堂等。

吉隆坡

英语名称：Kuala Lumpur
面积：243平方公里
人口：约190万人
著名景点：马来西亚石油公司双子塔，独立广场
最佳旅游季节：除了6、7月的台风季节外，其余月份均可

吉隆坡必游景点

国家历史博物馆

国家历史博物馆向初到马来西亚的游客展现马来西亚的民族历史,可在二楼欣赏独立广场令人惊叹的美景。这座博物馆的前身是一家银行,馆内主要展示的是珍贵材料和仿古制品,参观者可以从中深入了解马来西亚丰富的历史文化。博物馆会不时举办研究、收集、录制及出版关于马来西亚文物的活动。在展品中一块有5亿2 000万年历史的变质石、一个4万年前的原始人头骨以及一个可追溯到15世纪的八角形金币这几样展品非常引人注意。

资讯攻略
- 离火车站10分钟距离
- 搭乘轻轨到巴沙瑟尼站下车即到
- 免费
- 9:00～18:00
- 26944590

占米伊斯兰教堂

这是一座典型的印度穆斯林建筑物,建于1907年,位于一片棕榈树林中。它屹立于吉隆坡的发源地哥巴河和巴生河交汇之处,是当年锡矿工人首先在吉隆坡登陆的地点。教堂内圆顶拱柱,云石地板,气势不凡。门口处提供头巾和长袍。

资讯攻略
- 吉隆坡市区中心敦霹雳路
- 可乘坐斯塔或普特拉轻轨到占米伊斯兰教堂站下车
- 免费
- 8:30～12:30 14:30～16:00 周五祈祷仪式期间11:00～14:30关闭

国家伊斯兰教堂

这座教堂是东南亚最大的清真寺之一,位于火车站附近。其建筑特色为采取现代化的设计,再糅合当代伊斯兰的艺术、书法及装饰于建筑物上。主穹顶有颗18角星,代表马来西亚的13个州和伊斯兰教的5大支柱。另外,还有大大小小的圆顶,环绕整个教堂。这座伊斯兰教堂可以容纳大约8 000人。所有想进入参观的旅客都必须遵守礼仪,脱鞋进入,穿着应保守。

资讯攻略
- 吉隆坡市中心,火车站附近
- 搭乘普特拉轻轨到巴沙瑟尼站下车即达
- 免费
- 周六至周四9:00～18:00, 周五14:45～18:00

吉隆坡唐人街

茨厂街是吉隆坡的唐人街,是吉隆坡有名的夜市,位于吉隆坡老城区南部。这里卖的东西从中国服饰、布料到中草药应有尽有。而这里和中央市场也是卖水货、假货和便宜货的地方,以衣服和手表居多。斯里·马哈·马里亚曼寺位于唐人街附近,是马来西亚最大的印度教寺院。每天晚上钟声齐鸣,庙前出售花环、香和印度教神像。印度人纷纷前来祈祷。每到夜幕来临,这里便成了步行街,在韩来吉路和苏丹路有许多中餐馆和小吃店,在这里吃夜宵的人很多。

资讯攻略
- 位于吉隆坡老城区南部
- 乘坐普特拉轻轨到巴沙瑟尼站下车,或乘坐吉隆坡单轨城铁(KL Monorail)在Maharajalela站下车,即可到达唐人街

资讯攻略
- 吉隆坡是禄路
- 10:00~22:00

中央市场

中央市场位于唐人街的传统市场和赌场附近,是吉隆坡的手工艺品、纪念品和古玩中心,也是当地画家聚集之处,他们在此绘画人像,在T恤上绘图,为游客制造别具特色的卡、徽章和瓷碟等。中央市场内还有出售纪念品、礼品和画作的专门店。这里还有一个露天舞台,定期表演马来西亚传统和现代的舞蹈及音乐表演。市场旁的咖啡馆都非常不错,环境十分优雅。

小印度

小印度是一个集市,该地区的主要街道印度清真寺街上满是莎丽服饰商店和购物的妇女,整条街呈现五彩缤纷的颜色。同时,商店内小喇叭里播放的印度流行乐能穿透你的耳鼓,空气中弥漫着熏香的麝香味和食品散发出的令人垂涎的香味。这里每到周六都会有夜市,夜市人声鼎沸,场面非常壮观。

资讯攻略
- 可乘坐斯塔或普特拉轻轨到占米伊斯兰教堂站下车

吉隆坡塔

吉隆坡塔是世界上排名第四高的电信塔,坐落于一座绿树成荫的小山上。游客可乘坐电梯登上观景台(276米)。这里视野非常开阔,可以俯瞰整个吉隆坡市的美丽景色,比在双峰塔上看到的景色更为壮观。

资讯攻略
- 位于咖啡山(Bukit Nanas)上
- 搭乘吉隆坡单轨城铁到巴沙瑟尼站下车即到
- 成人20马币/人,儿童9马币/人
- 9:00~22:00
- 20205448

双峰塔

这座美轮美奂的特殊建筑物是全世界最高的两座相连建筑物，共有88层。这座钢筋和玻璃搭成的标志性建筑融合了传统的伊斯兰象征主义风格与现代的复杂精密设计。它是吉隆坡市政中心KLCC范围内最经典的一座超现代的建筑物。位于41楼的空中天桥将两座塔楼连接在一起。天桥的门票以先到先得的方式出售，早上8：30开始售票，从10：00开始参观，参观为时15分钟。

资讯攻略

- 位于吉隆坡市中心区（KLCC）
- 可乘坐普特拉轻轨到KLCC站下车
- 免费
- 周一至周五9：00~22：00，周末9：30~22：00

建而成。现在这里由担任国王的苏丹居住，其他苏丹在各自的州里都有自己的王宫。王宫不对外开放，游客可以欣赏这座雄伟建筑物的外观以及每天的卫兵换岗仪式，拍几张照做纪念也是非常不错的。

资讯攻略

- 王宫位于印度总统府街，吉隆坡火车总站以南，坐落在一座山丘上

马来西亚国家博物馆

国家博物馆是一栋两层的米南加保风格的古典式马来建筑。博物馆共有4个展览室，展出马来西亚历史和经济史料、马来风俗民情、当地特有的热带植物和动物模型等，还展示了历代服饰和民俗的蜡像。露天展区内还有旧式火车头、老爷车和仿古马来宫殿等展品。

资讯攻略

- 位于吉隆坡西郊，湖滨公园南口东侧
- 选择出租车的话，从KL Sentral站乘搭是最佳选择。选择巴士的话，只有在Chow Kit区和宏图大厦（Dayabumi Complex）乘搭Intrakota巴士的33和35号才能抵达
- 马币2元，12岁以下儿童免费
- 每日9：00~18：00，在开斋节（Hari Raya Puase）及哈芝节（Hari Raya Haji）除外

马来西亚王宫

马来西亚王宫位于中央车站以南，是一座金顶白墙的建筑。这里是由一个富有的中国商人私有住宅改

TIPS 国家博物馆里可以拍照和录像,但不能作为商业用途。
国家博物馆里不能携带食物和饮料,不过可以到外边的小咖啡厅用餐,另外还有卖纪念品的小商店。

化的大旅馆,有的高达18层,住房收费各不相同,可供旅客选择。

● 萤火虫公园

萤火虫公园位于吉隆坡近郊的瓜拉雪兰莪。坐上当地人安排的船,顺着小湖划进林中,渐渐看到远处林中有点点荧光,就像圣诞节挂在树上的一闪一闪的灯火。当船走到尽头,越来越靠近岸边的树林,有几只萤火虫高高低低地飞近船边,你可以很清晰地看到光点在你身边飞过,这一刻真是令人激动。船在湖中绕一个圈,大概20分钟,你会发现环绕湖边的树边都是飞舞的萤火虫。

资讯攻略

- 位于吉隆坡近郊的
- 吉隆坡市到瓜拉雪兰莪大概1小时车程,可坐出租车

资讯攻略

- 位于彭亨州西南吉保山脉中段东坡,吉隆坡东北约50公里处
- 乘坐普特拉轻轨到普特拉码头(甘柏)下车,转乘大巴可直接到云顶的缆车乘坐点。大巴加缆车(单程)的票价是7.6马币
- 主题游乐场周一到周五的套票是26马币,周六周日的套票是39马币

TIPS 游客进入赌场须出示护照,年龄未满21岁不得入内。

● 黑风洞

黑风洞是一座石灰岩洞,由几个洞穴组成。其洞穴主庙的天花板高度超过100米,庙里全是兴都神灵。每个想要来这个庙里的人,都必须攀登272梯级的陡峭阶梯。每逢大宝森节时,大批的游客和信徒就会一起来攀登这座阶梯,场面肃穆庄严,非常壮观,很值得一看。

● 云顶高原

云顶高原是东南亚最大的高原避暑地,也是著名的旅游景点,位于彭亨州西南吉保山脉中段东坡,吉隆坡东北约50公里处。这里山峦重叠,林木苍翠,花草繁茂,空气清新怡人。东面有森巴山,西面是朋布阿山,登山公路曲折迂回。山顶上有个人工湖,有一个儿童火车就沿湖建造。山顶上还有高尔夫球场、温水游泳池、吊桥及空中缆车等各种娱乐设施项目,还有小溪可供游人划船。山上有3个现代

资讯攻略

- 位于吉隆坡商业中心大约13公里
- 可以在曼谷银行或香港银行前的汽车站乘11路(每小时一班),或者在星星丘路乘41路中巴,在暗邦路停车点乘凌公司70路车到石隆下车,约需40分钟。从山下循272级陡峭台阶而上即可到达,也有缆车直抵洞口
- 步行免费,每一辆车的门票是3马币
- 周一至周五08:00~16:15 周六08:00~12:45

国家动物园

马来西亚国家动物园和水族馆都设在热带雨林中，公园内有来自世界各地的200多种动物。这里森林茂密，湖泊溪流分布其间，一片原始森林景象，爱冒险的游客会喜欢这里。园内还有小火车供儿童乘坐。你可以在水族馆中看到80多种海洋及淡水生物，还有暗室设备，为深水鱼类提供适合的生活环境。水族馆中有许多标本和模型，如龙虾生长过程标本和各种贝壳标本，展品非常多样。

资讯攻略
- 吉隆坡东北面13公里处
- 在吉隆坡暗邦路汽车停车点乘170路凌成汽车或177路凌旗汽车（0.9马币），从暗邦街乘17路中巴、从中央艺术坊乘16路中巴亦可。从市中心乘车北行12公里，20分钟左右即到，坐出租车需10～15分钟
- 进园成人15马币，儿童6马币（包括水族馆），带相机另收费2马币。看动物表演每位10马币
- 周一至周五9:00～17:00，周六、周日及法定假日9:00～22:30

TIPS 动物表演：大象节目每天两场，分别是10:00、14:30；海狮、人猿、猕猴、鹦鹉表演每天两场，分别是11:00和15:00（周五15:30），夜间特别表演20:30（周六、周日及法定假期）。

公园内有非常珍稀的蝴蝶、植物和小动物。公园里没有任何人为的设施，漫步在热带雨林中，使人感到回归到大自然。公园内的瀑布飞流直下，气势宏伟，令人心旷神怡。

资讯攻略
- 距吉隆坡约21公里
- 可从富都汽车站21号站台乘66、72、77、83路汽车，1小时即到，车票元1.4马币，每20分钟发一班车
- 免费

邦咯岛

这座岛屿是马来西亚最美丽最著名的岛屿之一，岛上有洁白细腻的沙滩和清澈碧蓝的海水，除此之外吸引游客的一个重要因素还有当地廉价的五星级住宿。位于岛西北岸的直落尼巴（Teluk Nipah）和珊瑚湾度假村（Coral Bay）都是来自欧洲的背包客热爱前往的地方。与邦咯岛相邻而隔的翡翠帝王岛建有许多度假村，价格也十分廉价。

资讯攻略
- 马来西亚霹雳州西南部海岸
- 一般来说，大多数前往邦咯岛的旅客都会乘坐各种交通工具来到红土坎（Lumut）的码头，然后再坐20～30分钟的渡轮，或者乘国内航线直接抵达邦咯岛。红土坎距离霹雳州首府怡保（Ipoh）只有80余公里

丹普乐公园

这座公园是马来西亚六大国家公园之一，公园

Transportation Information 吉隆坡交通资讯

飞机

马来西亚有两个机场,一个是国内机场苏邦机场,位于吉隆坡市中心以西约20千米处。另一个是吉隆坡国际机场,位于吉隆坡以南约75千米处。吉隆坡国际机场主要营运国际航班线路,现已开通了直飞北京首都机场的航班,苏邦机场主要营运马来西亚国内航班,已开通了直飞深圳的航班。

机场交通

在吉隆坡国际机场,可乘坐直通轻快铁(ERL)到达市内,每15分钟一班,全程只需半小时,方便快捷。从苏邦机场可乘坐机场巴士、出租车、公共汽车等到达市内,机场巴士的票价为18.5马币,40多分钟可到达市内;乘坐出租车半个小时可到达市内。

吉隆坡国际机场出租车联系电话:(03) 1300-888-989;(03) 9223-8080;(03) 8787-3675

吉隆坡国际机场出租车(机场以外地区适用)免费电话:1800-880-737;1800-880-678

火车

吉隆坡是马来西亚的铁路运输中心,铁路交通自然也有举足轻重的地位。位于吉隆坡兴夏穆迪路的吉隆坡火车站设有连接曼谷和新加坡的国际直达列车,在夜行车上还配有餐车和卧车,会使旅途更加舒适。吉隆坡火车站电话:(03) 264-6063。

长途汽车

吉隆坡公路交通非常发达,有多条高速公路。吉隆坡有两个长途汽车站,Putra 汽车站和Putu汽车站。这两个汽车站往返于马来西亚的各个城市。现已开通新加坡的长途巴士以及到国内各大城市间的长途班线。

渡船

马来西亚半岛与主要岛屿皆设有渡轮服务,往返邦咯岛、兰卡威、刁曼岛及乐浪岛等。星级邮轮则提供不同的国内航程,途经马六甲海峡,并会在兰卡威 、槟城 、巴生港及马六甲停站 。

市内交通

地铁

吉隆坡地铁分几条,分别属于不同的公司,有RTM、KL Monorail、STAR等。有轻轨路段,也有在地底下的地铁路段。一般列车有2节或3节车厢,车厢也很短如果不是高峰时间段,乘坐地铁的人也不是很多。

公交

吉隆坡公交网遍布整个市内及近郊,而且车票也比其他交通工具便宜很多,但是吉隆坡的公交站牌比较难找。

轻快铁

普特拉轻快铁主要往来于八打灵再也与甘帕之间，总长29公里。而Star轻快铁则为南北走向，往来于陈索鸟林与安邦之间。两条线路的车票都分为单程和双程两种，7~10分钟发车一班，上下班高峰期3分钟发车一班。

出租车

在吉隆坡搭乘出租车很方便，出租车的数量很多，价格较合理，对游客来说是很方便的交通工具。起价费用为2公里为1.5马币，以后每200米加0.1马币，夜间(0:00~6:00)增加50%。

Living Information 吉隆坡生活资讯

 住宿

吉隆坡住宿选择相当多，高档的如马来王宫风格的伊思塔那大饭店，机场附近的高尔夫休假区等，主要供游客和商务客人使用。在吉隆坡也有数不胜数的中等宾馆，这些宾馆的房间较小，布置也很简朴，有空调、淋浴、电话、电视等设施，大多清洁而方便。

高级酒店：星星丘到菠萝丘东侧被称为黄金三角的一带，云集了许多高级酒店。然后是普特拉世贸中心周围、机场附近的高尔夫休假区。房价至少在50美元以上，但非旺季很多饭店在周末都有打折优惠。

中档酒店：这些旅馆分散于市内各处，一般装修简单，房间也不大，但干净舒适，空调、淋浴、电话、电视等设施齐全，多设有厨房，免费供应咖啡之类的饮料，房价20~30美元。

招待所：价格便宜，设施简单，交通方便。居住在这里的多是来自世界各地的背包客。房价通常是几十马币。

特色住宿地推荐

酒店名称	电话	地址
李门宾客屋酒店	20780639	5th fl,109 Jl Pataling
小屋酒店	21428449	武吉兔登街20号113
奥尔森创世纪	21412000	滕卡特塘新38号
王子酒店	21708888	康莱街4号
吉隆坡希尔顿酒店	22642264	斯特森中环广场3号

美食

吉隆坡是一座闻名世界的美食天堂。在这里，你可以品尝到世界各地的美食，如中国菜、印度菜和葡萄牙特色菜等随处可见，琳琅满目的佳肴美馔，令人垂涎三尺，欲罢不能。

来吉隆坡旅游自然是要品尝正宗的马来菜及各地小吃。马来人的主食以米饭和桑粑为主，然后加上蔬菜、洋葱、大蒜、生姜、香料种、小干鱼等，就是比较丰盛的一餐。马来菜主要以牛、鸡及鱼为主材料，加上辣椒及洋葱一起烹调，味道较为辛辣，不同地区的烹调方式也略有差别。马来西亚著名的家常美食有沙嗲、酸对虾、椰浆饭、罗惹、酸辣鱼等，其独特的口味，也赢得了旅客的钟爱。

购物

吉隆坡的主要购物区集中在武吉宾当路、苏丹伊士迈路、安邦路及敦拉萨路。其中武吉宾当路位于金三角，以前是吉隆坡夜生活中心，有新奇的歌舞表演、旋转木马和摩天轮等，如今取而代之的是现代购物中心，国际级酒店和银行。这里是吉隆坡最主要的购物区。

秋节区则是新兴起的城区，摩尔一带汇聚了许多现代化的大厦和高档次的商城，而秋杰路市场则是普通市民的购物处。

此外要购买一些具有民族风情的特色商品，可以到通克.阿卜杜拉.拉曼一带（这里有著名的印度人街）和中国城一带，而中央市场则是吉隆坡的手工艺品、纪念品和古玩中心，也是当地画家聚集之处，他们在此绘画人像，在T恤上绘图，为游客制造别具特色的卡、徽章和瓷碟等。

娱乐

舞厅：舞厅有附设于酒店内，也有数家独立外设者。一般在晚上10点过后会挤满人，在周五、周末及公共假期最热闹。

酒馆及啤酒餐厅：多有现场乐队表演，加上饮品及小吃业营造轻松愉悦的气氛，成为热门的社交场地。大多在下午4、5点或傍晚开始营业至午夜打烊。

咖啡屋：室内及街道上的咖啡屋均非常受年轻人欢迎，在孟沙巴鲁区遍布多家雅致的咖啡屋。

戏院：本地及外国剧团的表演已深受吉隆坡市民的欢迎。这里的戏剧俱乐部有演员工作室，艺术中心及即时咖啡馆。公演时间请查阅本地报纸。

星光大道：星光大道可算是吉隆坡最热闹最繁忙的街道，林林总总的酒吧和咖啡厅、车水马龙的人群，令你有如置身星光熠熠的星光大道的感觉。附近的金河广场，是吉隆坡一个较平民化的商场，想买价廉物美的东西，真是非去不可呢！

文化表演：游客要到中央市场（Central Market）欣赏文化表演，演出项目有Bangsawan（马来西亚传统戏剧）、华人歌剧、Nadagam（印度传统戏剧）等。

马六甲
Malacca

马六甲是马来西亚历史最悠久的古城，位于马六甲海峡北岸，马六甲河穿城而过。百年来，东西方移民聚居于马六甲，语言、宗教、风俗习惯等融合了世界各国的特点而独具一格，城内既有中国古典式的厅堂、庭院和园林，也有古老的荷兰和葡萄牙风格的建筑。

马六甲

英文名称：Malacca
人口：约65万人
面积：1650平方公里
著名景点：荷兰红屋、葡萄牙城山
最佳旅游季节：12月～次年2月

马六甲旅游示意图

马六甲必游景点

● 鸡场街

鸡场街，也称为"文化街"或者"古董街"。至今，鸡场街在马六甲已经有300年历史了，有不少古董店，娱乐中心，餐馆，土特产店在这里。当夜晚来临的时候，鸡场街显得生气勃勃，尤其是周末（周五至周日）晚上6点后，在这里你会看到热闹喧哗的夜市场。在主要大街上有个大舞台，通常都会有文化表演来介绍马六甲文化给游客。一般周末这3天，当局会封街，不让汽车驾驶进来主要大街，方便游客逛夜市集。

资讯攻略
- 位于马六甲
- 免费
- 全天开放

● 资讯攻略
- 距离市区约11公里
- 门票成人5马币，儿童3马币
- 9：00～19：00，周六、日11：00～17：30，星期一至星期五16：30有导游服务

● 马六甲圣彼得教堂

马来西亚最古老的天主教教堂就是位于市区北侧的马六甲圣彼得教堂。每年的复活节，成千上万的教徒到此，参与烛光晚餐和游行纪念仪式。每年4月中旬的耶稣受难日和6月的圣彼得节，均在此举行隆重的宗教仪式。

资讯攻略
- 位于市区北侧
- 免费
- 全天免费

● 马六甲爬行动物公园

马六甲爬行公园内可以说是一座蛇的俱乐部，里面饲养着超过30种约1000条马来西亚的蛇，包括马来西亚特有的毒蛇。其中黄蛇的蟒蛇和白蛇最吸引人眼球。除了蛇，这里还有一些小型的动物，如兔子、乌龟、日本鲤鱼等。

● 红屋

红屋又称荷兰红屋，是东南亚地区现存的最古老的荷兰式建筑物。1980年改为马六甲博物馆。红屋有厚厚的红砖墙和笨重的硬木门，门前是宽阔的石级。馆内保留了马六甲各个时期的历史遗物，包括荷

兰古代兵器，葡萄牙人16世纪以来的服装，马来人婚嫁服饰，金、银、珠宝手工艺品以及在马六甲港口停泊的各类古代船只的图片等。博物馆内还收藏了稀有的古代钱币和邮票。

资讯攻略
- 红屋位于市中心的城市广场附近，基督教堂的对面
- 马六甲总车站乘绿色Town Bus17路公交车，在红屋大钟楼前下车
- 门票5马币，儿童2马币
- 周一至周四、周六和周日9：00～18：00，周五9：00～12：15，14：45～18：00

圣地亚哥城堡

据说圣地亚哥城堡是东南亚最大和最坚固的城堡，是建于16世纪初期的葡萄牙建筑物。现在幸存下来的仅有城门，古城门上面雕刻着粗犷的图案，顶端还有一座长形的小拱门，就像一顶帽子戴在头上。右边的炮楼保存至今。城门内有个地洞，据说这条地下通道可直通山顶的圣约翰古堡。这座城堡被视为马六甲的精神象征。

资讯攻略
- 圣地亚哥城堡位于圣保罗山脚下
- 免费
- 7：00～20：00

特拉喀拉清真寺

位于马六甲市西部的特拉喀拉清真寺，为苏门答腊型风格，建于18世纪中叶。四周为椰寺内有柔佛苏丹斯坦福·加福鲁卿的陵墓，寺庙的周围围绕着成片的椰树林。柔佛苏丹于1819年在英国的压力下，被迫将新加坡岛交给英国殖民当局。这里现在每天人声鼎沸，热闹不凡。

资讯攻略
- 位于唐人街附近
- 免费
- 全天开放

马六甲唐人街

马六甲唐人街位于马六甲河的西边，唐人街内街道狭窄，街道两旁的店铺和住宅多为平房和二层小楼，其中许多古朴的建筑已有数百年的历史。唐人街长约400米，路宽仅能供两辆汽车擦身而过，并且这里住宅区和商业区混合在一起。这条街现在已经成为马六甲市的一个著名旅游景点，充满了浓郁传统的中国特色。

资讯攻略
- 位于马六甲河的西边
- 免费
- 全天开放

Transportation Information 马六甲交通资讯

马六甲的当地汽车站、快运车站和出租车候车站全都位于城市广场以北约5公里的马六甲交通总站内。

长途汽车

马六甲有开往下列地方的长途汽车：吉隆坡（10马币，2小时，8:00~19:00每一小时一班）、乔治城（35马币，8小时，每天两班）、怡保（25马币，5小时，每天两班）而连突（16.5马币，5小时，每小时一班）新山（15马币，3小时，每小时一班）、哥打巴鲁（32马币，10小时，每天五班）、瓜拉丁加奴（34马币，9小时，每天五班）、关丹（19马币，5小时，每天两班）、丰盛港（14.8马币，每天两班）和新加坡（16马币，每小时一班）。

轮船

马六甲和苏门答腊杜迈之间的高速渡轮，每天两班，分别于早上9点和下午3点开船，并分别在上午10点半和下午1点从杜迈返回。大多数国家的公民可以经由杜迈免签证进入印度尼西亚。还有开往苏门答腊北干巴鲁的渡轮。杜迈渡轮服务和码头附近的其他售票处出售船票。早上8:30之后出售当天的船票，但最好在前一天预订。

出租车

出租车从长途客车站出发。包车价：波德申100马币，新山200马币，芙蓉90马币，丰盛港200马币，吉隆坡130马币，吉隆坡国际机场120马币。

火车

最近的火车站位于马六甲北部38公里处的淡边，该地位于吉隆坡至新加坡的南北干线上。

其他

马六甲是个适合步行的城市。一些旅馆有自行车出租，每天租金10马币左右；城里各处也有自行车出租点。三轮车到城内任何地方的单程车费在10马币左右。5公里范围内的出租车费在8~10马币之间，凌晨1:00~6:00加收50%的附加费。

Living Information 马六甲生活资讯

住宿

马六甲的旅舍大部分均位于巴士总站以南约3公里的丹峦马六甲拉惹区(Taman Melake Raya)，这里住宿价钱便宜，但设备十分简单。市内有中国人开的旅馆，集中在巴士总站以东不远的拉耶花路(Jalan Bunga Raya)上，价钱适中，交通方便，是最佳选择。

特色住宿地推荐

酒店名称	电话	地址
康（丹尼尔）乡间小屋	4915823	9 Lorong Perdah
双松木屋	4912169	2 Jl Mentigi
金马伦酒店	4911327	16 Jl Mentigi
KRS松林酒店	4912777	7 Jl Mentigi
希尔维尤酒店	4912915	17 Jl Mentigi

美食

海边的丹峦默迪加路(Jalan Taman Merdeka)是马六甲熟食中心聚集地，这里小摊小贩特别多。在市中心则有各式餐厅，其中不少是中式。菜肴以带辣味的海鲜最有名，水果种类多样而且很便宜。

购物

在唐人街逛街，有各种各样质量的服装店、小饰品店和古董店，喜爱购物的游客肯定是流连忘返。迪塔瑞、拉瓦思和麦科特·帕雷迪购物中心和综合大楼是马六甲的两家巨型购物商场，前者较大，较具时尚意识，后者较适合于购买实用商品，如药品和照相机。

娱乐

声光表演是马六甲最受欢迎的夜间游客娱乐项目。这里的表演是运用声光系统以及强烈的民族自豪感展示马六甲的历史，表演很受游客欢迎。英文版的在晚上8:30或9点上演，蚊子挺多，最好带上防蚊药品。

沙巴州
Sabah

沙巴的大自然生态环境令人惊叹，在这里除了绵延不断的海岸线和洁白的沙滩外，还可以欣赏到五彩斑斓的珊瑚和海洋生物、原始森林、红毛猩猩、长鼻猴、猕猴、大蜥蜴、鳄鱼、白鹭等鸟兽。喜欢大自然的游客在这里不但可以进入原始森林中探险，还可以搭乘竹筏沿着河流，寻找"长鼻猴"的踪迹。

沙巴州

- 英文名称：Sabah
- 人口：约200万人
- 面积：74.5平方公里
- 著名景点：哥曼洞、西陵安海龟岛
- 最佳旅游季节：5～9月

沙巴州旅游示意图

沙巴州必游景点

● 东姑阿都拉曼国家公园

东姑阿都拉曼国家公园由5座小岛组成。沙碧岛（Sapi）坐落在印度洋的美丽岛屿，椰林树影，水清沙净。珊瑚礁离海岸很近，适于潜水。海里鱼类丰富，在海底经常可以看到鱼群。曼奴干岛（Mnukan）公园的本部设在该岛，因而旅游设施最齐全，饭店、网球场、滑水中心等一应俱全，还有可供住宿的木屋。加雅岛（Gaya）岛上有马来高脚亚答屋可以住。海滩上可以搭帐篷，但必须事先申请。玛木堤岛（Mamutik）是5个岛中最小的一个，是潜水者的天堂。苏禄岛（sulug）开发最晚，自然环境保持得最好，游客可以在那里露营。

资讯攻略

- 位于哥达京那巴鲁和沙巴岸外
- 从哥达京那巴鲁的码头轮渡码头（在哥达京那巴鲁市最北端，一般打车过去7～10马币）出发去玛木堤岛、曼奴干岛和沙碧岛单程为17马币，去加雅岛单程为10马币，苏禄岛暂时无渡船，只能包船。还可以买两三个岛的一日联票，车费24～34马币。除此之外各岛之间没有渡船
- 25马币。其他参考价格：海底漫步（sea walking）250马币/人，半个小时，额外赠送海底拍照和光盘，潜水250马币/人/1小时，如果需要摄像，额外加收50马币；水上摩托150马币/人/半小时；飞鱼60马币/人/15分钟左右
- 全天开放

TIPS 玛木堤岛上除淡水淋浴及公共厕所外，无任何设施，食物、水及其他用品都要自带。

● 诗芭丹

诗芭丹在爱好潜水者的眼中是一个潜水胜地。诗芭丹的海水清澈透明度高，海底有大片的珊瑚礁，许多色彩斑斓的鱼群穿梭在其中，让潜水者大开眼界，乐而忘返。其中最让人难忘的景象是成千上万的鱼群密集地在一起形成台风眼状，不过这要运气极好，才能亲眼目睹。这海底还有一个海龟洞穴，里面充满了五颜六色的珊瑚和奇形怪状的鱼儿。

资讯攻略

- 位于东马西南，距离仙本那港（Semporna Port）36千米的北西里伯海（Celebes Sea）上，地处北纬4度左右
- 可以从仙本那出发，乘搭快艇到诗芭丹岛，约一个半小时左右
- 三次潜水的一日游报价通常是RM220～250，浮潜通常在RM150左右，都会含一顿午餐
- 全天开放

TIPS 诗芭丹一年四季都适合潜水,没有明显的季节之分。通常早上会碰到一场中到大雨,但很快会雨过天晴。运气足够好的话,水能见度会非常高。最佳出行月份:每年3月~5月;出行看点:潜水的能见度最高。为了保护这个大自然所赐予的世界顶级潜水点,诗芭丹岛目前每一天只开放给80名游客进入。

大王花保护区

大王花(Rafflesia)是仅生长在婆罗洲的世界上最大的植物。现今沙巴已经发现了12种大王花。管理员一般会带领游客前往最近开花的地点,所以每次进去的路线都会有所不同。进入保护区需要在资讯中心登记,结组进入。资讯中心位于保护区公路旁,有各种关于大王花的介绍资料。

资讯攻略
- 位于婆罗洲
- 公交车:乘坐从哥达京那巴鲁开往坦布南镇(Tambunan)的长途汽车,中途在大王花保护区下车。票价15马币。出租车:距离哥达京那巴鲁约1小时车程,车费100马币左右
- 5马币
- 08:00~15:00

纳闽岛

纳闽岛是一个货真价实的购物天堂。它位于文莱和沙巴州的交界处,是一个自由港,与吉隆坡一样是联邦政府直辖区。岛上的烟酒、电器都比沙巴要便宜,而且这里购物免税。岛上景点有纳闽·阿拉法清真寺、盟军战争纪念墓以及砖造烟囱等。

资讯攻略
- 位于文莱和沙巴州的交界处
- 航空:岛上机场有飞往哥达京那巴鲁、吉隆坡和古晋的航班
  水路:开往哥达京那巴鲁的渡船每天有四班,分别是8:30、10:45和13:00、15:00(31马币,1.5小时);开往沙捞越林梦的渡船每天有两班,分别是中午12:30和下午14:30(23马币,2小时);开往老越的渡船每天有一班,中午12:30开船(25马币,2小时)。码头需交0.5马币的税。还可以从这里过境到文莱。每天有六班快船开往文莱的Serasa码头(24马币,1.5小时),该码头距离麻拉市(Muara)25公里
- 免费
- 全天开放

水上清真寺

哥达京那巴鲁市立清真寺是一座典型的当代伊斯兰教建筑,位于里卡士湾畔的人造湖上。特别的地理位置,让这座清真寺看上去像是浮在水面之上,因此又有"水上清真寺"的雅号。这座清真寺也是马来西亚夕阳景观最美丽的清真寺之一。

资讯攻略
- 位于里卡士湾畔
- 公交车:5A线,票价1.5马币。出租车从市区前往车费约12~15马币
- 免费
- 平日8:00~17:00(周五除外),周末9:00~11:00

京那巴鲁国家公园

京那巴鲁国家公园,俗称为神山公园,是沙巴的名胜之一。公园的生态环境保护得很好,每年都有会有很多的游客慕名而来欣赏这里种类繁多的自然资源。京那巴鲁山被称为"神山",海拔接近4公里。山上的动植物都非常丰富,景色宜人。沿路设有登山道,游客无须经过专门训练,便可在两天内登顶。半山有客栈可供住宿。游人既可以夏天来这座山上避暑,也可以在冬天来这里泡温泉澡。

资讯攻略

- 位于哥达京那巴鲁83公里
- 从哥达京那巴鲁到拉瑙(Ranau)或山打根(Sandakan)的班车都路过京那巴鲁国家公园(15马币,3小时),车程约2小时,15马币。从登山接待处到登山口有5公里公路,有巴士,也可以步行。如果人数比较多也可租用出租车、小巴或旅游巴士,价格面议。甚至也有小型飞机及直升机供租用
- 公园15马币,与波令温泉通用。如果要登顶还需办理登山许可证(100马币)和保险费3.5马币。向导收费在70~80马币(视游客的多少而定),背夫费用在60~90马币
- 2~4月是登山的最佳季节,8月是上山最冷的季节

TIPS 需要注意的是,攀登需量力而为,体力透支容易引起严重的高原反应(正常情况下攀登此山者都会有轻微高原反应,比如头晕和失眠等)。
公园要求游客在11点之前到达,至少要提前至少两小时出发。长途汽车未必能准时发车,赶早不赶晚。

波令温泉

那巴鲁国家公园以北的19公里处有许多温泉泉眼,波令温泉便位于这里。这里建造了多个露天日本式浴盆和多间豪华浴室,游客可以沿着小径穿行于低地森林之间,探寻山溪、瀑布和蝙蝠洞。温泉的水含有硫黄,对治疗皮肤病很有疗效。在温泉附近,还可以观赏到世界上最大的花——大王花,该地也有蝴蝶园和胡姬花园。

资讯攻略

- 那巴鲁国家公园以北的19千米处
- 可以在京那巴鲁国家公园总部租用小型厢式车,费用65马币
- 与京那巴鲁国家公园使用同一门票,大多数游客都是在国家公园游玩后来泡温泉
- 全天开放

踏缤野生动物保护区

踏缤野生动物保护区位于面积庞大的种植园丘旁,在这里保护区充当了养育野生动物及保护哺乳类动物的重要角色,给各类的野生动物提供充足的食物资源。在保护区内有巴沙3种最大的哺乳类动物:婆罗州矮象,苏门答腊犀牛以及Tembadau(野牛的一种)。运气好的话,可能还会见得到麝香猫、马来鹗、鬃毛野猪、蟒蛇等。运气特别好的话,也许能见得着一两只矮象。不过没看到那些珍

稀的动物也没关系,在黄昏时分到清爽的里帕德河游泳,或到里帕德火山泥浆喷口在泥浆翻滚,也都是非常难得体验的旅游项目。

资讯攻略

- 位于种植园丘旁
- 由哥达京那巴鲁乘飞机到拿笃,再乘车1小时到保护区,旅游套餐在拿笃机场接送
- 进入保护区只能参加两天一夜或三天两夜的旅行社套餐。一天两夜每人565马币,三天两夜每人840马币

拉卜湾长鼻猴保护区

位于山打根拉卜湾的苏马湾村的拉卜湾长鼻猴保护区建造得非常周到,为那些想近距离观测长鼻猴的游客提供了最佳的观测场所,游客不用再费多余的时间和去精力去长途跋涉寻找长鼻猴的踪迹。在这里便能和这些平常难得一见的猴子做近距离的接触。

哥曼东洞穴

位于哥曼东雨林保护区的中心地带的哥曼东洞穴是由两个洞交错而成的,被世界野生动物基金会称做世界顶级可食用燕窝的集散地。在洞穴中修建了约90米高的木板路,游客可以非常容易地进入到洞穴深处观察探索,在别的燕窝洞中就没有这么方便了。

资讯攻略

- 位于山打根拉卜湾的苏马湾村
- 距山打根机场38公里,驱车一小时。在拉卜路(Jalan Labuk)碎石道上15公里处,KM31与KM32之间的分岔口,转入SPS 3。从山打根乘出租车前往约需80马币
- 60马币
- 11:3~13:30,16:30~18:00

资讯攻略

- 位于哥曼东雨林保护区的中心地带
- 哥曼东洞穴距山打根市95公里,约1.5小时车程
- 30马币
- 8:00~17:00

Transportation Information 沙巴州交通资讯

航空

马航定期提供从吉隆坡、新山、古晋、新加坡、香港、马尼拉、文莱、雅加达、首尔及我国台湾，飞往沙巴亚庇的班机服务。马来西亚国内的航线，也提供飞往吉隆坡、纳闽、拿马、山打根及砂拉越的古晋之班机服务。

公路

沙巴州内主要的城镇都有健全的公路系统相连接。长途汽车提供去往主要城镇的服务，至于公共汽车则在市区内，负责短程的载客服务。这里主要的陆路交通工具是计程车、公共汽车、普通巴士、长途汽车及船只等。

铁路

从保佛Beaufort到Tenom才有铁路服务。沙巴州的铁路设施不是很发达，很多路线正在建设中。

渡船

在内陆地区，河流才是最主要的"道路"。这些河道将社区和社区以及村落和村落互相连接起来，主要的交通工具是舢板（小舟）及长船。

市内交通

沙巴的交通还不算发达，公路网虽然普遍，而且乘搭长途汽车可以到达各大小城镇，但是有些地方还是需要用船或四轮驱动车才能到达，普通小车轿车没有办法进入。

Living Information 沙巴州生活资讯

住宿

在沙巴州供游客住宿下榻的选择也是多种多样的。不论选择由著名饭店集团连锁经营、休闲设施应有尽有的五星级度假村，还是经济的栈馆，服务都是同样殷勤亲切。沙巴州的星级酒店设备都很齐全，而且遍布全州，在荒郊野外都能找到。

特色住宿地推荐		
酒店名称	电话	地址
昂达酒店	234999	海滩街28号
假日酒店	213116	地段1~2，F座购物中心
梅拉酒店	416307	伊思、坦纳梅拉街1号
亨那巴鲁景别墅	879111	墩伊斯梅尔街1楼A-111
幕间酒店	227733	伊斯梅尔A-111，一楼

 美食

在沙巴州每个城镇都可以品尝到马来西亚的特色菜肴。如果想吃一些印度伊斯兰教的食物，可以去新苏兰区Kompleks的I区的新阿拉法特餐厅，印度的咖喱、烤肉等很有特色。沙巴州的海鲜和热带水果也非常美味，价格也不贵，几乎算得上美食城。

购物

沙巴州有名的购物场所有哥达京那巴鲁购物中心、默迪卡购物商场（Wisma Merdeka）、加拉曼星商场（Karamunsing Complex）、华丽山广场（Warisan Square）、1 Borneo Hypermall、加雅街露天市集（Gaya Street Sunday Market）等。从国际高档品牌到传统小件饰物应有尽有，这里绝对是逛街者的购物天堂。

霹雳州
Perak

霹雳州位于马来西亚西北部的马、泰边境，首府是怡保。霹雳州整个地理环境从城市景色转换到波动起伏的幽美景色的地形。所到之处皆可以观赏到怡人的农业地及乡村景色，以及远山绿色森林及高低不平的石灰岩山丘。霹雳州的风景十分迷人，因此被人称为"恩典之地"。

霹雳州

英文名称：Perak
人口：约200万人
面积：21000平方公里
著名景点：绿中海、邦咯岛
最佳旅游季节：全年均可

霹雳州必游景点

绿中海

绿中海又被当地华人称为邦戈岛，位于印度洋安达曼海域，是马来西亚顶级的私人度假岛屿。世界十大著名沙滩之一的翡翠湾，就在岛屿的西北方。游客在这座岛屿上可以穿梭于岛上原始热带雨林间，也可以参观分布在山涧水湄的小木屋，还可以在鸟叫虫鸣的悦耳声中自在地寻幽探秘。绿中海度假村是世界十大度蜜月景点之一，拥有"世界最浪漫的海岛"的美名，非常适合情侣旅行。

资讯攻略

- 在马六甲海峡的马来西亚西海岸3里外，坐落在马来半岛的西海岸
- 长途汽车：从吉隆坡驱车三个半小时，再乘坐50分钟渡轮
- 免费
- 最佳出行月份：每年3~11月

作为马来西亚最早的海滩胜地，邦咯岛依旧保持着原始的美丽，是游客心目中的桃源胜地。岛上的历史古迹有荷兰炮台、富有中华民族建筑风格的寺庙、设有迷你万里长城的福灵宫以及沙嗲制造厂等，这些都吸引着游客的到来。默加海滩是岛上最大且最受欢迎的海滩。

资讯攻略

- 位于马来西亚半岛霹雳州西岸
- 旅游巴士：从吉隆坡乘车抵达沿海城镇红土坎，乘坐度假村专车抵达邦咯岛。飞机：在吉隆坡乘内陆飞机经40分钟抵达邦咯机场后，乘船约30分钟到达Pangkor Laut度假村，中途可观赏到马来西亚西海岸和马六甲海峡的景色
- 免费
- 全年开放，最佳出行月份：每年5~7月

TIPS 如果5~7月的月夜来到邦咯岛的沙滩，能见到成千上万只海龟在朦胧的月光下涌到沙滩上产卵的奇观。不过，作为文明游客，在观看海龟沙滩产卵奇观的时候可不要随意惊动它们，否则会破坏海龟们"希望工程"的大计。

邦咯

邦咯位于马来西亚霹雳州西海岸，是一座美丽的岛屿。邦咯岛是由9座小岛组成的岛群中最大的一座岛。它以金色的沙滩、清澈的海水和凉爽的海风掳获了万千游客的心，更凭借其优越的海湾地形为来往于马六甲海峡的商旅提供了庇护之所。

双溪克拉温泉休闲公园

双溪克拉温泉休闲公园位于霹雳北下,在南北大道可看到Sungkai的标志。在公园内,不仅有温泉还有一个普通的水池,水池的水是热水,温度都有标示出给游客看,只有35℃~40℃的热水才能让游客泡浸整个身体,40℃以上的只能泡脚。在这里悠闲地泡泡温泉,品品小酒,令人身心放松。

资讯攻略

- 位于霹雳北下
- 驾车从南北大道宋溪(Sungkai)出口,左转朝向仕林河(Slim River)方向走,依路标转入垦殖区约16.5公里或20分钟车程,便可以来到双溪克拉温泉园
- 10马币
- 9:00~22:00

邦咯劳勿岛

邦咯劳勿岛是个私人小岛,位于邦咯岛附近,向众人开放。邦咯劳勿岛的翡翠湾,是西马最美的海滩之一。 邦咯劳勿度假村便位于此,面对着洁白的海滩,游客可以在浅绿色的海水里游个痛快。此度假村也提供各种运动和娱乐设施,包括潜水、水上摩托车、滑水、独木舟、风帆等。邦咯劳勿岛上的珊瑚湾是一个适合潜水的地方,海底有缤纷的珊瑚礁,众多的海洋生物穿梭在其间,十分壮观。

资讯攻略

- 位于邦咯岛附近
- 可从红土坎乘搭40分钟的渡轮前往邦咯岛
- 免费
- 全天开放

红土坎

红土坎现在是马来西亚主要的海军基地,以前就是一个渔村。红土坎有座公园和钟楼,人们可以在此眺望到远处的海景。镇内的海军博物馆也是一个著名的景点,馆内陈列了古代的一些兵器。红土坎码头对面有很多贩卖纪念品的小商店,商品多部分是以珊瑚和贝壳制作的小玩意儿。红土坎最著名的海滩是Telukbatik,这里的海边风光十分别致,是每年10~11月主办海上年华会的指定场所。

资讯攻略

- 位于怡保的西南大约84千米处,距离北部的北海大约206千米
- 从怡保、吉隆坡、北海,都可以坐巴士直抵红土坎,马来西亚铁道局每天有火车来往北海和吉隆坡之间,游客可以在怡保下车,再转搭巴士和德士到红土坎
- 免费
- 全天开放

森美兰岛

森美兰岛共有9个小岛,其中拉朗岛最受游客的欢迎,岛上有像银带一样的溪流和美丽碧蓝的沙

滩，岛上还可以露营。伦比亚岛和拉朗岛之间的海峡以及布鲁岛和沙加岛之间的海峡都是潜水和潜浮的好地方。白岩岛是鲈鱼、鲷鱼等各种深海鱼类的聚居处，位于外海，也是潜水的地点。

资讯攻略
- 位于邦咯岛南下10海里
- 免费
- 全天开放

霹雳洞

霹雳洞是一座佛教寺院，1926年由一位佛教法师修建。寺庙非常奇特，是由许多相连的洞穴组成的，在洞穴内壁上刻有色彩鲜艳的壁画。主殿内有几尊高大的佛像和一口大钟。每当有香客捐赠时，大钟就会被敲响。这座寺院名声很大，香客常年络绎不绝。

资讯攻略
- 位于怡保以北6公里
- 中文141从城市公共汽车站出发，在霹雳洞停车
- 免费
- 8:00~17:00
- 5465387

Transportation Information 霹雳州交通资讯

霹雳州首府怡保，距离吉隆坡 205公里，离槟城 165公里。从怡保可以通过航空、陆地上各种交通工具，通往半岛上的各个城镇。

航空

苏丹阿兹兰沙机场可以容纳小型及中型的飞机。马来西亚航空提供从怡保往返槟城、吉隆坡及新山的班机服务。彩虹航空还提供从吉隆坡直飞怡保及邦咯岛的班机服务。整个航程约需 45分钟。机场亦有提供前往州内各主要城镇的计程车及巴士服务。

出租车

不论是从北部的哥达京那巴鲁、亚罗士打、槟城、太平及江沙，还是从南部的金马伦高原、安顺、丹容马林及吉隆坡前往怡保，都会有固定的出租车服务。车资以路途长短来计算，平均每人6~20马币。一般，出租车会等到"客满"才会出发。

公共汽车

从吉隆坡及北海来到怡保的巴士，通常会于 Medan Kidd巴士总站下车。国内有好几家巴士公司，经营从北部及南部载客前往怡保的巴士服务。有些巴士公司提供快车服务，沿路不下站，直达终点，有些则在抵达各主要城镇时，会稍作停留，让客人上下车。巴士路线包括从北部的北海、江沙、太平、红土坎及华都牙也等地；从南部的新加坡、吉隆坡及安顺等地，启程前往怡保。主要巴士公司有Express Nasional、Spt、Srimaju、Plusliner 及 Nice等。

铁路

马来西亚铁道公司从吉隆坡往北的火车服务，都会在霹雳州的各主要城镇停留。这些城镇包括丹绒马林、华都牙也、怡保、江沙、太平及巴里文打等。

Living Information 霹雳州生活资讯

住宿

到霹雳州旅游住宿的选择多种多样,有酒店、度假村等,近年来还发展了民宿,让旅客旅游之余,体验一下霹雳人的传统生活方式。

美食

霹雳州的美食可以算得上马来西亚最好的,很多游客都是被美食吸引过来的。在怡保市不妨尝尝当地美食,如沙河粉、香港猪肠粉、香港点心、炒条、扁担饭、盐焗鸡和芽菜鸡等。当然,万里望花生、美罗鸡仔饼、实兆远的福州光饼和红酒面线、邦咯岛的沙哆鱼、富有马来风味的叻沙以及安顿的香饼也不可错过。

霹雳州著名的美食中心包括怡保花园的Wooley美食中心、Leech街的旧区小贩中心、务边路的美食中心及拿督Tahwil Azhar路的美食广场。在Yang Kalsom路有好几家很不错的马来风味餐馆。万里望花生、金宝"鸡仔饼"及豆腐干串等是游客最爱的零食。马来美食则有椰浆忍当肉、以椰奶及辣椒炒牛肉等。

购物

在霹雳的怡保及其他主要城镇都建有现代化的购物中心及百货市场。在街道上或夜市场摆卖的商品种类繁多,从手工艺品、衣服、家庭日常用品到新鲜的蔬菜水果等,几乎应有尽有。这些东西都可以向老板还价。

主要的购物中心是位于Dato Onn Jaafar路的奥盛广场、Laksamana路的近打广场、苏丹阿斯兰沙阿路的近打城及医院路的格林小镇购物中心。

娱乐

迷失乐园坐落于霹雳州怡保东部,是马来西亚规模最大的水上主题乐园。公园内娱乐项目非常多,包括河流历险、刺激的滑水道、峭壁飞车、森林浪涛湾、打扪温泉、历险湾、虎之谷和饮食餐馆及精品店等。旅客还可以选择参加爬山、森林远足、骑脚踏车环游当地村落,或者参观太平动物园、游览太平湖、参观霹雳博物馆的活动。

砂拉越州
Sarawak

砂拉越位于婆罗洲的北部,纵横交错的河流及盛产胡椒是这里的特色。古晋市是它的首府。砂拉越的2/3土地是热带雨林区,在热带雨林深处居住着神秘的土著人民。砂拉越向来以大自然生态及丰富文化而闻名世界。犀鸟是砂拉越的象征,这种鸟类非常稀有。

沙捞越旅游示意图

砂拉越州

英文名称:Sarawak
人口:约170万人
面积:124450平方米
著名景点:山都望渔村、文化村、长屋
最佳旅游季节:6~9月

旅游资讯篇
旅游文化篇
旅游景点篇

砂拉越州必游景点

古晋

砂拉越州的首府是古晋,这座城市拥有悠久的历史,同时也是马来西亚东部最大的城市、工商业中心与港口。古晋室内的博物馆都免费开放,甚至连海洋馆都是免费的。市内的砂拉越博物馆、伊斯兰博物馆、警察博物馆(即玛格丽特城堡)、猫博物馆都非常有名,值得一看。另外,充满欧洲风情的河滨公园、古老的大伯公寺(中国式寺院),以及坐落于市区西部的古晋清真寺也都是必须游览的景点。这座城市有"水上之都"的美称。

资讯攻略
- 古晋地处砂拉越州的西部,砂拉越河两岸
- 马来西亚航空每天往返于古晋和吉隆坡之间,每天还有几班是从古晋飞往新山和新加坡的航线

西布

西布位于乐将河畔,它不仅是砂拉越的第二大城市,更是一座充满活力的港口城市。西布的城区道路纵横交错,交通非常拥挤。市内有非常多的教堂,这是这座城市的一个特色。七层观音塔、乐将花园以及朱比丽花园是西布的主要景点。市中心的中央大街上有许多饮食店和商场,从高街到市场路附近的市场是昼夜营业。

资讯攻略
- 位于乐将河畔
- 古晋、民都鲁、哥打基纳巴卢(沙巴首府)、吉隆坡等地都有飞往西布的航班和公共汽车。古晋与西布之间还有定期客船往返
- 住宿:西布的旅馆很多,大多都是华人经营的。住宿费要低于古晋,一般双标房都只要100多马币

长屋

长屋是一种建在热带雨林中独特的居所,这是马来西亚独有的人文景观,一般居住的是伊班人和比达友这两种少数民族。长屋往往沿河而建,因地势不同,有的呈"一"字形,外观整齐,有的蜿蜒起伏,连绵成片。长屋短则数十米,长则超过百米,与优美的自然环境融为一体,长屋由高架木桩支起,离地面2~3米,上面住人,屋下饲养家禽牲畜。居住在里面的伊班人都非常好客热情,十分友好。

资讯攻略
- 沿拉让江两岸最多

姆鲁国家公园

姆鲁国家公园有世界最大的天然石洞及罕见的石灰刀石林。姆鲁国家公园拥有目前世界上范围最广泛的地下洞穴系统。目前，有30多个洞穴已被发现，在这30多个石洞穴中，又以鹿洞、郎洞、清水洞及风洞最广为人知。姆鲁岩洞群有地底河流，加上阳光投射或直射，以及岩石的天然花纹，构成大自然的奇景，趣味盎然，值得前往观赏。

资讯攻略
- 美里及林梦省交界处
- 飞机或者船
- 10马币
- 公园管理处开放时间：8:00~17:00
- 433561

TIPS 只有乘飞机或者坐整天的船才能到达姆鲁。要记得带上大量现金，因为这里没有ATM，也不能使用信用卡。

资讯攻略
- 位于古晋北面的一处海滨度假区，离古晋市有一小时车程
- 45马币，16:00后半价
- 文化村开放时间：9:00~17:15（16:00以后游戏节目会逐渐减少）。 文化表演时间：11:30~12:15；16:30~17:15

坝柯国家公园

坝柯国家公园是家国立公园，历史古老。前往这里非常容易。这是一个崎岖不平的砂石半岛，以原始的自然生态、丰富雨林景观和诡谲多变的石灰岩地形而闻名，这里有茂盛的丛林和众多的野生动物种群，尤其是野猴群，现已成为全球生态保育的热门旅游点。这座公园非常适合徒步游览，徒步线路主要有两条，一是林堂步道，这条路线约5公里，大约需4小时；另一条路线是去Telok SiburBeach，路上要经过一个瀑布，这条路线约12千米，这条路需要体力和耐力。

资讯攻略
- 位于古晋市以东37千米处
- 古晋露天市场搭乘佩查亚6路公共汽车（1.5马币，45分钟）到巴科集市，在巴科集市内的渡船码头登记一下，坐渡船（8马币，20分钟）可到公园总部
- 10马币
- 8:00~17:00
- 737454

大马海岸

大马海岸的桑头盆山海拔达810米，位于附近的沿海岸，那里地势辽阔宽广，景色迷人。砂拉越文化村和大马高尔夫球场是这里主要的景点。砂拉越文化村由当地人表演一些乐器演奏、传统工艺和礼仪表演等节目，吸引着大批的游客。游客在这里也可以亲自榨甘蔗，玩当地人打猎时用的吹箭等。这里的住宿也很方便，有大马海岸假日宾馆和大马环礁湖度假村等宾馆可以住宿。

TIPS 巴科国家公园旅行社一日游报价160马币/人起。

● 尼亚洞国家公园

尼亚国家公园位于砂拉越的东北部，公园最重要的名胜是尼亚山洞和壁画岩洞，这里有成片的燕窝和古代壁画，因此这里也是著名的考古洞穴。有部分洞穴采燕窝居住在里面，当地人将采燕窝用的木棒和梯子悬挂在洞内的天花板上，每年的5、6月份和10月份是采燕窝的季节。

资讯攻略
- 位于尼亚山城以北约3公里处
- 可以从米利或民都鲁乘公共汽车到达巴图尼亚村，米利的上车地点在米利车站（10马币，1小时45分钟，每天6班），民都鲁上车地点在Li Hua Plaza前面的Jl Masjid街（11马币，2小时，每天5班）。之后从巴图尼亚村乘半小时的船或打车去公园，也可以步行，大约要走一小时
- 10马币
- 8:00~17:00

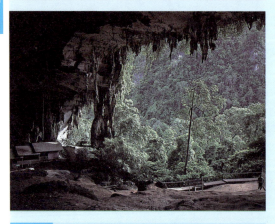

TIPS 游览大岩洞时必须要有导游作陪，山洞里很黑，一定要自备手电筒。

● 八塘涯湖

八塘涯湖是一个人工湖，在这里可以看到热带雨林、胡椒园、橡胶园及国境山脉等景观。这里当地的特色民居长屋也是不错的观光点。长屋的地基很

高，规模很大，一般都是几户人家住在一座长条状的房屋中。游客若想体验居住在长屋的感受，可以通过旅行社办理长屋住宿的业务。居住在长屋的人都非常热情好客，参观时送点小礼物给主人，他们会非常高兴。

资讯攻略
- 离古晋大约有5小时车程
- 古晋每天早上8点会有专线车开往八塘涯，50马币/人。从八塘涯回古晋的车则是下午2点发车
- 免费
- 全天开放

TIPS 当地有希尔顿酒店的长屋度假村，条件会比原住民的长屋好一些，双标间在200马币左右。

● 木庐山国家公园

木庐山国家公园以有着巨大的溶洞而著名，在2000年被收录在世界遗产名录。木庐山洞中最精彩的就是鹿山洞，这个山洞栖息着无数的蝙蝠，在黄昏时刻，成千上万的蝙蝠飞出洞外，那种情形非常壮观。洞南侧入口处的岩石形状酷似林肯，这也是这个洞穴的特色之一，游客都会在这驻足观看。

资讯攻略
- 古晋周边
- 可乘马鲁迪开往上游隆特瑞旺（32马币，3.5小时，早上11点开船）的快艇，包船费用为250马币/船。也可从米利乘飞机到达，去木庐的飞机定员19人，下飞机后务必登记一下回程时间和本人姓名
- 10马币
- 08:00~19:00

Transportation Information 砂拉越州交通资讯

 到达

马航提供从新加坡、吉隆坡、新山及亚庇飞往古晋和美里 Miri 的班机服务。皇家文莱航空每星期飞往古晋三次。Merpati航空提供从坤甸 Pontianak飞往古晋的班机服务。砂拉越州内有两个国际机场，即古晋国际机场和美里国际机场。此外，州内也有一些主要城镇拥有较小的机场及飞机跑道，如诗巫、民都鲁、加帛、布拉加、马鲁带Marudi及林罗Limbang。

 州内交通

在砂拉越州内的小城镇多设在河岸旁，因此快艇成了州内各城镇的主要交通工具之一。

文莱、米里、民都鲁、泗务、古晋之间的主干公路上有公共汽车交通。

Living Information 砂拉越州生活资讯

 ## 住宿

在砂拉越要住宿非常简单,几乎每座城市的住宿设施都很齐全。这个热带度假天堂,拥有超过50家的大大小小的酒店,从五星级的国际酒店到小旅馆应有尽有。住宿费也随着酒店档次高低不等。

特色住宿地推荐

酒店名称	电话	地址
B&B酒店	237366	塔布安街
豪华公寓	334490	岛街
李华大酒店	324000	罗弄那昂街1号
尼亚洞穴酒店	737726	石山街155号
美拉牙酒店	461244	中心商场街14号

 ## 美食

砂拉越拥有世界各地的多种美食。这里的海鲜非常有名,清蒸白鲳、亚参鱼虾、大龙虾等都是本地人的最爱。有一道在别处都无法吃到的安蚌,本地华人称为竹蚌或者指甲蚌,肉质洁白清脆,甜美可口。在古晋市的咖啡店都会设有小食摊,游客在这里可以大饱口福的同时还可以享受悠闲的下午茶。

 ## 购物

砂拉越有众多的购物中心,设备都非常现代化。而古晋市则最多,有名的购物中心有位于格林路的Wisma Saberkas、东姑阿都拉曼路的Sarawak Plaza及Tun Jugah Complex,还有P.Ramlee路的Wisma Hopoh,和Song Thjan Cheok路的菲尼克斯大厦,以及位于麦克杜格尔路的古晋商场等。这里几乎可以称为购物者的天堂。

古董、古物

古晋本身就是一座历史悠久的城市,这里的古董古物非常有名,而售卖这些古董重要的场所有市集中心商场、戏院街哇扬街及庙街庙街。这些地方古物的定价一般都很高,不过可以适当还价。

星期天市集

星期天市集几乎什么都有卖的,水果、蔬菜、动物及罕见的草药,甚至野猪、海龟等都能见到。这些大部分都是当地的村民从森林内捕获的。这些摊位从星期六下午就开始陆续搬运货品来到集市上,星期天早上5:00开始正式营业。

槟城屿
Pulau Pinang

　　槟城屿是在东方城市中最如诗如画及最浪漫的城市之一，有"东方之珠"的称号。槟城是一座古典与现代建筑相融合的城市。这个城市迷人的地方非常多，如迷人的海滩、独特的风景，以及令人垂涎的美食佳肴。徒步是游览这里最好的旅游方式，可以深刻体味这里的独特风情。

槟城屿

英文名称：Pulau Pinang
人口：约150万人
面积：285平方公里
著名景点：极乐寺、卧佛寺
最佳旅游季节：全年均可

槟城屿必游景点

槟城卧佛寺

槟城卧佛寺位于槟城浮罗地滑（Pulau Tikus）的缅甸路（Jalan Burma）内，名为立佛寺和卧佛寺，是两间相对的寺院。立佛寺是缅甸寺的风格；而卧佛寺则是泰国式寺庙，位于槟岛幽静的住宅区，整座寺院金碧辉煌，非常雄伟。在寺院内正堂内的卧佛全长33公尺，是世界第三大的睡佛，用金箔装饰全身；这是泰国人所建，现在由华人负责守护。在寺内还有十八罗汉和其他神像。这里每天免费开放让游客游览。

资讯攻略

- 位于槟城浮罗地滑（Pulau Tikus）的缅甸路（Jalan Burma）内
- 免费
- 全天开放

庆典，他们最重要和最热闹的节日便是泼水节和出雨安居这两个节日。

资讯攻略

- 缅甸佛寺坐落于槟城浮罗地滑（Pulau Tikus）的缅甸路（Jalan Burma）内
- 免费
- 全天开放

槟城博物馆

槟城博物馆是专门介绍槟榔屿的历史、文化和自然的博物馆，规模较小。博物馆分两层，第一层展品品种不但多，而且杂，有刀剑、手枪、大炮等武器，也有陶瓷器、装饰品、木船、农机具等生活用品，还有第二次世界大战期间，日本殖民政府发行的货币、日军的文件、日语学校的毕业证书。第二层是美术馆，介绍了马来西亚的艺术发展史。博物馆的入口有槟城山最早的缆车以及弗朗西斯·莱特的塑像。

缅甸佛寺

这是马来西亚唯一的一座缅甸佛教系的寺院，缅甸佛寺和泰国卧佛寺相对而立，位于缅甸巷，在寺院门口有两头大象守护。有一座佛塔位于庙堂范围内，佛塔旁边种有一株菩提树，附近还有一口"许愿井"。每到缅甸的传统节日，缅族人便在这里举行

资讯攻略

- 位于FARQUHAR街
- 1马币
- 周一至于周四、周六和周日9.00~17.00，周五休息。

巴珠菲冷宜海滨

巴珠菲冷宜海滨是在东南亚著名的一个海滩胜地，这里的海水清澈，沙滩细腻，以兼有山海之胜而著称。在20世纪70年代这里就建立了快乐山别墅区，这里也有民宿。有一种称为"Malay Kampong"的高脚屋就位于海滨附近，这是100多年前马来人居住的房屋，保存得非常完好。房屋被高架在空中，可以保持凉爽、干燥；洁净的院子里种有各色热带花木；房前放一盆水，供上楼进屋之前脱鞋洗脚使用；室内窗明几净、整齐舒适。这个海滨既有连绵的黄金海滩，浩渺海面，又有秀美清幽的山峦，是个悠闲度假的好去处。

资讯攻略
- 位于槟城北部
- 8马币
- 07:00~17:00

槟城植物园

这座公园是由英国殖民筹建，园地占地30公顷，距离市区大约8公里。植物园内有无数青葱翠绿的树林，还有柔软如丝的草坡，清凉的瀑布以及许多在林中跳跃、可爱的猴子，主要以种植热带经济作物、收集热带植物物种为目的。园内的野生猴子是吸引游客的一个很大特色，有些猴子很爱捉弄人，非常可爱。在这里，游客可以投入到大自然的怀抱，陶醉其中。

资讯攻略
- 离槟城8公里处
- 乘搭7路市内汽车到达植物园，需30分钟

热带香料园

这座热带香料园中种植了500多种植物，香料植物就超过了100多种。沿着园内起伏的小道就可以观赏到各种香料园，如姜园、蕨园、竹园和蔗园等。这座香料园还有一个独特之处，就是园内建筑是采用废弃老屋剩余完好的建材经过加工、搭建出别具风情的景观。香料园位于直落巴港，置于溪流和瀑布之间的热带香料园宛如世外桃源。

资讯攻略
- 位于直落巴港
- 20马币
- 全天开放

百鸟公园

位于马来西亚半岛上的槟城屿百鸟公园，距北海轮渡码头约12公里，距槟城大桥收费站约7公里。公园内饲养着世界各地上百种鸟，包括八哥、鹦鹉、犀鸟、塘鹅、孔雀、雉鸡、天鹅等，约800只左右；公园内还栽培着兰花、木槿、棕榈、竹子等热带花木，池塘里放养着鲤鱼。公园景致迷人，生态环境非常好。

资讯攻略
- 位于马来西亚半岛上,距北海轮渡码头约12千米
- 从北海轮渡码头乘韦利思利省中央交通公司的65路车或高达公司的公共汽车
- 免费
- 10:00~18:00

巴港海滩

巴港海滩是一座宁静的马来渔村,在背包客圈内名声并不响亮。在巴港海滩并没有多少事可做,而这正是其可取之处。这条路的尽头是人迹稀少的槟城国家公园,在这里你可以远足前往闪闪发光的白色沙滩,在沙滩上还可以看见许多猴子,它们都是来自槟城国家公园。

资讯攻略
- 哈桑·阿巴斯街尽头
- U101路公共汽车每半小时一班从乔治城发车,沿该岛的北部海岸一直向前行驶,直至巴巷海滩的转盘
- 周一至周五8:00~16:30;周六和周日 8:00~12:00和14:00~16:00
- 8813500

槟城升旗山

槟城升旗山曾经热闹一时,这里曾是这座城市上流社会的时髦的休养地,气候凉爽,视野广阔。这里有美丽的花园、老式的凉亭、一家餐馆和一家酒店,山顶还有装饰华美的印度寺庙和清真寺。黄昏时刻,从升旗山上俯瞰乔治城,城内灯光渐次亮起,景象非常壮观。

资讯攻略
- 乔治城郊区
- 可从Kompleks Komtar或乔治城的丘利亚城搭乘班次很多的当地公共汽车(U201、U202或U203路)到Air Itam步行5分钟到达缆索铁路车(成人4马币,儿童3马币,30分钟。06:00~21:30 每次约20分钟一班。)

张弼士故居

这是一座典型的中国式建筑物,建于19世纪,位于乔治市中心的莲花河路及莱特街的交接处。这座建筑由当时的客家籍商人张弼士所建,有五座庭院、七层楼高,共有38间房。整座建筑中西融合,内部奢华阔绰,有色彩缤纷的玻璃、石膏雕像、镀金门及陶瓷摆设品等。游览这里能感受到当时大商人奢华的生活。

资讯攻略
- 位于乔治市中心的莲花河路及莱特街的交接处
- 10马币
- 周一至周五11:00和15:00 周六和周日11:00
- 2625289

Transportation Information 槟城屿交通资讯

航空

　　槟城屿的主要机场是舍央乐拜国际机场，距离市区大约20公里。每天都有班机从槟城屿往返于本区域的主要城市，因此航空很便利。马来西亚航空公司提供从新加坡、曼谷、合艾、普吉岛、棉兰及马德拉斯直飞槟城屿的航空服务。马航每天也提供好几班从吉隆坡往返槟城屿的班机服务。此外，本地航空公司彩虹航空及成功航空亦有飞往槟城屿的班机服务。

渡船

　　这里提供从北海去往槟城岛的渡轮服务。槟城港口委员会为所有乘客及车辆提供24小时的渡轮服务。船票可以在北海的渡轮终站买到。

火车

　　从马来西亚南端要前往槟城的火车服务的终点站是北海。搭乘火车是一个很不错的选择，因为沿途可以欣赏到乡村风光及怡人景色。从吉隆坡往槟城的火车行程约需六小时。搭乘一等及二等车厢的乘客，可以享受到冷气。从北海火车站到渡轮终站，只是一个箭步的距离。

自驾租车

　　槟城大桥将槟城岛连接到马来西亚半岛。在大陆威省这一边设有一个单程的收费站。在槟城岛前往威省则不需要付费。南北大道使槟城成为更容易抵达的地方，旅客可以很轻易地通过威省直通槟城岛。

岛内交通

出租车

　　槟榔屿上的出租车绝大部分不用计程表，乘之前将目的地告诉司机，讲好价钱再上车。一般在槟城市内距离不远的话3~6马币，槟城至巴图飞凌矶15~20马币。围绕岛转一圈（约3小时）约需80马币。

公共汽车

　　岛上共有6家公共汽车公司，分别有不同的行车路线，由不同的颜色区分各公司。各路线都有自己的编号，方便旅游者搭乘。另外，槟城的汽车站(岛内线)全都在轮渡码头附近。从汽车站出发的汽车都是先到空达大厦，再开往各地。记住轮渡码头位置，乘坐汽车就会很方便。车身为奶油色和胭脂红两色的汽车是行驶于市内和近郊的。汽车站在胜利利亚路，位于轮渡码头附近。

Living Information 槟城屿生活资讯

 住宿

槟城屿的宾馆旅舍大多集中于乔治城的市中心和北部海岸边。因为槟城几乎全年都是观光季节,建议提早订妥宾馆旅舍。

高级宾馆有迪斯科舞厅、酒吧、餐厅、购物街等设施。而海滨度假宾馆还设有各项水上体育活动和陆上体育活动,娱乐设施完备又够刺激。普通的旅舍、旅馆多位于珠烈街、莱特街和爱情巷,多为中国人开设。其中位于莲花河路14号的张弼士故居是最有特色的一家,虽然价格不菲(RM250起),但作为城内重要的旅游景点,每套房间各具风格,都有专人服务。

特色住宿地推荐		
酒店名称	电话	地址
旅行者的小屋	2623378	蒙瑞街75号
蓝宝石酒店	2611089	互利亚街422号
国泰宾馆	2626271	利斯街22号
ET实惠酒店	8811553	巴株菲冷宜街47号
丹·马利酒店	9951891	位于珍南海滩附近

 美食

槟城是出了名的"平民美食城",这里的虾、螃蟹、带子、墨鱼、蚝等都很廉价,就连国内很贵的龙虾,在这里也可以让你吃到爽,而无须担心钱包变瘪。马来西亚的"槟城"以盛产槟榔而得名。

想要品尝垂涎三尺的炒粿条、叻沙、福建虾面等,只能在一些街边摊档才能找到。除此之外,槟城的印度餐馆、娘惹菜餐馆也是游客享受地道美食的不错选择。

 购物

槟城是著名的购物天堂,拥有许多大型购物商场和百货公司,里面商品种类齐全,款式新潮,并且物美价廉,吸引了非常多爱购物的游客。

皇后湾广场 是槟城最大的购物商场,也是时尚商品聚集地。皇后湾广场内的商店超过500家,主要分为流行服装店、珠宝首饰店、家具店、书店、大型超市、餐饮店、溜冰场、电影院等。在这里各种商品琳琅满目,一应俱全。

港岛广场 是槟城一家人气很旺的购物商场,其主要对象为年轻人。港岛广场的第一层主要经营潮流服饰及运动用品,一些知名品牌。橱窗内摆放最新最潮的服饰精品、手表、皮包、鞋子等,非常符合年轻人的品位。喜欢健身的游客也可在健身中心中一展身手,享受运动的乐趣。

格尼广场 共6层,占地面积巨大,外观时尚新潮,商场内廊道宽敞,商店众多。百货公司、服饰店、化妆品店、珠宝店、家具用品店、书店、游戏乐园、咖啡屋、餐馆等统统进驻格尼广场,为游客提供了丰富的购物选择和休闲活动。

 娱乐

槟城都丁宜一带聚集着槟城主要的夜总会,夜总会都在饭店内,客人可在此用餐、跳舞、品酒。为了表示礼貌,男士进入舞厅需着长袖西服,女士同样要穿长袖礼服。康沃斯要塞露天剧场、光大中心网球场馆,以及德旺斯槟榔等这些地方则可以欣赏戏剧或音乐。这是一座海滨城市,肯定少不了水上娱乐项目,北部的峇都丁宜和东岸的丹戎文凯一带则是非常不错的选择。

兰卡威
Langkawi

东南亚最令人向往的风景胜地就在兰卡威,由99个小岛组成。在这99个岛屿中,主岛兰卡威岛是唯一有定居者的岛,岛上清澈碧绿的海水和绵长平缓的沙滩构成了天堂般的海滨度假地,葱郁繁茂的森林与神秘而壮观的岩洞是独具魅力的探险地。

兰卡威

英文名称:Langkawi
人口:约8万
面积:478.5平方公里
著名景点:孕妇湖、丹绒鲁海滩
最佳旅游季节:10月~次年4、5月

兰卡威旅游示意图

-169-

兰卡威必游景点

首相珍藏馆

这座珍藏馆陈列展出的是马来西亚首相达图·斯里马哈蒂尔·穆罕默德和首相夫人西蒂哈斯玛达图·斯里莫哈末阿里接受的多个国家国赠送的珍贵礼品和奖项,超过2500件。精美的水晶、木制品、皮制品、银、铜、锡器、瓷器和玻璃礼品这些都包括在内;还有乐器、伊斯兰教艺术和手工艺品、纺织品和武器,其他则有各种汽车和四轮转动车辆等。这座珍藏馆是一座二层楼建筑,馆外的园艺也非常精致漂亮,值得游览。

资讯攻略

- 位于奇勒姆,距离瓜埠大约10公里
- 3马币
- 星期二、星期日10:00~17:00,星期五10:00~12:15,15:00~17:00,星期一关闭(学校假期除外)

孕妇湖

在兰卡威群岛中孕妇湖是最大的湖,位于兰卡威岛以南青翠山林密布的岛上。湖畔边的一座高山和山上突出的岩石轮廓就如一名卧着的孕妇,这个湖泊因此而得名。还有一个是兰卡威岛和这个湖是因一名仙女和凡间王子结合的传说而得名,仙女的第一个孩子出生不久就夭折,她太过伤心,便把婴儿安葬在湖中,还赐予湖水神力,以便使未能生育的妇女,在湖中洗澡后都能怀孕。这个传说每年都吸引很多求子的人士前往。

资讯攻略

- 在兰卡威岛以南青翠山林密布的岛上
- 免费
- 全天开放

兰卡威海底世界

兰卡威海底世界是这座岛屿上一个著名的必到景点。这个海底世界的隧道长达15公尺,里面鱼类品种繁多,超过5 000多种,还有500多种海底生物种类。游客漫步在透明玻璃隧道中,不但可以观赏到海底世界的瑰丽,更可以感受到海底世界神秘的一面。鲨鱼、巨型貂鱼、海龟和鳗鱼等这些肉食动物在每日下午3点进行喂食。

资讯攻略

- 位于珍南海滨
- 在南海滩海滩沿沙滩朝南部位置走到沙滩最南段即可，或找到浮罗文怡阿瑟安亚度假村酒店的位置，酒店的正面就正对着海底水族馆。
- 39马币
- 10:00~18:00

丹绒鲁海滩

丹绒鲁以美丽洁白的海滩和清澈透明的海水而著称，在海岸边还有成片的郁郁葱葱的松树。每到退潮时丹绒鲁和附近几座迷人的小岛就连成一片，这可以步行过海上岛，是非常独特的体验。丹绒鲁福建沿海的岩石上面还有一个非常传奇的岩洞，岩洞内的石壁上刻画的神秘文字至今也没有专家可以破解，为这座岛屿更添神秘色彩。

资讯攻略

- 兰卡威北端
- 免费
- 全天开放

巨狮岛野生生物保护区

巨狮岛野生生物保护区内有非常多的自然野生动物，如猴子、野鹿、大蜥蜴和孔雀等。它们在这个野生生物保护区内自由悠闲地生活着。游客不仅能观赏到这些难得一见的野生动物，还能在迷人的沙滩野餐和附近的水域游泳或浮潜。为了保护岛上的自然生态，政府设置了很多保护规定，如岛上不能建造饭店或者旅舍，所以游客可以露营。岛上设有浴室和厕所供游客使用，而且露营器材价格也非常合理。

资讯攻略

- 位于兰卡威
- 3马币
- 09:00~17:00

兰卡威黑沙海滩

兰卡威黑沙海滩正如其名，以布满黑沙而著名。沙滩上的黑沙会随着海风、海浪、日光的变化而呈现出美丽的黑色波纹。黑沙滩之所以是黑色的，是因为沙子里含有黑色的抗物质。据说远古时候的一次海底火山爆发，海底的泥层都翻出地面，经过海水和风力长年累月的作用，黑色的熔岩就化成了绵绵不绝的黑沙滩。国际风帆锦标赛于每年的12月或1月在这里举行，这也成为这里的一个吸引游客的闪光点。

资讯攻略

- 位于兰卡威的北端，丹绒鲁海滩边上
- 免费
- 全天开放

巴雅岛

巴雅岛距离卡兰威岛非常近，只需40分钟的车程，由一些小岛组成，是有名的自然度假胜地。这座岛屿也被定为海洋公园，小岛周围的生态环境非常好，受保护的水域非常清澈，能见度很高，生活着非常多的珍稀海洋生物，包括幼鲨和珊瑚。

资讯攻略
- 离兰卡威本岛19公里，需渡船前往

传奇公园

传奇公园主要以各种雕塑来呈现传奇之美，穿过两个巨石制作的大门便能见到花木扶疏、绿意盎然，动物雕像、飞禽走兽、巨人之手的雕像林立。整个传奇公园所展示的主题，辉映着一段段的古老历史故事，独特的景观也娓娓诉说这个神话之乡的神秘，生动地衬托坐落于园内展示马来西亚丰富文化遗产的建筑物。这座景致宜人的公园内还栽种了许多艳丽的本地花卉、植物和果树，在公园也能观赏到马来西亚传统文化手工艺品，是一所多方面综合公园。

资讯攻略
- 位于鹰塔旁
- 5马币
- 8:00~23:00

Transportation Information 兰卡威交通资讯

从国内去兰卡威群岛，必须要从吉隆坡转乘，还没有直飞兰卡威的。在吉隆坡也可以选择火车、公路等别的交通方式。

航空

马来西亚的两家大型航空公司都有从吉隆坡到兰卡威的航班，马来西亚航空公司MAS和大马亚洲航空公司（Air Asia）。航班很多，只需50分钟就可以到达，槟城也有飞往兰卡威的班机。

机场交通

从兰卡威国际机场到珍南海滨风景胜地的距离约为8公里。从机场到市区之间没有机场巴士或者公共汽车，只能搭乘出租车，出租车票可在机场购买。搭乘指定的计程车到市区，票价10马币。

火车

从吉隆坡乘火车到吉打的亚罗士打以及玻璃市的亚劳阿鲁亚，然后再坐出租车或巴士前往瓜拉吉打市瓜拉吉打或是瓜拉玻璃市，然后再转搭快速渡轮到兰卡威。

长途汽车

吉隆坡豪华巴士公司有Nice和Plusliner，总站在吉隆坡火车站。Pudu Raya汽车站里有几十家巴士公司。坐巴士到槟城4小时换快艇，豪华巴士车费是45马币，或到吉打州Kedah和玻璃市Perlis，约6小时再换渡轮。

渡船

从玻璃市、吉打、槟城和沙屯都有到兰卡威的高速快艇。槟城有每天早上8:00有一班快艇开兰卡威35马币/单程，3~3.5小时，晚上17:30返回。旺季9:00还有一班船，中途停帕亚岛帕亚，也是下午返回。码头到市区可以乘坐类似小巴的计程车，可以随时上下车，车费50马币。

岛内交通

出租车

在兰卡威岛上有出租车，短途7马币，包车20~25马币/小时。

自驾租车

在兰卡威，自行车、摩托车、轿车都可以租。对于初次去不熟悉路线的游客，最好还是包车进行游览。一般都是白色的车，车内很干净，还有空调，司机对人都非常友好礼貌。包车通常是20马币/小时，但如果去西北部的山区，司机可能会要价高一点。

Living Information 兰卡威生活资讯

住宿

兰卡威岛上的住宿旅馆选择性很多，各种档次的酒店分布在岛上。其中有几个设备完善的海滨度假中心，大多建于美丽的海边，这些饭店不但有舒适的住宿环境，本身还提供各种水上活动设施。游客可以以酒店为出发点，安排趣味的旅游路线，在市区观光或者离岛观光都是不错的选择。

美食

兰卡威的食品是以海鲜和马来食品为主，从优雅的高级餐厅到路边的排挡烧烤的都应有尽有。

沙嗲

马来西亚最具代表性的一道名菜，叫"沙嗲"。沙嗲是以竹签串上牛肉或羊肉、鸡肉、虾等用炭火烤熟，食用时沾上又甜又辣的花生酱，这道名菜在任何餐馆都能看到。

扁担饭

这道菜内容丰富，有猪肉、鸡肉、鱼肉及蔬菜等，起源于数年前槟城的小贩将米饭及咖喱分别吊在担子的两端，现在已成为马来西亚一道有名的佳肴。

马来辣沙拉

马来辣沙拉是由凤梨、小黄瓜、豆腐、切碎的明虾肉及煮蛋所组成的沙拉，以花生酱调味。

海南鸡饭

海南鸡饭是所有鸡肉饭种类中最受欢迎的了。香嫩多汁的鸡肉配上用鸡汤烹调过的米饭，大蒜辣椒酱、小黄瓜丝及香菜叶，又香又滑，看着都让人胃口大开。

椰浆饭

马来人的传统早餐以前就是椰浆饭，现在椰浆饭已经成为马来西亚一天之中的主餐。椰浆饭本意为"奶米或香米"，之所以有奶香味，是因为椰浆饭是在丰富的椰浆里烹饪而成的，米粒与椰浆混溶，奶白饱满，香气四溢。有些厨师还会在饭内加点生姜或者螺旋松叶，使这道米饭更加可口。另外，这种可口的米饭里一般还会加入凤尾鱼辣酱、烤花生、小黄瓜丝及水煮蛋，调料丰富，吃起来开胃又营养，让人停不住嘴。

马来蛋糕

马来西亚的菜肴都是以辣味和咖喱或者椰味为主，而他们的蛋糕和糕点都偏向椰味，部分人也喜欢加入花生酱做调料。马来蛋糕用鸡蛋、面粉、牛奶和椰浆等制成，再在上面涂上花生酱，喜欢甜点的人吃下去绝对赞不绝口。

购物

瓜镇是兰卡威岛最主要的城镇，同时也是主要的购物区，这里的物品比其他地方要便宜很多。免税大道上设有很多奢华商厦和特色店铺。在海湾的沿岸也有很多小商店，这里的商品不仅齐全还很便宜，而且很多的都是免税的，因此吸引了很多游客来此购物。

兰卡威水晶制作中心

这里每一件精美的玻璃制品都是由熟练的工匠现场制作的，在这里可以欣赏到一件玻璃制品制作全过程，玻璃吹制术表演这道精细艰难的程序也能看到。纪念品价格也不高，非常物美价廉。

工艺与文化中心

该中心展售的是一大批具有特色的手工艺品。这里的蜡染世界闻名，可以看到蜡染艺术家是如何将一块布精心设计并制成一件艺术品的。展厅里还有许多其他的马来西亚艺术品，这些都是非常不错的纪念品，送人或者自己收藏都很不错。

娱乐

兰卡威是座浪漫的海上岛屿，游客在这里最热衷的娱乐项目就是与大海亲密接触，因此有各种的海上娱乐项目。乘船出海欣赏海底珊瑚，探究神秘的海底世界，或体验海上渔民生活，或尝试潜艇、浮潜、滑水、划船风浪板、拖曳伞等各种水上运动和休闲项目，或骑一匹小马在森林中漫步，骑一辆脚踏车环岛游，乘坐小舟探游各岛和洞穴。这么多的娱乐项目，总有一项是最适合你的。

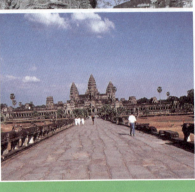

东南亚**主要**的旅游**国家** 柬埔寨

① 暹粒　② 金边　③ 西哈努克

柬埔寨档案
Profile of Cambodia

● 首都

金边为柬埔寨的首都，是柬埔寨最大的城市，也是一座古都。金边以王宫和波列莫罗科特佛塔为中心。东边的皇城包括王宫、皇家博物馆、皇家花园和国家博物馆等建筑。金边的西部为新区，有现代化的都市、宽阔的林荫大道和众多公园、草坪等，公园内花草繁茂，空气清新，是人们周末悠闲的好去处。

● 人口民族

柬埔寨为多民族国家，有20多个民族，其中高棉族占人口的80%，还有占族、普农族、老族、泰族和斯丁族等少数民族。人口为1400多万。

● 语言货币

高棉语为通用语言，与英语、法语均为官方语言。

柬埔寨的货币名称是Riel（瑞尔）。纸币面值有100R、200R、500R、1000R、2000R、5000R、10000R和50000R。1元人民币=520元瑞尔(Riel)。

● 宗教信仰

柬埔寨国教为佛教，全国80%以上的人信奉佛教，占族多信奉伊斯兰教，少数城市居民信奉天主教。

● 气候

柬埔寨属于热带气候，地处低纬度地区。夏季为5~10月，气温在33℃左右，雨量充沛，湿度可高达90%。冬季为11月~次年4月，这是最佳的旅游季节，平均气温为25~32℃。

● 国旗

国旗呈长方形，由三个平行的横长方形相连构成，中间是红色宽面，上下均为蓝色长条。红色象征吉祥和喜庆，蓝色象征光明和自由。红色宽面中间绘有白色镶金边的吴哥庙，这是著名的佛教建筑，象征柬埔寨悠久的历史和古老的文化。

暹粒
Siem Reap

暹粒位于金边北方约311公里处,是柬埔寨暹粒省的省府。闻名世界的吴哥古迹就掩映在暹粒的热带丛林之中,每年吸引着无数的游客前往此处。吴哥窟被喻为人类建筑史上最辉煌作品的代表,也是柬埔寨的象征,被印在国旗上。暹粒城本身并不十分繁华,甚至可以说比较荒芜,有"酣睡的洞穴"之称。除了吴哥窟,洞里萨湖、柬埔寨民俗文化村等也都是游览暹粒时不可错过的景点。

暹粒

英语名称: Siem Reap
面积: 10299平方公里(暹粒省)
人口: 约158000人
著名景点: 吴哥窟、洞里萨湖
最佳旅游季节: 12月~次年2月

暹粒必游景点

吴哥古皇宫

吴哥古皇宫位于巴芳寺北部吴哥通王城围墙内，总体布局呈矩形，最开始由一座叠塔上的中央圣所和一座围城组成，圣所边地域包括几个庭院和水池。寺庙周围有一座红土城墙，后来又新建了另一座围墙。旁边有一条干涸的护城河。这座唯一的圣所建在三层叠塔上，每边均有一条石阶，石阶旁有围墙，上面饰有石狮。以前在砂岩转台的角上有大象，但现在很多都残缺不全了。顶层天台上可以看到旁边的巴芳寺。天台上有一条加顶砂岩窄道，旁边开窗，天台周围有栏杆，建筑特征独特。以前角上还有小角亭，但现在只剩一些遗迹。

资讯攻略
- 位于吴哥窟
- 吴哥古皇宫可以从圣琶利寺或大象坛进入

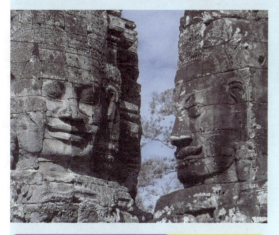

通王城

通王城是吴哥王朝的首都，又被称为大吴哥，在当时是东南亚最宏伟的都城。这座城市呈正方形，有护城河绕环全城。巴戎寺居于城市中心，象征着宇宙的中心须弥山，通向四门的四条道路都从这里出发。皇宫在城市西北部。城市内有大量的古迹，如空中宫殿、巴方寺、战象台阶等，非常壮观。

资讯攻略
- 位于吴哥窟

巴肯寺

巴肯寺是柬埔寨吴哥古迹中供奉湿婆的印度教寺庙，这座寺庙坐落在巴肯山上。巴肯寺共有109座宝塔，按严格的几何图案对称布置．顶层有5座宝塔，庙山的每一层正方形台基的4角，安置着20座角塔，四道五层阶梯的每一道每一层，各有一对宝塔伺立左右，共有阶梯宝塔40座；另有44座宝塔环立庙山四周。现在很多宝塔都已残缺不全。

资讯攻略
- 位于吴哥窟

吴哥国家博物馆

吴哥国家博物馆内收藏的文物多数是高棉王朝各时期艺术成就的代表作,非常有研究价值和艺术价值。吴哥国家博物馆的外形设计,突出了宏观借鉴、微观变化的特点,远远望去,博物馆的顶盖很有几分吴哥窟古塔的神韵;而细细品味,长廊、门坊、镶窗等这些细节尽管都深受吴哥窟设计的启发,但无不融入了现代因素,吸引了众多游客前来探索、考察。

资讯攻略

- 位于暹粒
- 63-764444

资讯攻略

- 位于柬埔寨境内北部
- 可乘坐摩托车或骑自行车到达洞里萨湖。带车夫的摩托车一天6美元,自驾摩托车6美元/天。
- 10美元

TIPS 记得带上防蚊虫的药品,多带矿泉水,在洞里萨湖旅游时切勿随意食用当地食品。以下物品常备:遮阳帽、墨镜,另随身带些瑞尔做小费,带些美元买当地纪念品。你的头像可能在你返程上车时,已被精明的洞里萨湖人打印在印有吴哥窟标志的瓷砖上,10美元一个,推荐购买,很有纪念意义,推荐返回暹粒住宿。

达松将军庙

达松将军庙位于亚洲柬埔寨吴哥古迹内,12世纪末完成。这座寺庙四周被卡波克树环抱,从西门可以看到巨树包裹了整个门廊,令人惊叹。达松将军庙是一座单塔单层纪念碑,由三面墙包围着,东西两侧有入口,入口处各刻着4张脸,东塔右侧的那张脸上挂着美丽的笑容。入口石塔呈十字形,每侧均有一间小房间与红土墙相连。在庭院的杂乱石堆中有两座藏经阁,藏经阁朝西而建。只有登上北侧的空地才能清楚地看到中央圣所、庭院和藏经阁。

洞里萨湖

洞里萨湖位于柬埔寨境内北部,又称为金边湖,是东南亚最大的淡水湖泊。这个湖泊呈长形状,横穿柬埔寨,像一块巨大碧绿的翡翠镶嵌在柬埔寨大地之上,是柬埔寨人民的"生命之湖"。在湖畔的城市有金边、马德望市、菩萨市、暹粒市、磅通市和磅清扬市。暹粒市的湖畔湖光山色、风景优美,是悠闲散步的好去处。

资讯攻略

- 位于吴哥古迹内

塔普伦寺

塔普伦寺位于吴哥窟东面,由大型的石头堆砌而成的佛教寺庙是吴哥遗址中的主要建筑之一。考古学家有意保留了茂盛的树林,让人们知道它是如何从丛林中发掘出来的。整个寺庙被一种当地人称做蛇树的卡波克树(Kapok)的粗大树根茎干盘结缠绕。粗壮发亮的树根树茎蔓延整座寺庙,它们无所不在,几乎与庙宇浑然一体。它们可能一定程度地破坏了寺庙,但肯定也一定程度地支撑了寺庙,到了今日更是再也无法将它们分开。

资讯攻略
- 位于吴哥窟东面

女皇宫

女皇宫是一座印度神庙,有别于一些国王建立的神庙,非常独特。这整座神庙总共有三层围墙来作区隔。最外围是参道,左右各有两间小庙。走道中央第二层的外侧,则是护城河。最里边一层是主要的T字形庙宇,而在它的前方,有两间藏经阁。整座寺庙以独创的优雅风貌,展现印度教的传奇神话之美。

资讯攻略
- 位于暹粒省西边

圣剑寺

圣剑寺是吴哥窟一座重要的寺庙,相传该寺是阇耶跋摩七世为纪念他父亲而修建的。它紧邻吴哥城东北方。圣剑寺规模宏大,其长方形的围墙长800米、宽700米。通往寺庙有4条路,在寺庙的门口立着数尊手拿长蛇搅动乳海的修罗与阿修罗,在东西两边,有一列长的砂岩石莲花墙,而莲花上曾经有佛像,可惜已遭毁坏。在圣剑寺东边入口有一座两层建筑物,相传这座房子是用来存放圣剑的,它的圆形支柱很像地中海建筑风格。从中央圣塔开始,4条狭长的走廊向各个方向延伸,并带拱顶。在圣塔寺的西面和背面则分别供奉着毗湿奴和湿婆的神龛。

资讯攻略
- 位于吴哥城东北方

TIPS 寺庙面积比较大,可以由西门入、东门出,让司机在东门等候。

罗洛寺群

罗洛寺群是吴哥王朝遗址中历史最悠久的,位于暹粒市场东南11公里处。罗洛寺群由巴孔寺、罗雷寺和普利哥寺3座寺庙组成,这3座寺庙都非常庞大,沿着大湖东岸河畔延伸超过3公里。这3座寺庙有相同的建筑特征、装修相似、原料相同,并用相同的建筑方法建筑,与柬式工艺经典时代原始阶段相结合。艺术历史学家曾说过,罗洛寺群建筑过梁上的装饰是"所有柬埔寨艺术中最美丽的"。

资讯攻略
- 位于暹粒市场东南11公里处

达高神寺

达高神寺又名茶胶寺,是吴哥窟遗迹中一座金刚座宝塔式庙宇。茶胶寺遗迹可见祭坛上的五座密檐式方塔,是高棉的第一座全砂岩石建筑,全由坚硬大型大条青石在三层平台上建造,为扇山金字塔

—181—

结构,非常坚固雄伟。五座莲花塔底层平台长120米、宽100米,中央塔高50米。

资讯攻略
- 位于吴哥城东,塔布茏寺西北

巴肯山

吴哥窟附近唯一的制高点是巴肯山。这座山不高,沿着陡峭的山路只需约15分钟就可到达山顶。在山顶有一座庙宇,在庙宇的顶部平台视野开阔,能眺望到吴哥窟。这座山顶也是欣赏日落的绝佳地点,因此吸引了大量的游客,小贩也很多。

资讯攻略
- 通王城南门外西侧

Puok丝绸园

Puok丝绸园内种植有大片的桑树,这里可以参观并了解丝绸制作的所有工序,从第一步采摘桑叶到最终的成品面料。在参观的同时,游客如果有兴趣,还可以亲自动手参与尝试制作丝绸。在园内还有一个小商店出售各种丝绸纪念品。

资讯攻略
- 位于暹粒市

高棉陶瓷中心

高棉陶瓷中心致力于弘扬没落的高棉陶瓷艺术。在这里制作的陶瓷有实用型的,也有装饰性的。游客可以进入陶瓷中心免费参观。这里有专门的相关专业人士给游客进行讲解高棉陶瓷的制作原理及特色。同时中心也开设了各种类型的陶瓷制作体验课程,在老师的指导下游客可亲手学习制作高棉陶瓷。

资讯攻略
- 位于暹粒市

暹粒地雷博物馆

暹粒地雷博物馆由亚基粒创建,博物馆内展示了多达5000多枚未爆炸的地雷和其他爆炸物等,很多地雷和手榴弹都已生锈,另外枪支的类型也不少。这些展品的下面都附有英、日、法、德文介绍,展示了内战期间使用的各种地雷的类型及其持续的破坏能力。

资讯攻略
- 位于暹粒

快乐马场

快乐马场是暹粒唯一的骑马场,位于暹粒城东面市场约1.5公里处。马场规模较大,现在约有41匹马,其中的25匹经过专业训练,可供游客骑乘。没有任何骑马经验的游客可以选择参加马术课程学习,或者在专业员工的陪伴下骑乘。

资讯攻略
- 位于暹粒城东面市场约1.5公里处
- ¥ 每小时22美金/人;团队每小时16美金/人,体重超过90公斤的人士不可骑马,但可乘坐马车游玩,每小时12.5美金
- ⏰ 5:30~18:00

Transportation Information 暹粒交通资讯

飞机

暹粒-吴哥国际机场（IATA代号REP）是暹粒唯一的国际机场，位于暹粒市西北，距离市中心7公里，吴哥窟5公里。这座机场也是柬埔寨第二大的机场。北京、上海、昆明、广州、香港、台北、吉隆坡、曼谷、新加坡等都有航班前往暹粒。

中国东方航空公司官网，www.ce-air.com，电话：63-965229，提供暹粒与昆明、北京之间的航班。

暹粒航空公司官网，www.siemreapairways.com，电话：23-720022或者(063) 380-191，提供暹粒到香港的航班。

中国南方航空公司官网，www.cs-air.com，电话：23-430877，提供暹粒与广州、上海的航班。

吴哥航空公司官网，www.angkorairways.com，电话：23-222056，提供暹粒与台北的航班。

长途汽车

从暹粒到金边的路况很不错，但向西通往诗梳风和波贝的路十分颠簸。有多家长途汽车公司，这也确保了价格低廉和统一。长途汽车一般会从城东6号国道(NH6)公路边的出租车停车场出发。

NeakKrohorm (PsarChaa市场对面) 提供最多的线路，包括前往金边、马德望、波贝和曼谷。

金边到暹粒：车程5~6小时左右，雨季较慢。空调巴士车况大部分不错，有的还有免费餐（只是面包、水之类）。票价视公司、车况、季节不同而有所浮动，4~10美元。

暹粒到泰国曼谷：包车价格约30美元，行程3小时。

曼谷考山路到暹粒直通大巴：票价250泰铢，边境换车。车程12~15小时。

渡船

每天都有快艇从暹粒前往金边，需要5~6个小时，花费18~25美元。酒店有出售船票，船票包含到达柬埔寨克罗姆码头的交通费用。柬埔寨克罗姆码头位于城南11公里处。从暹粒前往马德旺可搭乘快艇，需要3~8小时，价格是15美元，这条路线可以说是柬埔寨风景最秀丽的水路，途经普列托尔鸟类保护区(Prek Toal Bird Sanctuary)。

市内交通

自驾租车
自驾租车能够快速地游览整个暹粒,这里出租的车多为二手车,性能还不错。丰田佳美车约20~25美元/天;面包车约25美元/天,还可以还价,去比较远的地方要加钱,约30美元/天。

自行车
在旅店或者车行都能租到自行车,价格约为1.5美元/24小时,在炎热的暹粒骑车需要一定的体力保障。

TIPS 建议骑车走夜路时打开手电或头灯,让路上其他的车辆能看到自己。

嘟嘟车
嘟嘟车价钱比较便宜,而且这是游览暹粒最适合的交通工具,价格5~7美元/天,去比较远的地方要加钱,约10美元/天。如果不包车的话,在暹粒市区嘟嘟车的价格一般是1美元,从市区到吴哥庙宇的某个景点是2美元,如果在吴哥庙宇里面转的话则是5美元左右。

Living Information 暹粒生活资讯

住宿

在暹粒可以根据个人的经济能力选择酒店。暹粒的旅游业较完善,因此住宿酒店比比皆是。酒店一般集中在市内的酒店一条街上,经济型住宿则多数集中在老市场周围和洞里萨湖边。选房的时候最好考虑气候因素,因为在雨季暹粒湿度非常高,最好选择有空调的房间。

特色住宿地推荐

酒店名称	电话	地址
青村宫	760623	Ph Wat Dam Nak
纳迦宾馆	963439	243 Samdach Tep Vong St
红木宾馆	760909	寺伯道
吴哥城酒店	964862	寺伯路
茉莉花宾馆	760697	Road No 6, 307 Taphul Village

美食

暹粒的美食虽然没有吴哥窟那样闻名世界,但也是色香味俱全,让人食指大动。暹粒的餐饮场合大部分都是集合在一起的,这里有东南亚的风味、西餐、中餐,一应俱全,老市场聚集了众多的美食,总有你合适的那款。这里的美食还有一个特点就是量大,价钱也低廉。市场周围的几条街是暹粒的美食区和夜生活区,各种风格、各种价位的餐厅、酒吧一应俱全。在多数著名景点周围都有大排档。在路边的餐厅中,通常的价位是早饭1美元、套餐式的晚饭3~5美元,在比较有情调的餐厅中吃一顿晚餐大约需要10美元。

购物

中央市场和老市场是暹粒的主要购物场所,生活用品或者旅游纪念品都能在这里买到。这里商品十分丰富,有油画、木雕、仿吴哥建筑的泥塑工艺品、布织围巾、手绣的真丝披肩、银饰品、筷子、熏香等。商品的价位都比柬埔寨的要高，所以一定要还价。这里很多的艺术品都是以吴哥窟为主题的，材质和形式多种多样，让人目不暇接。

娱乐

暹粒虽小，但是酒吧和俱乐部一应俱全，让暹粒夜生活多姿多彩。Psar Chaa（老市场）便是社交活动场所中有名的地点，在这个广场有许多酒吧、餐厅及夜总会，其他场所位于广场附近。其中一条街甚至被称做酒吧街（BarSt）。如果想深入了解暹粒的文化历史，可以观看当地的传统表演。

金边
Phnom Penh

金边是东南亚最美丽的城市之一，湄公河流经市内，街道遍布椰林、芭蕉树、花团锦簇。市内风光明媚，景色宜人。市内众多的历史古迹更加为这座小城增添了无穷魅力。想要体会只有放慢节奏，耐心品位这座城市的迷人魅力。

金边

英文名称：Phnom Penh
人口：102万人
面积：375平方公里
著名景点：万古湖、塔山寺
最佳旅游季节：1~2月

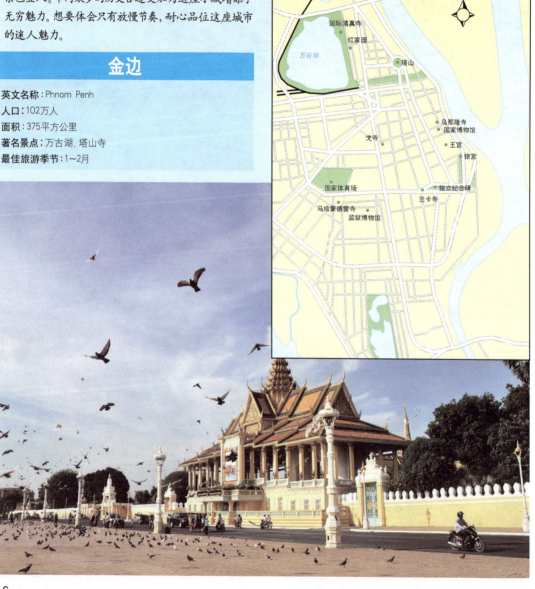

金边旅游示意图

金边必游景点

万谷湖

金边的万谷湖就如同杭州的西湖，它与喧嚣的城市保持着微妙的距离，既没有沾染城市的浮躁，也不是与世隔绝的世外桃源。这里对于游客或者当地人来说都是一个放松身心的场所，在湖畔散散步或者看看日出日落都是非常不错的选择。在湖畔有很多餐厅和旅馆，边品尝美味的美食边欣赏湖边美景，这也是一种享受。

资讯攻略
- 位于金边市

四臂河

四臂河是东南亚最庞大的水系的一部分，但是较少有人知道。两条流入湄公河支流的交汇处从空中俯瞰像四条手臂交握，四臂河由此而得名。游客搭乘游船观赏河上风光，同时也可以了解柬埔寨人水上人家的生活。这些河上居民靠水吃水，人类社会的各种活动都在水上进行。这里充分体现了人与自然的亲密。

资讯攻略
- 位于金边市

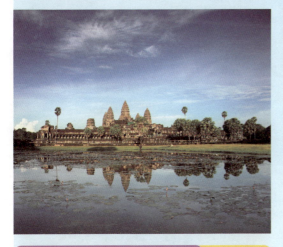

塔山寺

塔山寺位于塔山山顶。塔山是金边的象征之一，也是金边的发祥地，山顶供有"奔"（即金边的英文单词Penh）夫人之像。在塔山山顶可以俯瞰整个金边市。塔山寺非常雄伟，约30米高。在塔山山脚下有一个小公园，是市民休憩的场所。

资讯攻略
- 位于金边市塔山

监狱博物馆

监狱博物馆位于金边市南边。最开始这里是一座高中，后来作为关押犯人的集中营，也叫S-21监狱。这座监狱曾囚禁了17000多名知识分子、平民及妇孺，被关押在这里的人几乎都被折磨而死。博物馆内陈列的各种刑具，很大部分都是以前使用过的。刑具都设有介绍，光看介绍都令人感觉毛骨悚然。

> **资讯攻略**
> - 位于金边市南边
> - 2美元/人
> - 8:00~17:30

金边国家博物馆

这座博物馆本身就如一件精美的艺术品,从露天走廊到优雅的内院,都体现了高棉人高超的艺术成就,包括世界上最精美的吴哥时期古典雕塑。博物馆内藏品有4~10世纪、吴哥王朝等时期的手工艺品及雕刻艺术品,数幅法国摄影师拍摄的吴哥照片,以及很多吴哥窟雕塑的真品。

> **资讯攻略**
> - 位于178街与13街交界处,王宫北面
> - 可步行前往
> - 3美元/人(照相另收1美元)
> - 8:00~11:30,14:00~17:00

金边王宫

金边王宫高大雄伟,在四周低矮的建筑群中鹤立鸡群。金边王宫主要宫殿有曾查雅殿、金殿、银殿、舞乐殿、宝物殿等大小宫殿二十多座,回廊上是仿吴哥寺的浮雕。王宫金殿内有宝物殿,专门陈列珍宝。银殿极其奢华,接近5吨银制的地板,只能在入口处看到一些,大部分被遮盖保护起来。寺庙内禁止照相,不过交钱就行了。去游览时有一点要注意,着露肩装和短裤的游客不准进入。

> **资讯攻略**
> - 金边东面,面对四臂湾
> - 25000瑞尔=6.5美元(拍照另外收费2美元)
> - 8:00~11:30,14:00~17:00

金边中央市场

金边中央市场是金边最大、最繁忙的市场,即新街市,位于金边市中心。市场的屋顶为大圆形,建筑内部结构非常奇特,没有横梁和柱子支撑,四通八达。金边中央市场是金边明显的地标建筑,拥有浓郁的外国风格,非常惹人注意。在市场外围是农贸集市,市场内部则有各种金、银器、手表、珠宝、手工艺品、雕刻、沙龙布料等各式商品贩售。

> **资讯攻略**
> - 位于金边市中心

乌那隆寺

乌那隆寺是金边最大、历史最悠久的一座寺庙,金边最大的佛塔便坐落在这里。塔中供奉着1890年从锡兰迎回的佛舍利子,传说塔中还藏有一位高僧的眉毛。这里是柬埔寨佛教组织的总部,可以看到僧侣们读书、讨论的生活场景。

> **资讯攻略**
> - 金边王宫北面
> - 6:00~18:00

● 杀人场

这里曾经是红色高棉的集中营,位于金边南郊。在杀人场129座巨大的坟墓当中耸立着一座耀眼的佛塔,这座佛塔是为了纪念1975~1978年被红色高棉人杀害的男人、女人和儿童。到目前为止在杀人场挖出的尸体就有9 000多具,所以此处又称万人塚。

资讯攻略
- 位于金边南郊,距离市区15公里
- 可搭乘摩托车前往,约4美元
- 2美元
- 7:00~17:30

● 独立纪念碑

宏伟的纪念碑耸立在市区最大的转盘之上,建于1953年。这块纪念碑是为了纪念柬埔寨摆脱法国殖民统治,获得完全独立而建造的。每到独立节时,这里就会举行隆重的庆典,来访的外国元首也多到这里献花圈。现在这里也用以纪念柬埔寨战争中遇难的人士。

资讯攻略
- 诺罗敦大道与西努克大道

● 金边野生动植物庇护所

顾名思义,这是一所专用于动物救护的场所,在这里受到救援的动物有长臂猿、马来熊、大象、老虎和鹿,在庇护所内还有一处巨大的鸟舍。这里大部分的动物都来自偷猎者或受到主人虐待的动物。在这里动物们可以安心度日并且参与长期豢养计划。庇护所的所得都用于保护在柬埔寨严重遭到捕猎的野生动物。

资讯攻略
- 位于金边向南约45公里
- 可搭乘摩托车,约8美元
- 2美元
- 07:00~18:00

● Phnom Da寺

小小的红土庙宇金边大寺位于一座小山丘上,从植被茂盛的小山头上俯瞰那一望无际的富饶的稻田。这一地区曾是真腊文明显赫的首都。旱季时可以通过吴哥帝国之前的人们修通的运河乘船。雨季时,周围的土地都淹没在上涨的水面下,只有从默默无闻的省会城市茶胶乘快艇才能抵达这座庙宇。

> **资讯攻略**
> - 位于金边周边
> - 从茶胶搭乘快艇前往,包租船约20美元
> - 2美元
> - 06:00~18:00

● 基里隆国家公园

基里隆国家公园位于高达的松树林中,公园里有些小瀑布和不错的徒步游路径;可跟随护林员徒步2小时到金边逸山。从山顶陡峭的悬崖上可以俯瞰绵绵不断的西部山脉。Chambok社区生态旅游基地位于公园附近,带指导的徒步游的收入将返还给社区。基地内还有漂亮的瀑布、游客中心和餐馆。

> **资讯攻略**
> - 柬埔寨西南 1.9 公里
> - 在西哈努克城搭乘公共汽车到基里隆,再转搭摩托车前往国家公园
> - 5美元 /人
> - 7:00~18:00

Transportation Information 金边交通资讯

金边是柬埔寨的交通中心,也是印度支那地区重要的交通枢纽之一。金边同时也是一个内河港口。金边的公路更是四通八达,它有7条国家公路通向全国各地及其周围邻国。

飞机

金边的波城东国际机场位于西南郊区8公里处,这里有飞往世界各地和柬埔寨马德望、暹粒、磅清扬等各城市的航班。中国国有3家航空公司飞往金边,分别是上海的上航,广州的南航,香港的港龙。

机场交通

机场没有到市区的大巴,可以选择出租车,费用约5美元。但是如果由旅馆叫车到机场,就只要2美元/人。从机场问讯处可以得到免费的金边3D英文地图。

长途汽车

长途汽车站位于中央市场的东北方,对面是加油站,有多辆大巴停泊。这里有去柬埔寨大多省市及周边国家的班车,如暹粒、磅清扬、乌栋、西哈努克市、磅湛,还有到越南胡志明市的班车。

渡船

在位于柬日友谊大桥附近的码头可搭乘游船前往暹粒,07:00出发,费用为18~25美元,需5小时。可在旅馆和码头附近购票。

TIPS 丰水期洞里萨湖水面辽阔,风光比旱季好得多。坐在船顶欣赏风景时要注意防晒,因为船开得飞快,风特别大,所以几乎不感到热,但别忘了防紫外线,否则很容易被晒黑。

内部交通

摩托车

金边市内交通以摩托车为主,无论远近都开价

1美元,然后用瑞尔还价。还有带凉篷的三轮摩托车,到市内大多数景点花费1500~2000瑞尔/车都够了,包一整天费用约10美元。搭乘摩托车是游览金边附近景点的比较自由的方式。

人力三轮车

人力三轮车在这里非常普遍,车上搭有凉篷,一般坐两人。在市内1500~2000瑞尔/车基本就够了。长途为3000瑞尔或者更多。

出租车

这里的出租车较少且不打表,基本在1美元/公里左右,去机场是5~6美元。

自驾租车

小汽车包一天(含司机费用)约30美元。实际上景点距离都不远,建议没必要包车。租100cc的摩托车是3~4美元/天,250cc的摩托车是7~8美元/天,,当地治安不怎么好,而且车子被盗自己就要完全负责,因此要记得做好防盗措施。在金边的旅馆内一般都有自行车出租,1美元/天,一定要注意交通安全。

Living Information 金边生活资讯

 住宿

金边的旅游住宿业很发达，这里既有昂贵的五星级酒店，也有只需几美元的小旅店，可根据自己的情况选择。星级酒店集中在中央市场和河边一带，河边也有许多旅馆。很多旅馆可以代买车船票、代订旅馆、代租车，甚至代办签证。在万谷湖东岸有一排湖景旅馆，这些旅馆都可以观赏到湖光美景，价格比河边同档次的旅馆稍高。

TIPS 贵重物品最好在登记入住时交给店主，因为旅馆大多数房间都不太安全。

特色住宿地推荐

酒店名称	电话	地址
公主酒店	23-801089	莫尼旺大道302号
亚洲大酒店	23-427826	莫尼旺大道170号
爱默德酒店	23-220822	索帝罗大道128号
金边友谊酒店	23-213999	莫尼旺大道262号
卡拉酒店	23-430066	18街47和84号

 美食

金边的餐饮业比较发达，而且非常国际化，在这里可以品尝到各国的美味菜肴。当然正宗的高棉食物是不能错过的。这里的高棉风味餐厅一般都有Angkor Beer（吴哥啤酒）的标志。本地特色的餐馆则是以鱼和米为主。在金边的小街上，可以见到很多特色小吃，如烤野鸟、烤鸭、烤乌龟等。大排档的当地菜是最便宜的，金边粉、柬式火锅都值得试一试，胆子大的也不妨尝尝油炸蝎子、蜘蛛什么的。皇宫以北的河边有各种地道西餐馆和高级酒吧，是晚上就餐的好场所。

 购物

柬埔寨有一种特别有代表性的东西，即很大的格罗麻。这是一种多用途的棉织格子围巾，柬埔寨人将它包在头上、绕在脖子上或缠在腰间，用来遮挡太阳和灰尘。在许多柬埔寨人看来，穿戴格罗麻是身份认同的标志。其他受欢迎的纪念品还有古玩、银器、珠宝、玉石、木雕、纸质的面具、古高棉石雕艺术的复制品、青铜小雕像、油画、丝绸、布裙和当地工厂的品牌服装等。

娱乐

金边的夜晚虽然没有路灯，但是也非常热闹。金边的街边有无数的按摩院、酒吧、舞厅，招牌林立。酒吧主要位于洞里萨河之畔的皇宫附近，有多家风格各异的小酒吧、小旅馆。如果想一窥柬埔寨古典舞蹈的优美舞姿，去看仙女艺术协会的学生训练表演。在仙女度假村，每个周六的晚上7点举行舞蹈表演，表演为古典舞和民族舞。票价约5美元。

西哈努克
Norodom

西哈努克市是柬埔寨的一个港口城市，原名磅逊。柬埔寨最繁忙的海岸港口是位于这里的西哈努克港。它还是柬埔寨一座非常重要的旅游城市，这里最吸引游客的在于白沙眩目、海水湛蓝的海滩。在西哈努克港的沙滩上度过悠闲假日，是一趟让人舒心的度假之旅。

西哈努克

英文名称： Norodom
人口： 约77000人
面积： 约868平方公里
著名景点： 圣米歇尔天主教堂、胜利海滩
最佳旅游季节： 9月~次年2月

西哈努克旅游示意图

西哈努克必游景点

胜利海滩

胜利海滩约2公里长,被礁石和小山分成两段,位于哈西努克的西北角。沙滩的北段是西哈努克观赏日落的最好地方,因此这里游客最多。南段则是这个沙滩最美的地方,被称为夏威夷海滩、国王海滩。这里可乘出租船出海。沙滩上有很多的餐馆和酒吧,这里的餐馆不仅提供本地美食,也有泰国菜和中国菜。

资讯攻略
- 位于哈西努克的西北角
- 可搭乘摩托车前往,约1000瑞尔

索卡海滩

西哈努克城最著名的海滩就是索卡海滩,这个海滩拥有洁白细腻的沙滩和美丽的海景。现在这个沙滩为私人所有,只有小部分对外开放。不开放的部分,只要在宾馆或者餐厅内消费就可以进入。

资讯攻略
- 位于哈西努克
- 可搭乘摩托车前往

圣米歇尔天主教堂

圣米歇尔天主教堂建于1962年，位于博瑞卡玛科路和柬埔寨苏米塔皮普路的交界处。这座教堂为当地的天主教徒服务，曾在1975~1979年做过监狱，关押犯人，而后又为作为一个仓库使用，一直到1993年才重新开放，用做本来用途。

资讯攻略
- 位于哈西努克
- 可搭乘摩托车前往

Ream国家公园

Ream国家公园离哈西努克仅13公里。这家公园适合于兼具探险和教育双重功能的乘船导游团，这种团队游的行程从红树林沼地一直到无人海滩。许多旅馆安排各种穿过这个国家公园的团队游，途中很有可能会看到海豚或者猿猴。公园离哈西努克仅13公里。

资讯攻略
- 位于哈西努克仅13公里
- 参加旅游团约15美元
- 12-889620

西哈努克山

西哈努克山位于城市北部，海拔为132米。西哈努克山虽然不算高，但是山上的风景非常秀丽。爬山之余你还能够看到很多植物和鸟类。登上山顶后，整个城市被尽收眼底。如果是傍晚时分，还有机会看见美丽的夕阳。

资讯攻略
- 位于哈西努克北部

Transportation Information 西哈努克交通资讯

 飞机

西哈西努克机场为PMTAir航空公司所有，定期有航班往返暹粒。国内没有直接到达西哈努克的航班，可以在暹粒换乘。

 长途汽车

金边至西哈努克约230公里，目前有两家运输公司（豪华云顶和GST）营运这条线路，每天有8个来回的班车。在金边中央市场旁上车，车程约3~4小时，4~5美元/人。车上会派发简单的西哈努克地图。

 内部交通

摩托车

摩托车是西哈努克市内最常见最重要的交通工具，相当于出租车。为了方便游览这座城市，也可包车。包车为4美元/天(24小时)。汽油得自己购买。

自行车

租一辆自行车在城内悠闲惬意地到处走走，不失为游览的一个好办法。大部分的旅馆都有自行车出租，费用约2美元/天。

Living Information 西哈努克生活资讯

住宿

在西哈努克有3个经济型住宿区，即胜利海滩上方的气象站山为中心的老字号旅馆区、市中心以及生气勃勃的惊喜海滩。Ochheuteal沙滩是城中最好的宾馆集中的区域，房价需20~50美元/晚。

酒店资讯		
酒店名称	电话	价格
米利辰达宾馆	933472	约15美元
Bungalow Village	933875	约10美元
礁度假村	696009	约20美元
Reef Resort	315338	约7美元
钻石宾馆	948929	约10美元

美食

西哈努克是一座海滨城市，因此这里能吃到柬埔寨最好的海鲜，其中螃蟹和大头虾特别有名。在位于海滩上的夏威夷海景和海龙可以吃到中式或高棉烹调的美味海鲜。美丽港海鲜酒家(Chhner Molop Chrey Restaurant)位于胜利海滩(Victory Beach)，这里海鲜生猛，风景不错，就在沙滩上，伴随着阵阵涛声很有情趣。另外一些酒吧也提供丰富的餐饮菜单，如城中心的吴哥窟的武器。

购物

西哈努克是一座小城市，没有什么大型的购物场所，不过在一些市场和小商店内也可以买到一些贝壳工艺品、船模、文化衫、柬埔寨特色的装饰品等当做纪念。

娱乐

这里的环岛浮游娱乐项目非常不错，在旅游公司或者部分旅馆都有组织。价格为10~15美元，包括两个岛的环游、两次浮潜和一顿午饭。一般早上8点多乘船出发，下午4点左右送回住的宾馆的海滩。

东南亚主要的旅游国家 越南

① 河内　② 胡志明　③ 芽庄

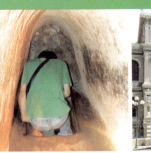

越南档案
Profile of Vietnam

● 首都

越南首都河内(Ha Noi)位于红河三角洲，是越南北部最大城市和全国第二大城市。河内拥有悠久的历史，是一座千年古城。市内风光绮丽，富有亚热带城市的特色。

● 国旗

越南国旗的名称是"金星红旗"，自1955年11月30日开始采用。国旗的长宽比例为2:3，中心是一颗黄色的五角星（金星），标志越南共产党的领导地位，红色表示革命和胜利。五角星的五个角分别表示工人、农民、士兵、知识分子和青年。

● 气候

越南气候特点是气温高，湿度大，风雨多。南部4月最热，12月气温最凉爽。北部7月最热，1月气温最凉爽，气温有时会低至5℃以下。最佳旅行时间是11～次年1月的冬季，气温比较舒适，干燥。河内、胡志明市及顺化地区最佳旅游季节是10月～次年4月。

● 人口民族

越南有54个民族。主体种族越族（中国称为京族）占总人口的87%，大量聚集在冲积三角洲和沿海平原地区。少数民族中汉族（华族）、岱依族、泰族、芒族、高棉族、侬族人口均超过50万。少数民族（除汉族之外）多居住在占越南国土面积2/3的高地。汉族是越南最大的少数民族，总数约100万（占全国的1.5%），其中半数集中在胡志明市（占全市的12%）。

● 语言货币

越南主要语言为越南语（官方语言、通用语言、主要民族语言均为越南语）。

盾是越南的货币单位。国际货币符号(ISO 4217)为VND。用"d"记号表示。盾通常置于国名后来表示货币单位。

● 宗教信仰

越南是一个多宗教并存的国家，主要宗教有佛教、高台教、和好教、天主教等。越南人盛行祖先崇拜，至今不衰，并对人们的生活发生影响。公元2世纪末，佛教首先从中国传入越南，逐渐取代各种原始宗教。16世纪，天主教开始传入越南。20世纪，越南又出现了高台教与和好教。后三种宗教主要是越南南方人信仰。

河内
Ha Noi

河内是越南的政治中心，有着"万花春城"的美称。这里也是越南名胜古迹最多的城市，有如胡志明故居、西湖、医庙、镇国寺、金莲寺、胡志明陵等景点。这里的夜市、丰富的夜生活和诱人的美食也是吸引游客的很大原因。

河内

- 英语名称：Ha Noi
- 人口：约650万人
- 面积：332492平方公里
- 著名景点：巴亭广场、主席府、西湖、还剑湖
- 最佳旅游季节：11月～次年1月

河内必游景点

胡志明墓

胡志明墓位于略显空旷的巴亭广场上,是一座宏伟庄严的高大建筑物。陵墓坐西朝东,由陵基、陵体和陵顶3部分构成,分别以灰黑色、深红色和银灰色花岗岩石砌成。内层为重大庆典和群众聚会时的主席台;中层为陵墓的主体部分;外围是粗大的花岗岩立柱,上层用红宝石镶嵌成"胡志明主席"字样。瞻仰室外间面对大门的红色花岗岩墙壁上题有胡志明的名言:"没有什么比独立自由更可贵的",瞻仰室中安放着胡志明主席水晶棺。

资讯攻略
- 巴亭广场西侧
- 免费
- 8:00~11:00,周五闭馆。每年9月底至12月底因保养而闭馆三个月

TIPS 1.瞻仰遗容必须衣着整洁,随身物品必须寄存,不可拍照。
2.必须遵照指挥排队瞻仰,遇有重大节日排队时间会长达一两个小时。
3.外国领导人来访到墓前献花时不能进入。

胡志明博物馆

胡志明博物馆中展品极为丰富,其中有纪念品、军事命令、越南共产党早期珍贵照片,另外还有许多8月革命、10月革命以及由胡志明领导的反法西斯和帝国主义斗争时期的珍贵历史物品。从最高一层开始向下游览是参观胡志明博物馆的最好方式。在博物馆顶层有中心装饰品,非常漂亮,这是一尊巨大的黄金莲花。胡志明政治或动画的小型展览是单独的一层。

资讯攻略
- 位于胡志明墓西南面
- 5000越南盾
- 8:00~11:00,13:30~16:00,周一和周五不对外开放外

TIPS 出于安全考虑,进入博物馆的游客一律不允许携带背包和相机。

越南人类学博物馆

越南人类学博物馆展品非常多样性,包括艺术品和生活用品,甚至地图、录像和模型等都有。馆内的展示从圆锥帽的制作方法到萨满教的庆典仪

式，充分展现了越南文化的多样性。若要参观古代越南人民的生活习俗、生活用具以及传统乐器，需要沿着由小煤油灯照明的蜿蜒曲径，来到一座离地约3米高、用木桩架起的古老草屋。屋内地面和内壁都是由光滑的竹片铺设，竹片底层用粗大的木棍支撑，在屋内陈设了各种生活用品。游览时需要从房前倾斜的木梯爬上竹屋的平台，脱鞋后方可走入屋内。

资讯攻略

- 位于距离市中心7公里
- 骑自行车30分钟到达，坐摩托车20000越南盾或在还剑湖坐14路公共汽车（4000越南盾）
- 10000越南盾/人
- 8:30~17:30，周一闭馆

TIPS 博物馆有免费的中文宣传小册，但不如英文版的详尽，展示的物品配有英文说明。

玉山祠

位于还剑湖畔玉山岛上的玉山祠又被称为玉山寺或者玉山庙。岛呈圆形，看似玉石，故名玉山岛，祠因岛而得名。玉山祠是中式古建筑，建于18世纪黎朝末年，祠内供奉关帝、吕祖、陈兴道和文昌帝君等。岛上风景优美，非常不容错过。

资讯攻略

- 位于还剑湖畔的玉山岛上
- 2000越南盾/人

河内西湖

西湖是河内的著名胜景，为河内第一大湖。西湖面积500公顷，环湖道路长达17公里，湖中最深处为3.4米。西湖河畔的桃花最负盛名，每当桃花盛开的季节，游人络绎不绝。湖面荡漾的游艇，湖边飘拂的丝丝绿柳，青年路上盛开的鲜花，熙熙攘攘的游客和来往行人，都为城市增添了绚丽的色彩与活泼的生气。在晴朗的天气里，从西湖河畔上可以看到淡蓝色的伞园山。

资讯攻略

- 位于河内

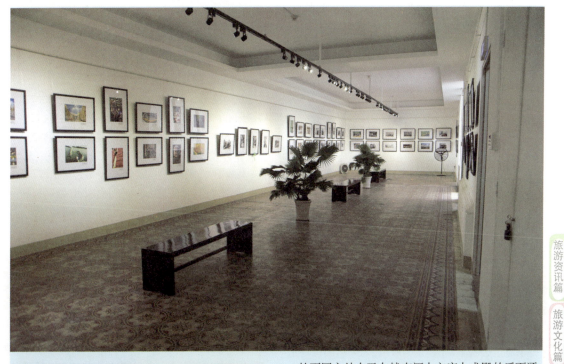

● 越南美术馆

越南美术馆完好地保存了从史前到早期历史及现代的越南造型艺术品。该馆的藏品陈列体系主要包含以下6个专题：史前和早期历史阶段的越南艺术品；11世纪~19世纪的越南艺术品；20世纪~21世纪的绘画和雕塑；应用装饰艺术；越南民间艺术；11世纪~21世纪的越南陶瓷制品。

资讯攻略
- 位于阮侯街（NguyenThaiHoc）66号，巴亭广场以南
- 1000越南盾/人
- 上午7:30~11:30，下午13:00~19:30，周一闭馆

● 河内文庙

河内文庙据说是完全按照中国曲阜文庙的建筑格局建造而成的。河内文庙坐北朝南，前后共五进庭院，代表中国文化中"水木火金土"五行，以及"仁义礼智信"五德。越南河内文庙与中国孔庙唯一的不同之处在于在越南河内文庙大成殿的后面还多修建了一个殿，专门供奉越南的儒学大师朱文安，他对越南儒学的发展做出了巨大贡献，地位等同于中国的朱熹。

资讯攻略
- 位于巴亭广场以南的文庙街
- 12000越南盾/人
- 7:30~11:30，13:30~18:00

● 独柱寺

独柱寺建在灵沼池中间的一根大石柱上而得名。灵沼池为方形，池周砖砌栏杆。石柱直径1.25米，地上高度4米，象征花梗，石柱四周的4根木支架则象征花。寺全部为木质结构，正方形每边3米，4面带有长廊，寺身及四边微翘的屋檐构成花瓣。寺庙正面屋檐下有悬匾，匾题为"莲花台"。

资讯攻略
- 位于巴亭广场西南

Transportation Information 河内交通资讯

飞机

河内的内排国际机场是唯一一个国际机场。此外河内还有一个民用机场——嘉林机场。嘉林机场主要是越南民众使用，不对国际开放。内排国际机场位于河内西北部，距离河内市中心大约45公里，是越南第二大国际机场。万象、曼谷、北京、广州、香港、昆明、吉隆坡、莫斯科、巴黎等城市均有航班飞往河内。中国国际航空公司、中国南方航空公司、越南航空都提供中国前往越南的航班。

机场交通

越南航空接驳巴士

机场外有小巴，车费为2美元。可送至下榻旅店，需要提前预定，没有预定的话司机也会送去中介酒店进去看看，不住也无所谓。从市区回机场是10美元，不过如果口才好的话可以还价到8美元。

捷星航空公司接驳巴士

配合捷星航班（越南太平洋航空）的时间才有巴士，约30000越南盾，这里的司机都不会绕路，这点非常不错。市区下车点是捷星位于还剑区的办公室门口，地址：还剑区陈广溪街204号。

Minibus

在机场门口有挂著"小巴"的招牌，凑到12人坐满司机才会开车，等待时间不定。车资32000越南盾。市区下车地点是越航办公室（从市区到机场也可在这里上车），地址：2杜光。 电话：8250872。

公交

从机场出来往右手边走到底就是公车站牌，从河内机场可搭7或17路公车进河内市区（约70分钟内，搭乘7路公车较快），价钱为5000越南盾。

出租车

出租车定价没有规定比较混乱，机场排班出租车约16美元或250000越南盾。市区叫出租车200000～300000越南盾。让酒店叫车去河内机场12美元，似乎比较表便宜。

火车

河内的火车四通八达，开往越南的各大城市。河内有多个火车站，分别是河内火车站、陈德良郡火车站、嘉林火车站和龙边郡火车站。

河内火车站：这是大多数火车的终点站，位于Tran Hung Dao街的西端，这里的列车发往南方，需要注意的是，河内火车站售票窗口的大部分工作人员都不懂英语，只有一个2号窗口能提供英语服务，因此这里经常排很长的队。如果想订火车票，除了提早前往购票，还有一个途径就是通过旅行社订票。

陈德良郡火车站：位于D Le Duan街的总站南面两个街区，这里的火车发往北方。

嘉林火车站：位于红河的东侧，有一些发往东方和北方的火车，包括老街（Lao Lai）、沙坝（Sa Pa）和海防（Haiphong）等。

龙边郡火车站：这里也有一些发往东方和北方的火车。

长途汽车

河内有巴士经友谊关直接到南宁、桂林、北海

等中国地方。车票可以找旅行社或旅店代办，旅店代买价约28美元。上车地点是香港酒店。车上有水及八宝粥供应，这点非常人性化，非常方便乘客。

市内交通

公共汽车

在河内市区搭乘公共汽车的价格非常便宜，车票只需要3500越南盾，游客只需要在公交车站候车厅向经过的公交车招手就可以上车。想了解详细的车次以及时间，游客可以在河内的书店买一本《河内公共汽车地图》，几乎所有书店都能买到，价格大约是5000越南盾。

摩托车和人力车

摩托车和人力车是河内最主要的交通工具，在大街上可以看到非常多的摩托车司机在待客，通常价格都在20000～25000越南盾，实际价钱要视距离远近以及游客的砍价能力而定。人力车的数量也非常多，价格方面和摩托车差不多，但是速度要慢很多，在市中心范围内，大部分的人力三轮车车费为10000越南盾。

TIPS 河内的三轮车夫经常漫天要价，因此一定要砍价，远一些的距离，比如从老街区去胡志明陵墓群，价格大约在20000～30000越南盾。如果两人合乘的话记得事先确认是一辆车的价格还是一个人的价格。

出租车

河内的出租车似乎没有统一定价，各公司的起步价、起步里程、公里价都不同，但总价相差不大，一般起步价1～2公里内约10000～15000越南盾，之后每公里的价格平均是7000～10000越南盾。

自行车

游客可以骑自行车游览河内，这是一种极佳的方式，河内的一些餐馆和旅店都提供自行车租赁服务，一般一辆自行车一天的价格为1～3美元。

Living Information 河内生活资讯

住宿

河内的住宿旅馆并不好找,特别在旺季更加困难。好一点的旅馆多半人满为患,最好预先订房。淡季的时候挑选和还价的空间就很大了。住宿最好选在还剑湖周围,这里交通、游览都方便,性价比也较高。

高级酒店

位于越南历史博物馆附近的索非特新城饭店综合各方面都非常不错,这座象征着法国殖民时代尊严和豪华的酒店独具特色,其翼楼的房间都配有木地板和古典的家具。酒店还有一流的餐厅和商店,并配以健身房和游泳池,既可健身又可娱乐。房间160美元左右。

中档旅馆

二星级的酒店里,有一些看不到风景的房间只需要20美元,和Guest House相比,卫生等条件要好些。

家庭旅馆

还剑湖西、北两边的老城区有很多面向背包客的家庭旅馆,旺季时的有空调、热水、小冰箱的双人间价格在10美元左右,不含早餐。基本都有电脑可以免费上网。其中Stars Hotel是一家老牌的家庭旅馆,双人间约10美元左右,房间干净舒适,带有阳台的房间稍贵,15美元左右,不过可以眺望老街的瓦片屋顶。而Manh Dung Guest House在一个曲折的小巷中,晚上比较安静,是家很温馨的家庭旅馆,如果这里客满,可以去Hang Da市场附近的分店试试。

TIPS ①旅馆可以用美元结算,所以美元和越南盾的价格都问一下,比较一下哪个合算。
②家庭旅馆多半是窄而高的楼房,老板总喜欢先填满高层,稍稍争取一下可能拿到较低的楼层。
③比较偏僻一点的小街早上比较安静,不会被摩托车的轰鸣吵醒。
④如果短期离开河内,可以把不需要带的东西免费寄存在旅馆(你会发现每家旅馆的角落里都堆着一堆背包)。

美食

河内美食非常多,比较有名的是河内河粉、烤肉米粉、螺丝米线、什锦丝汤粉、灸鱼脍、猪肠糕、扁米饼、酸梅等菜肴和点心。这些美食历代相传,就像河内的古迹、古街一样是这座城市的一部分。河内

一年四季都有季节性的时令美食，可以从年头一直吃到年尾，3月的汤圆、8月的月饼、入秋的旺村扁糯米都很美味。

购物

河内分布着大大小小的特色店铺，到访的游客都能享受到尽情购物的乐趣。河内集合了全越南最有实力的手艺品师傅所制造的手工艺品、旅游纪念品等，而且在河内购买特产、伴手礼的价格远远低于越南其他城市。河内作为首都，在街头有众多售卖少数民族服饰、用品的专卖店，以及越南本土时尚品牌总店（分店）。让你的河内之旅同样充满惊喜。

娱乐

民风淳朴的越南并没有大都市那样多姿多彩的娱乐生活，即使是首都河内的休闲娱乐活动，也主要集中在具有民族文化特色的文娱节目上，入乡随俗的游客可以到"象山"的"天筹寺"、"香迹洞"上香许愿，到"升龙水上木偶戏团"欣赏国宝级表演艺术"水上木偶戏"；到"国家美术馆"、"民俗博物馆"、"历史博物馆"、"妇女博物馆"进一步加深了解越南的历史与文化；甚至来到河内老城区的露天咖啡店品尝一杯香气四溢的越南咖啡，或者入夜后去以百年建筑改建而成的小酒吧饮两杯小酒，也是享受河内休闲时光的不错选择。

胡志明市
Ho Chi Minh City

　　胡志明市是整个越南游客最多的城市,这里没有太多的新建筑物或新马路,城市给人以老旧的感觉,这也算是胡志明市的一个特色。市内风景优美,美丽的西贡河绕城而过。市内的国光寺、舍利寺、永严寺、天后庙、圣母大教堂、草禽园、查甸植物园、骚坛公园等都是游览胜地。

胡志明市

英文名称:Ho Chi Minh City
人口:约700万
面积:2390.2平方公里
著名景点:仙泉旅游公园、红教堂
最佳旅游季节:11~12月

胡志明市旅游示意图

胡志明必游景点

胡志明市博物馆

胡志明市博物馆建于1886年,坐落在一座美丽的新古典风格的灰白色建筑里。博物馆的展品分为不同的主题,包括和平、欢乐和自由。馆内还展示了越南两次独立战争的照片、物品及越共产党不同时期的文物。在展馆内有些象征主义的展品很难看懂,所以可以考虑请一个导游。

资讯攻略
- 河内巴亭泉
- 5000越南盾/人
- 周二至周日8:00~11:30和14:00~16:00

保大皇行宫

保大皇行宫有3层,是法国全权总督保罗杜梅的休闲地,建筑充满了法国风情。保大皇行宫并不大,据说是越南最后一位皇帝的行宫。现在用做省博物馆,第一层陈列混沟(槟榔岛)文物,第二层陈列巴地——头顿文物。白府同头顿一共有一百多年历史。这里陈列着皇帝用过的餐具和会客室里的各种展品及工艺术品。行宫外面有许多排列的小炮,据说是用来保护皇上的。

资讯攻略
- 胡志明市内

湄公河

东南亚最大的河流就是湄公河,源头是中国唐古拉山的东北坡。作为越南的母亲河,湄公河两岸充满了鲜艳的色彩,种在稻田里的绿色秧苗、挂在院子外的黄色棒香,以及各色果园,都在告诉人们在这个纵横交错的河道周围充满节奏缓慢而清新活力的生活氛围。在这里可以感受到越南南部朴实真挚的风土人情,接触到真实的越南农业劳动情景。

资讯攻略
- 流经胡志明市

TIPS 可以在胡志明市参加1~2天的湄公河团队游,费用10~20美元,包括胡志明市来回交通、三餐、住宿(两日游)和游船费用,通常会去指定的几个作坊或当地市场参观,很多旅馆和旅游咨询公司都可以报名。而自助游花费要大一些,但也相对自由点。

越南大叻

大叻以空气清新、湖泊、瀑布、松林众多闻名。这里风光明媚,四季如春,百花盛开时如诗如画。法国人以前就把大叻当做周末度假的胜地。市区内可以游览的场所包括春香湖、情人谷、千鲤瀑布等地。情人谷内有许多原住民打扮成牛仔模样,进行马术表演,如果游客想和他们合影,花2000越南盾就可以了。

资讯攻略
- 位于胡志明市周边

中央邮局

胡志明市中央邮局由法国建筑师设计，建于19世纪末。大厅内部装饰华丽，圆顶极富古典气息，整座建筑充满法国风味。宽阔的大厅两侧是业务办理柜台，中部由外到内依次是环形长椅、纪念品柜台和长写字桌。大厅尽头的墙壁正中悬挂着胡志明的巨幅画像，游客可以和胡志明爷爷合照。

资讯攻略
- 胡志明市内

TIPS 邮寄明信片到中国的邮费是8000越南盾，纪念品部卖的明信片质量并不很好，不如在书店买些精美的明信片去邮寄。

泰山岛

位于湄公河上的泰山岛，又名龙岛，面积达12平方公里。岛上提供龙眼、菠萝、芒果、波罗蜜、椰子等水果大餐，就餐时，还能聆听到传统乐器伴奏的越南乡间民谣。在岛的另一端可搭乘独木舟穿梭于三角洲水道间，有点刺激，给人以探险的感觉。

资讯攻略
- 位于湄公河上

草禽园

越南生长的绝大部分热带植物在植物园中都有种植。这是一座万紫千红、争奇斗艳的大花园，有假山、亭台、盆景等作为点缀，令人心旷神怡。动物园养育了数百种珍禽异兽，如象、虎、狮、鹿、犀牛、鳄鱼、山猫等；在爬虫馆中可以见到很多奇形怪状的蛇和蜥蜴，猪、兔、羊等家畜也占有一席之地，这在别的地方是非常少见的，因此吸引了不少游客。

资讯攻略
- 位于胡志明市内

鲸鱼庙

鲸鱼庙是头顿的一个旅游胜地，庙内保存着100年前头顿渔民所捞到的一副完整的鲸鱼骨。关于鲸鱼的传说，仍在头顿流传，而且古籍也有记载，100多年前，有一只很大的鲸鱼搁浅在寻阳滩，鱼头太大，渔民无法将其移进陆地，唯有用布把周围围住，待到鱼肉完全腐烂，再将骨头一段段拆下送进庙内。每年的农历8月16至18日"鲸鱼诞"这个节日至今还保留。

资讯攻略
- 位于头顿

莲潭水上公园

莲潭水上公园总是给予游客无穷的惊讶和乐趣。椰子壳做成的巨大动物在CD盘制成的动物面前，只是小巫见大巫。公园内风景优美的花园里点缀着湖泊、小桥和宝塔。公园内还有咖啡馆、纪念品商店、过山车和一个位于巨大低温室内的冰冻奇观，集游乐一于体。在公园内还有一头被锁在小围栏里的大象。

资讯攻略
- 位于胡志明市

胡志明总统府

位于市中心西贡区（第1区）的总统府又称独立宫或统一会堂，建于1869年，是法属时期的印度支那总督府，越战时成为南越政权的总统府，现辟为展览馆，是当年胡志明市规模最大的建筑群。楼高四层，除面上三层和两栋楼阁外，还有一个地下层，层顶还有可供直升机起降的机坪。总统府内有几十间房间，地下层装设有全套对外通信设备，就像一个地下指挥中心，现向游客开放阮文绍办公及其一家居住的地方，在这里还有汉语翻译解说。

资讯攻略
- 位于市中心西贡区第1区

古芝地道

游览胡志明市切不可错过古芝地道，这个地道和老电影《地道战》中的地道非常相似。古芝地道在越南的历次战争中发挥了出奇制胜的巨大作用，因此成为一处颇有传奇色彩的热门景点。在导游的带领下，可以一直下到地道里面，对公众开放的部分是经过扩建的部分。地道共分三层，最下层深达8米。地道内有水井、粮仓、会议室、宿舍，如同一座大军营。但当你在狭窄的通道匍匐前进时就会明白，地下的生活并不舒适，人们在残酷战争的逼迫下才不得已地选择这种生活方式。

资讯攻略
- 位于胡志明市西北的古芝县，距市区74公里
- 从胡志明市第一郡乘13路（车费4000越南盾）、第五郡乘94路车（车费3000越南盾）都可以到古芝车站，然后转79路车（车费3000越南盾）到古芝地道。也可以在古芝车站搭摩托车，速度会比公交车快一点

TIPS 胡志明市各旅馆和旅行公司都有古芝地道半日游的项目，费用3美元。也有古芝地道和西宁高台教大庙（CaodaiGreatTemple）一日游，费用5美元左右。

版敦驯象中心

版敦是越南的孔雀故乡，这里风光秀丽，景色迷人，还有各种珍奇异兽。而最吸引人的是这里很多珍贵的野象。版敦现在是一个旅游区，建有民间艺术宫、野生动物保护区和水库。游人可欣赏到西原各族人民的传统艺术，如西原风情的芦笙"丁南"、号角"奇巴"以及西原地区的锣鼓演奏等。在保护区内不时有野牛和野象出没，很多游客会特意远道而来游览此地。

资讯攻略
- 位于距离胡志明市约200公里处

Transportation Information 胡志明市交通资讯

飞机

游客从国内出发去往胡志明市可以在北京、上海、广州、香港乘飞机，其中北京至胡志明市需飞行7小时，上海3.5小时，广州和香港2小时即到。东南亚各主要城市飞往胡志明市的航班也很频繁。胡志明市国际机场国际离境税14美元，国内离境税25000越南盾一般包含在机票费中，不另收。

机场交通

新山国际机场在市中心西北7公里处，胡志明市中心到机场出租费为5美元。在机场外面有非常多的出租车等在那里，非常方便。也可以搭乘152路公交车，公交车每15分钟一趟。

火车

越南的火车起点在噶西贡车站，位于市中心北方3公里处，搭三轮摩托车要10000越南盾。火车票可在车站窗口购买，但需要注意只接受越币。付手续费给旅行社也可代购，车资因火车种类而异，卧铺需要事先预约。

长途汽车

胡志明市的长途客运站有两个，一个是棉登（Mien Dong）站，往岘港、顺化、河内、芽庄等北部城市在此发车；另一个是棉泰（Mien Tay）站，往美荻、芹苴等南部城市在此搭乘。这两个车站与滨城市场之间有公共汽车往返。

旅游巴士

游客更喜欢的方式是乘坐旅游巴士（开放旅游巴士）来往于各城市之间，尤其是纵穿越南。范五老街上有很多旅行公司经营旅行巴士，价格视季节、车况和服务有些差别，著名的公司有SINH CAFÉ等。胡志明市至河内联票途径大叻、芽庄、会安、岘港和顺化，分段行驶，无停留时间限制。全价22~30美元。从胡志明市出发的开放旅游巴士的大致距离和单程价格如下：

胡志明市→大叻：300公里，7小时，5美元左右；
胡志明市→芽庄：310公里，8小时，8美元左右；
胡志明市→会安：840公里，16小时，17美元左右；
胡志明市→顺化：1000公里，24小时，24美元左右；
胡志明市→河内：1660公里，36小时，30美元左右。

市内交通

三轮车

三轮车起步价至少要0.5美元，费用依距离长短而定，都要事先讲价。夜游胡志明市最好的方式是坐脚踏三轮车，在漫长的夜市可看见湄公河畔的喧闹和拥挤。由第一区至中国城，费用约为2万盾，如果要转很多的景点也可同车夫商量，以每小时1美元的价格包车。

出租车

胡志明市的出租车多数还是很正规的，不会绕路、宰客，如果有三四人分担车费，打车可能并不比租自行车贵，而且还方便得多。价格：胡志明市出租车价格无统一规定，一般起步价为8000或1.2万盾，在市中心的往返一般费用不会超出2.5万越盾。机场到市区约7公里，费用约5美金左右。

自行车

在税务百货可以买到非常廉价的二手自行车，租用自行车一天约1美元。除堤岸外，市区其他景点都集中在第一郡和第三郡，骑自行车很方便。一般景点附近都有存车处，收费一般为1000越盾，不要把车乱放，丢了很麻烦。

Living Information 胡志明市生活资讯

住宿

胡志明市的旅馆可以大致分为两种，一种是主要位于市中心的中高级旅馆，一个晚上的住宿费用20~200美元，而且必须以美元支付；可以从国外事先预约，因此以团体客人居多。另外一种是散布在编汤市场西边的经济旅馆，美元或当地货币都可使用，一个晚上双人房在美金6~8元之间，是自助旅行者以及长期居留者最喜欢的地方。不过近年物价飞涨，价格波动很大。另外这类旅馆也有一个缺点，就是干旱时期经常停电或断水，游客要做好心理准备。

特色住宿地推荐

酒店名称	电话	地址
黄房子	8368830	裴维也31D
Ngoc Minh	8376407	283/11 D Pham Ngu Lao
Faifo 宾馆	9203268	裴维也28/9D
西贡舒适酒店	8376516	175/21 D Pham Ngu Lao
Song Bien	523311	131A D Thuy Van

美食

胡志明市是地道的美食天堂，这里美食的特色就是物超所值，还有肥美的龙虾、螃蟹、甘蔗虾、糯米鸡、酸辣火锅等。地道的越南美食都有"鱼露"的特殊腥味。这种佐料是把鲜鱼和盐腌几个月，发酵后，经过过滤的汁液。食用时，可加柠檬、大蒜、辣椒、糖祛腥。越南菜的口味普遍不重，加上经常配以柠檬和糖，酸和甜是主要特色。

游历胡志明市可以品尝到3个不同风味地区的食物，在西贡地区大部分是民族传统食谱、欧亚食餐；在堤岸地区有地道中国菜肴；在郊外各县地区则有著名的野味食品。胡志明市终年均有南部生果特产，每季都有其季节的特殊美果，从胡志明市坐车走约20公里便可到达著名的美果园林。

购物

市内主要的市场是位于市心的边青市场（BenThanh Market）和位于中国城堤岸（Cholon）的西市场（BinTay Market）。在黎利（Le Loi,）阮攸（Nguyen Hue,）、黎神宗（LeThan Ton）和同（Dong Khoi）街上，可以找到主要的商业区。同岜（Dong Khoi）街商店林立，出售品质优良的纪念品，尤其62与63号的商店，更值得一逛。这里还有一些艺廊，出售当地画家的作品，从传统风格到超现实主义都应有尽有。

胡志明市中心的古董店出售的东西有越南木刻佛像或寮国青铜佛像、旧瓷器、银器、象牙器、小型玉刻像和各宗教使用的物品。售价皆以美金计算，可以讨价还价。不过别忘了某些物品是禁止出口的，原则上在你携带古董离境之前，必须取得清单。

芽庄
Nha Thang

芽庄是著名的海滨旅游胜地，位于河内到胡志明市的Open Tour线路上，游客来去都非常方便。芽庄的沙滩洁白如银，长7公里多，形状酷似一弯新月，海湾呈流线型，海水清澈，棕榈树与椰子树沿着海岸一路延伸，呈现出一派靓丽的南国风光。这里以前是越战期间驻扎在附近的金兰湾美军的度假胜地，因为这里的气候和景观和美国的加州非常相似。

芽庄

英文名称：Nha Thang
人口：约36万
面积：251平方公里
著名景点：隆山寺、保大皇别墅、海洋馆
最佳旅游季节：全年均可

芽庄必游景点

美奈

美奈位于芽庄和胡志明市之间,现在是越南最著名的海边度假胜地,近年来越来越多的宾馆和度假设施正在这里兴起,而幸运的是,这里至今还保留了缓慢的生活节奏和迷人的风情。美奈是一个休闲娱乐的好去处,这里有众多的海上娱乐活动,如惊险刺激的风帆冲浪运动,喜爱清闲的游客也可以在海边散步,欣赏优美的海滩风光。

资讯攻略

- 位于芽庄和胡志明市之间
- 去芽庄和胡志明市的班车每天各有两班,车费都在60 000越南盾左右,3.5小时左右到达。也可以搭乘开旅游放巴士,一般都在早晚发车

TIPS ①在美奈很多旅游公司都有包括白沙丘等几个景点的半日游,费用5美元左右。自己包的价格也是10美元/天。②美奈的住宿靠近海滩,环境安静,深受游客青睐。Bao Tran位于Ham Tien Ward,就在Sinhcafe边上,旅馆环境很好,离海咫尺之遥,只需下几个台阶就到沙滩。这里的东西也很好吃。没有空调和热水的一个床6美元。带空调和热水的双人海景房15美元。

美奈四岛

美奈四岛是指黑岛(Mun Island)、第一岛(Mot Island)、银岛(Tam Island)和一水族馆的小岛这4个岛。岛上有众多的海上娱乐项目,比如潜浮、帆板和海上降落伞等。当然岛内的自然景观也让人不容错过。去游览这4个岛一般来说都只能到旅行社去报一个美奈四岛旅游。四岛游是认识芽庄的最好方式。

资讯攻略

- 位于芽庄

TIPS 四岛游是一个固定内容的旅游套餐,芽庄众多旅行社都有该项目经营,报价为6~8美元,包含酒店巴士来回接送、一顿午饭、水果和葡萄酒。其中第三个岛需要额外支付10 000越南盾才能上岸,第四个水族馆门票20 000越南盾也是自理的。

龙山寺

龙山寺建于19世纪后期,其间修复多次,现在依然有很多的僧侣在这里修行。龙山寺后山的白色大佛便是吸引众多游客的原因。这座安坐于莲花之上的巨大白色大佛在芽庄市区任何地方都能看见。在大佛的附近还有另一尊白色的卧佛。

资讯攻略

- 龙山寺位于芽庄汽车站以东500米
- 可搭乘摩托车前往,约8000越南盾
- 免费
- 日出至日落

● 疯屋子

实际上这是一家旅馆，整幢建筑是西班牙的建筑鬼才GAUDI的风格，而且还带有森林童话的味道。这里房子的形状非常奇特，有巨大的长颈鹿，游客可以在它的肚子里面栖息玩耍，还可以在巨大的蜘蛛网里面玩迷宫游戏。如果喜欢这里，可以在这里预订一间房间。

资讯攻略
- 位于保大3号避暑行宫以北300米
- 5000越南盾/人，住客免费
- 8:00～19:00

● 达坦拉瀑布

达坦拉瀑布就在20号国道边上，入口位于山顶。进入景区后先要穿过雨林，再走过一段陡峭的下坡路便可看到位于半山腰的瀑布，也可以乘坐索道到达。在前往瀑布的途中，能够欣赏到热带雨林的迷人景色，各色蝴蝶和各种不知名的鸟类更是随处可见。瀑布飞流直下气势宏大。

资讯攻略
- 位于20号国道边上，距离市区5公里
- 5000越南盾/人

TIPS 瀑布位于半山腰，可乘坐索道下去，索道是两人一车，乘坐索道来回费用是30000越南盾。

● 婆那加占婆塔

婆那加占婆塔是印度教的建筑，建于公元7~12世纪。占婆塔的建筑风格有些吴哥窟的味道，但是规模小很多，也没有那么细致的雕刻。这里供奉的是天依女神，天依女神是庇佑占婆王国南部的一位女神，保护着靠海吃饭的渔民，相当于中国渔民心目中的妈祖。现在除了越南人，当地的很多华人也都来在这里参拜。从占婆塔往下看，能看到芽庄远处蔚蓝的美丽海港。

资讯攻略
- 位于芽庄以北2公里
- 可搭乘摩托车，约10000越南盾
- 4500越南盾/人
- 6:00～18:00

情人谷

情人谷位于大叻市郊的山区中,因为两侧山崖如情人相依而立,所以得名情人谷。山崖间有一个小湖,湖水清澈透明,四周都是广阔的草原和树林。在树林间生长的玫瑰花、茉莉花更是为情人谷增添了很多浪漫色彩,是情侣们和当地人喜欢的郊游之地。除了拥有美丽的自然风光,情人谷还像个娱乐场,有雕塑、绿地、长椅、鲜花,甚至还有旋转木马。在入口处有用鲜花装饰的花车,还有装扮成美国牛仔的越南小伙,花2000越南盾就可以和他合影。

资讯攻略
- 位于大叻市中心东北5公里处
- 可搭乘摩托车,约2美元
- 成人6000越南盾/人,儿童3000越南盾/人
- 8:00~20:00

保大3号避暑行宫

越南末代皇帝保大的避暑行宫就在这里。行宫外表并不起眼,四周也只是普通的小树林,但内部装饰极尽奢华。整个行宫是一个有围墙的大院,一座浅黄色的平顶砖石结构的二层楼,线条清晰简洁。室内设备有家具和床上用品等,都保持完好。行宫的大型卧室旁边的洗手间里面有两个抽水马桶,一个是普通的用途;另一个是用来做冲洗,在20世纪50年代初,这无疑是相当先进的。在这里还可以穿上皇帝或后妃的礼服拍照,留做纪念。

资讯攻略
- 行宫位于大叻市中心西南1公里处的乐红海防路
- 可步行前往
- 8000越南盾/人
- 上午7:00~11:00,下午13:30~16:00

Thap Ba温泉中心

温泉中心位于芽庄以北,这里的泥浆浴非常有名。泥浆浴虽然看起来脏脏的,洗完后却有嫩肤的功能,而冲干净后再泡个温泉,相当惬意。温泉中心环境很好,而且非常干净。里面的SPA和按摩是单收费的,手法不错,价钱也不贵,大家可以体验。

资讯攻略
- 位于芽庄以北6公里处
- 可包车前往,往返费用约110000越南盾
- 门票60000越南盾/人,包括游泳、泥浆浴和温泉

TIPS 这个温泉中心的客人主要是外国人,泳衣和浴巾需要自备。

Transportation Information 芽庄交通资讯

飞机

越南航空公司在芽庄有往返于金兰机场与胡志明市、河内、和岘港的航班。有班车可以在航班起飞2小时前把你从芽庄的老机场送到金兰机场。乘坐出租车到机场需要花费约10美金,沿途的景色相当美丽。

火车

芽庄火车站位于大教堂西边的山脚处。目的地包括岘港,以及其他北部站点、同塔和胡志明市。还有一家只在芽庄和胡志明市之间经营舒适私营列车——五星快运。

长途汽车

火车站西边的连河静汽车站是芽庄主要的城际长途汽车站。这里有长途汽车开往岘港、胡志明市和大叻。芽庄市所有旅游巴士的主要停靠站点。如果要去渭尼,这里是最佳的选择。

市内交通

三交通工具

芽庄市内最重要的交通工具是出租摩托车、出租车和三轮车。因为城市太小,所以没有公交车。

Living Information 芽庄生活资讯

 住宿

特色住宿地推荐		
酒店名称	电话	地址
麦伊酒店	52-7553	雄王街7HD
海防酒店	52-2647	雄王街24/44D
安和旅馆	52-4029	雄王街64B/6 D
樱花酒店	52-4669	陈德良1/32D
Pho Bien	52-4858	64/1 D Tran Phu

美食

在芽庄城中心遍布是餐馆,如果想要吃得比较实惠可去当地市场选择。在城北端的潭市市场有很多当地的小吃摊,包括素食(com chay)。艾玛特外面有一个美食广场,提供大量的西式菜肴,这里的厨房还对外开放,游客可亲手尝试制作各种小吃和大餐。厨房里面还出售各种配料。

购物

镇上的很多餐馆和酒吧都会出售一些当地摄影师和艺术家的作品,还有很多地方贩卖贝壳和珊瑚,但是这种大量采集的做法会破坏芽庄附近美丽的珊瑚礁和生态平衡。Abd's出售沙滩装、地图、书籍以及独一无二的服装。这家店的最大优势在于人们可以看到一台小织机织出传统布料的过程。

东南亚**主要**的旅游**国家** 菲律宾

① 马尼拉　② 长滩岛　③ 宿雾　④ 巴拉望　⑤ 佬沃

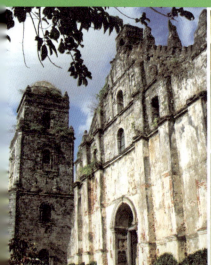

菲律宾档案
Profile of Philippines

● 首都

马尼拉是菲律宾的首都，位于吕宋岛西岸，马尼拉湾畔，是菲律宾的经济、文化、教育和工业中心。马尼拉分为16个区，为菲律宾最大的城市，交通也最为发达，是亚洲最为欧化的城市。在这里旅游，游客可以感受到这个海岛城市的悠闲气息以及五光十色的都市生活，乐而忘返。

● 国旗

菲律宾国旗形状为长方形，长宽之比为2:1，国旗图案靠旗杆的一边是一个等边三角形，代表菲律宾人民对和平与安宁的盼望，三角形每个角都有一颗星星，总数为三个，三颗星象征菲律宾群岛的三大区域————吕宋、米沙鄢和棉兰老。而三角形的中央就有一个太阳，代表自由的光芒已普照整个菲律宾。三角形的右侧就是蓝红两色，蓝色代表菲律宾人民忠诚、爱国的精神，红色代表菲律宾人民勇往直前的民族气概。

● 地理气候

3月~5月比较干燥炎热，6~10月是雨季，11月~次年2月天气较凉。11月~次年4月，天气晴朗干燥，海面风平浪静，是最适合旅游的季节。

● 人口民族

在菲律宾，马来族占全国人口的85%以上，包括他加禄人、伊洛戈人、邦班牙人维萨亚人和比科尔人等；少数民族及外来后裔有华人、阿拉伯人、印度人、西班牙人和美国人；还有为数不多的原住民。

● 语言货币

菲律宾有70多种语言，以他加禄语为基础的菲律宾语为国语，英语为官方语言。

货币：菲律宾比索；辅币名称：分。

1人民币元=6.8090菲律宾比索；1菲律宾比索=0.1469人民币元（2012年）。

● 宗教信仰

约84%菲律宾国民信奉天主教，4.9%信奉伊斯兰教，少数人信奉独立教和基督教新教，华人多信奉佛教，原住民多信奉原始宗教。

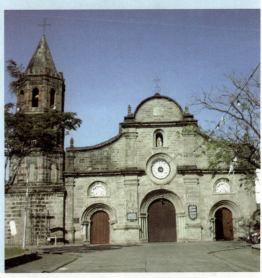

马尼拉
Maynila

马尼拉这座欧化城市是著名的旅游胜地，据说"马尼拉"这个名称取自帕西河畔的尼拉特花。这座城市非常具有浪漫情调，走在大街上让人有种在童话世界里的感觉，连路边买冰激凌的小车都配有童话音乐。

马尼拉

英文名称：Maynila
人口：约167万
面积：38.55平方公里
著名景点：黎刹尔公园、椰子宫、儿童城
最佳旅游季节：12月～次年5月

马尼拉必游景点

菲律宾国家博物馆

菲律宾国家博物馆是一所中和性博物馆，在没有迁入新址之前，是作为人类学和自然历史博物馆而使用。博物馆由两个建筑物组成，一部分主要收藏展示艺术、科学和其他相关藏品，另一部分主要收藏人类学和考古学成果。这座博物馆是菲律宾最重要的国家文化机构之一，更是菲律宾物质和文化的见证者和守护人。

资讯攻略
- 位于马尼拉海朗街

黎刹公园

黎刹公园是当地人节假日休闲娱乐的好去处。领导菲律宾独立运动的英雄荷西·黎刹（Dr.Jose Rizal）的铜像就竖立在公园中央，公园东边有一个人工湖，湖内放置着菲律宾群岛模型，公园北边则是种植了中国、日本、意大利花卉的国际庭院。在这里最有名的美景是马尼拉湾落日，黎刹公园是观赏落日彩霞的最佳地点，闲坐在此看夕阳美景，令人陶醉其中。

资讯攻略
- 位于马尼拉海朗街

马尼拉圣地亚哥城堡

马尼拉圣地亚哥城堡位于市中市西北部，是王城最古老的工事之一。菲律宾最后一个统治者就曾住在这里。最让圣地亚哥城堡留名于世的还是因为这里是黎刹最后的关押地，他临刑前在这里的囚室中写下绝命长诗《我之诀别》。城堡的内部有一个黎刹馆，是纪念菲律宾民族英雄约瑟·黎刹（的纪念馆。馆内展示品大部分为这位英雄的书籍、手稿、素描、画卷、木雕、塑像等，小部分是这位英雄周游列国时收集的纪念品和家具。

资讯攻略
- 位于市中市的西北部
- 乘坐轻轨在United Nations站下车，步行20~25分钟到达市中市Intramuros，也可乘坐吉普巴士沿博尼法西奥行进
- 成人40比索/人，儿童和学生15比索/人
- 周二至周日8:00~18:00

圣母无原罪大教堂

圣母无原罪大教堂位于菲律宾马尼拉王城区，是天主教马尼拉总教区的主教座堂。教堂最初建于1581年，但是多次被毁。最后一次建成于1958年，1981年被政府封为宗座圣殿。这座教堂供奉的是菲律宾的主保无原罪圣母。

资讯攻略
- 位于菲律宾马尼拉王城区

马尼拉动植物公园

马尼拉动植物公园(Manila Zoological and Botancial Garden)是菲律宾的第一个动物园,位于马拉蒂区,占地5.5公顷,植物园中景色优美,热带植物种类繁多。游客可以乘船一边欣赏湖中畅游的野鸭和鸳鸯,一边观赏湖边美丽的景色。公园内设有餐厅、野餐地点和纪念品店,方便游客休息。

资讯攻略
- 马拉蒂区
- 40比索
- 7:00~19:00

马尼拉湾

马尼拉湾是世界有名的大港湾之一,面积2,000平方公里,最宽处58公里,位于吕宋岛西南部。海湾的北岸和东北岸与吕宋中部平原相接,是菲律宾面积最大的商业渔场。巴丹(Bataan)半岛和中科迪勒拉的山脉形成天然屏障,使马尼拉湾成为优良锚地。这里的景色也十分优美,晚霞风光更是值得一看。

资讯攻略
- 位于马尼拉湾最东部,吕宋岛西南部

椰子宫

维多利亚与艾伯特博物馆成立于1852年,是世界上最伟大的艺术与设计博物馆。馆内收藏了全世界最多的装饰艺术品、工艺品,不管是从数量上还是种类上都具世界较高水准。博物馆的印度文物收藏号称全世界最多,韩国文物年代则可追溯至公元300年,其文物有陶器、服装、家具、玻璃制品、金属制品、绘画作品、雕塑和纺织品等。

资讯攻略
- 位于文化中心区域,面对马尼拉湾
- 100比索
- 周二至周日9:00~16:00

菲律宾文化村

菲律宾文化村位于马尼拉市东南角的马尼拉国际机场附近,又名为"千岛缩影"。文化村内按照菲律宾全国几十个省的风土民情和各种山区土著的房屋建筑建造,每一个庭院代表了菲律宾群岛一个省的乡土风光和典型建筑。文化村内还有一个博物馆,陈列了一些民间家具和手工艺术品,有部分还对外出售。博物馆内放映的彩色幻灯片向大家展示了菲律宾各个民族的文化遗产,在这里游客可以对菲律宾文化有更深入的了解。

资讯攻略
- 位于马尼拉市东南角马尼拉国际机场附近

卡撒马尼拉博物馆

卡撒马尼拉博物馆是一幢黄色双层建筑，位于圣奥古斯丁教堂对面。博物馆内有一个圆形的小广场，围绕广场的两层建筑物展示了19世纪至20世纪菲律宾中上层时期居民的典型家具，极具奢华气派。实际上这座建筑物本身也是一件展品，博物馆把睡房、书房、厨房、卫生间甚至马厩都完整地重现，非常奇特少见，但是也颇为有趣。

资讯攻略
- 圣奥古斯丁教堂旁
- 联合国大道站，步行到达，需时约15分钟
- 15比索
- 周二至周日，9:00~12:00，13:00~18:00；周一闭馆

菲律宾中国城

菲律宾中国城是马尼拉商业中心之一，又称为"王彬街"。王彬街就是华侨聚居区的旧址，全街长约半公里，街道狭窄，有180多家商店，其中大部分是中国餐厅、酒楼、杂货店、糕点店、咖啡店和旅馆。这里和中国广东、闽南的街景很相似。在街口有一个"中菲友谊门"的牌坊以及王彬铜像和纪念碑。这里每逢华人节日便会热闹异常，很多中国特色活动都在这里举行。

资讯攻略
- 位于马尼拉市内

塔尔湖

塔尔湖位于吕宋岛西南部八打雁省境内的大雅台东南山脚下，深逾10,500米，直达海底的约翰森角，以火口湖而闻名于世。塔尔湖是菲律宾避暑和游览著名胜地。闻名遐迩的"塔尔火山岛"就位于湖的正中央，这座火山是菲律宾50多座火山中地势最低、最为活跃的一座活火山。在火山中又有一个火山湖，又称"火山口"，形成了湖中有山、山中有湖的奇特美景。

资讯攻略
- 位于位于吕宋岛西南部八打雁省境内的大雅台东南山脚下

马尼拉海洋公园

马尼拉海洋公园是马尼拉最新的游乐景点，是一个世界级的海洋公园。公园中的海洋生物种类繁多，还能在这里一窥各种珍稀鱼类的身影。这里有专门的鲨鱼馆，游客可以透过玻璃近距离地观察它们。走在观赏隧道中，感觉如同走在神秘而美丽的海底世界，与各种海洋生物近距离接触。

资讯攻略
- 马尼拉湾海上观景走廊后方
- 地铁 联合国大道 (United Nations Avenue Station)
- 10:00~21:00

华人公墓

华人公墓埋葬着不能回归故里的华人，由华人区长Lim Ong和Tan Quien Sien创建。这里的公墓非常豪华，其中许多墓地是由大理石砌造而成的。公墓的外形像一座高级住宅区。依照当地华人的习惯，墓地的占地面积很宽，每个家族的墓地都以钢筋水泥建造。在"豪宅"似的公墓里面有死者生前的各种喜爱物品，而且全都是实物。比较夸张的还有在"豪宅"装了升降电梯，供"主人"使用。有些还雇有专用佣人、警卫在墓园里打扫卫生、守卫。

资讯攻略

- 距离马尼拉市中心大约5公里
- 乘坐轻轨在何塞·阿巴德桑托斯站下车，步行到公墓的南门，也可乘坐纪念碑号吉普尼到极光大道，向东走即是南门
- 免费
- 7:30~19:00

岷伦洛教堂

岷伦洛教堂是一座带有浓厚西班牙殖民地风格的天主教堂，位于王彬街内，已有400年历史。教堂的一个黑色木质的十字架带有一个传奇故事，它是教堂的主角。相传16世纪时一个聋哑工人在凿井时发现十字架，之后他竟然能说能听了，自此这个十字架便被认为有消灾解难的能力。这个传说每年都会吸引众多游客前来一睹真身。教堂的八角形钟楼和教堂内的天花彩绘也是参观的焦点之一。

资讯攻略

- 位于王彬街内

马拉坎南宫

这座宫殿是18世纪一位西班牙贵族建造的，现在为菲律宾政府和国家元首驻地。宫殿的来自方言"May Lakan Diyan"，意思是"这里居住着一位贵族"。宫殿中有一座博物馆，里面收藏了每届菲律宾总统留下来的物品，馆内展示着各种高级的生活用品及服饰，地下甚至还备有专用的手术室。

资讯攻略

- 马石河的北岸
- 经过卡拉扬门（KalayaanGate）到达。乘坐出租车来的游客可经过阿勒瑰街（ArleguiStreet）或者桂冠街（J.P.LaurelStreet）到达，在曼地欧拉街（MendiolaStreet）停车场停车后沿着桂冠街步行到达卡拉扬门
- 门票20比索；儿童10比索；团体票200比索；儿童团体票100比索
- 星期四13:00~15:00； 星期五、六9:00~15:00。 团体参观（有导览）开放时间：星期二、三 9:00~15:30；星期四9:00~12:00

圣托马斯大学

这所大学是菲律宾历史最悠久的综合大学，也是全亚洲最古老的大学，比美国的哈佛大学还早25年，创立于1611年。大学本部中的建筑物都是古典式建筑，其中古老的钟楼是杰出的代表。在大学的

图书馆珍藏的1.2万册珍贵手稿，令学校引以为豪。大学内还设有博物馆，博物馆内收藏有各种贝类、蝴蝶标本和近400年来菲律宾众多珍贵的文化遗产、工艺品和出版物等。

资讯攻略
- 位于马尼拉市内

黎刹纪念体育馆

位于菲律宾马尼拉马拉特区的黎刹纪念体育馆是亚洲最古老的体育场馆，又名菲律宾国家体育场馆，建立于1934年。这座体育馆曾在二战中被破坏，后又重修，并作为第二届亚运会的主体育场。这座体育馆比较老旧，并且只能容纳30000人，因而被当地和国际体育机构所搁置下来。

资讯攻略
- 位于马尼拉市内

市中市

市中市是昔日马尼拉的旧址，又名围墙城市。这是西班牙人在1571年为统治菲律宾而建起的城堡，城堡四周围绕着壕沟和城墙，共有7座城门。城内有总督邸和12座教堂。城堡曾在二战中遭受破坏，现在已经修复了一部分。在城内最好的观赏方式就是搭乘古老的马车。

资讯攻略
- 位于帕西格河南岸，靠近马尼拉湾入口
- 乘轻轨LRT在联合国大道站下车，下车后步行20~25分钟到达；也可乘坐去往博尼法西奥的吉普车巴士

Transportation Information 马尼拉交通资讯

马尼拉的对外交通主要依靠航空，而市内则有地铁、公车、吉普车、渡轮、三轮车等公共交通设施。去往不同的景点或餐厅，可以根据不同的需要选择性价比高的交通方式。

航空

马尼拉国际机场(Manila Ninoy Aquino International Airport, NAIA)是马尼拉的对外交通枢纽。机场有4个航空塔，其中Terminal A是负责国内航班的。离开菲律宾时，建议先预定好机票，否则很难拿到折扣。

机场地址：马尼拉市南郊，距离市中心约10公里
机场电话：02-877-1109

机场交通

总站 1~3都有免费机场巴士，旅客也可以乘坐出租车和吉普车。尽管马尼拉的主要国际机场是马尼拉国际机场，但是一些航空公司却因机场的混乱，而把飞机停留在相对有秩序的宿雾市（Cebu）马丹岛机场 (Mactan Island Airport)。

内部交通

地铁

马尼拉有3条地铁线路，即LRT1、LRT2和MRT3，分别用黄色、紫色和蓝色作为代表。LRT1共18个站，连接纪念碑和巴克拉拉，LRT2共11个站，连接雷克托和圣特兰，MRT3共13个站，连接塔夫脱和纪念碑。马尼拉地铁的车费按距离计算，每程需10~15比索。

公交

马尼拉没有统一的公车线路，主要依靠客运公司提供公车服务。马尼拉的公车分为普通车和冷气车两种，普通车的车费为2.5~3比索，而冷气车则为5~10比索。

特色交通

马尼拉最主要的交通工具是吉普车（Jeepney），这些车辆于二战后开始使用，是由美军的旧吉普车改装而成的。吉普车没有固定的车站，上车时只要扬手即可，而收费则根据路程长短而定，起步价为10比索，一般的票价在30比索以内。

Living Information 马尼拉生活资讯

住宿

马尼拉市内有众多酒店，五星级饭店、次级的旅馆、青年旅馆以及YM－CA、YWCA等各种住宿一应俱全，非常方便。

五星级的马尼拉酒店配套设施完善，并附有各种娱乐设施。每晚住宿费用70～120美金，3～12月淡季期间有些房间可以享受50%的折扣。海滨度假旅馆多属于四星级，也可以有折扣。三星级旅馆价位在20～30美金，供应冷气及热水，相当方便。

自助旅行者选择比较多的是由个人经营的小规模家庭式旅馆。这种旅馆厕所、浴室共用，而浴室通常不供应热水。双人房如果没有冷气的话，价位100～200比索，相当便宜。

马尼拉还有许多出租的大厦公寓，附有厨房及厨具，可自行开伙。这种公寓的特点是房子坪数都很大，通常供长期居留者使用，但也可以只租一天，价位在300～500比索，住一个星期以上还可以有折扣。

酒店资讯

酒店名称	电话	地址
马尼拉国际青年旅舍	8322112	托马斯·克劳迪奥街4227-9
石寓	5240302	马比尼街1529
胚雄宾馆	5238304	里西蒂科街1771
比安卡花园酒店	5260351	里亚蒂科街2139
New Casa Pensionne	5221375	Leon Guinto St

美食

马尼拉饮食的特点是多元化。在马尼拉随处都可见米饭、粥、面条、饺子等中国食品，这也是马尼拉饮食的一部分。马尼拉的西餐也很多，一般早餐为西式，中餐和晚餐则多为中餐，不过中餐还是具有菲律宾的本土特色。菲律宾本土菜的特点是大量使用醋、大蒜等辛辣调味料，而风味浓郁的海鲜则是菲律宾菜中最令人称道的菜肴。马尼拉也有很多具有特色的小吃，在夜市或者街边可以买到。

购物

令马尼拉人自豪的购物中心，在整个亚洲都拥有较高声誉。曾经是亚洲最大的SM亚洲商城、自然与人文结合绿地、整洁的廉价市场绿地等，每一座都拥有众多品牌和健全的配套设施，无论购物还是休闲都是极佳选择。除了大型商场外，马尼拉也有很多书店，手工艺品店，古董店，特产店等。有的特产店提供特殊的服务，如制鞋，做家具等。值得提醒的是，伦敦的多数商店在10:00～18:00营业，周四为深夜购物日，不少商店营业到19:00或20:00。街头小商店在周末也有许多依旧经营。

娱乐

马尼拉的娱乐项目有很多，高尔夫球是最有名的游乐活动之一。马尼拉的高尔夫球场多数具有世界一流水平，很多世界级赛事都在这举行。马尼拉还是一座不夜城，酒吧、夜店、的士高舞厅、KTV等娱乐场所到处都是。在马卡提市和马尼拉市中，聚集了各种各样的夜店，是游人交朋识友和放松身心的场所。

长滩岛
Boracay

　　长滩岛的美景在东南亚众多的海岛中绝对算得上名列前茅,世界各地的游客都向往这个充满椰影白沙、碧海蓝天、温暖阳光的快乐天堂。整座岛为狭长型,一共有3个村落(barabgays):北面的雅泊(Yapak),中部的博拉白(Balabag)以及南面的芒诺克—芒诺克(Manoc—Manoc)。位于岛的西侧的白沙滩是世界上最好的沙滩之一。11月~次年2月是长滩岛的旅游旺季,气候温暖干燥,气温25~28℃,是最舒适的季节。

长滩岛

英文名称:Boracay
人口:约15000人
面积:28平方公里
著名景点:雅泊、塔博海峡
最佳旅游季节:11月~次年2月

长滩旅游示意图

长滩岛必游景点

● 普卡海滩

普卡海滩位于长滩岛的北部海岸，和Carabao岛隔海相望。这个海滩也被称为雅泊海滩（Yapak Beach），是长滩岛的第二大海滩。海滩上面的普卡贝壳在阳光的照射下闪闪发光，这些贝壳非常有名，在以前这些贝壳用来制作装饰物，当时岛上主要的产业便是收集贝壳。除了贝壳，这里餐厅提供的当天捕获的最鲜活的海鲜也是吸引游客的原因之一。

资讯攻略
- 位于长滩岛的北部海岸
- 游客可徒步翻越小山前往普卡海滩，也可以乘坐三轮车或摩托车

TIPS 这里最佳的旅游时间为11月~次年2月，这段时间为雨季，气温适中，不冷不热是这里的旅游旺季，游客较多。

● 白沙滩

长滩岛闻名世界的最大原因在于位于岛的西岸中段的白沙滩，这个沙滩长4公里，南北纵向延伸，沙子是由大片珊瑚磨碎后形成的，因为沙质非常的洁白细腻，所以即使在太阳高挂的正午时分，赤脚踏在上面也依然是清凉的。每到夜幕降临，沙滩便成了一所巨大酒吧，灯光和音乐将它妆点得摇曳多姿。很多游客来到此处都不进行任何的观光和游玩，只是在白沙滩上流连忘返。

资讯攻略
- 位于长滩岛的西岸中段

● 蝙蝠洞

蝙蝠洞顾名思义就是蝙蝠的筑巢洞穴，居住在里面的是洞穴蝙蝠和狐蝠这两种，洞穴位于雅泊海滩东北海岸。洞内的蝙蝠体型较大，双翼展开的话可以达到4英尺。洞穴内的臭味非常强烈，不过依然有很多博物学家、摄影师以及业余洞穴家愿意进入洞内探索研究。环保学家则是在白沙滩上度过悠闲的白日，在日落时分观察一涌而出的数不清的蝙蝠外出觅食的场景。

资讯攻略
- 位于雅泊海滩东北海岸

● 长滩岛贝壳博物馆

贝壳博物馆位于伊利戈伊利根海滩（Llig-iligan），博物馆内陈列了这一地区特有的贝壳、米雕、陶制品、手制品和传统的菲律宾民族服装等一些手工艺品，这些藏品手工精制，有很多都拥有悠久的历史。博物馆内还展示了一些中国古代的制品，有些非常的珍贵。

资讯攻略
- 位于长滩岛伊利戈-伊利根海滩
- 免费

●卢霍山

卢霍山海拔100米,是长滩岛最高的地方。卢霍山山路崎岖,攀登困难,可是沿途和山顶风景奇佳,非常值得上去看一看。山顶上有一个小凉亭,凉亭内有一些饮料出售。为了方便游客休息,在树林间设有很多的吊床,躺在吊床上,似乎登山时的疲惫全都会被树林间的柔风吹散。

资讯攻略
- 位于长滩岛

●布拉海海滩

布拉海海滩是长滩岛上一片被雕琢的海岛天堂,这个海滩位置非常的隐蔽,被山丘围绕,海滩的范围也小,因此非常宁静,适合喜欢安静的游客。这里的海洋生态也非常不错,海中有多彩缤纷的珊瑚,海水也清澈,很适合潜浮。这里也非常适合蜜月情侣。

资讯攻略
- 位于长滩岛以北
- 多采用摩托车化三轮车作为海滩间交通工具

Transportation Information 长滩岛交通资讯

国内目前没有直飞长滩岛的航班,一般是先抵达马尼拉再转机或者搭乘船前往长滩岛。长滩岛不大,很多景点步行就可以到,远一些的可以乘坐三轮车代步。

航空

从国内去长滩岛的旅客,一般是先坐国际航班到首都马尼拉,然后转机到长滩岛。长滩岛有两个机场,较近的卡迪克兰(caticlan)机场和较远的卡利波(kalibo)机场,卡迪克兰只能起降小飞机,大部分飞机降落在卡利波机场,而且飞卡迪克兰的机票比卡利波贵得多,当然也快很多。卡利波机场的税是20比索。马尼拉、宿雾和安杰利斯市都有班机飞往长滩岛,其中马尼拉每天有20多个航班(3000PHP左右),使用小型飞机,航程约45分钟,非常便捷。

机场交通

从卡迪克兰机场到长滩岛需要搭乘渡船,船程15分钟,船票19.5比索,上岛税50比索,环境税50比索。离开的时候再付环境税50比索。卡利波机场到长滩岛的车船连运小巴200比索,大巴350比索,都不含税,人满发车。卡利波和卡迪克兰这两所机场之间也有班车往来。150比索,人满发车。

车船联运

从奎松的古堡市乘坐公共汽车到八打雁,换乘船到卡拉潘,重新乘车到罗哈斯,再换乘船到长滩岛。全程约14小时,每天早7:00和晚20:30各一班。以前的长滩岛没有设码头,到可岸边就得涉水上岸,现在设了码头方便很多。不过船上连接岸边的木板非常窄,如果行李很多很大,最好花20比索请人帮忙。一般前往长滩岛都要先到卡迪克兰,再坐长脚船上岛。船程15分钟,船票19.5比索,上岛税50比索,环境税50比索。离开的时候再付环境税50比索。

渡船

可从马尼拉的北港(North Harbor)乘船到班乃岛北部海岸的新华盛顿,然后乘坐公共汽车到长滩岛。马尼拉直达长滩岛的航线每周3班。

三轮车

岛上最主要的交通工具便是三轮车,起价是50比索,到码头一般要100比索,最多150比索左右。长滩岛较小,很多景点步行就可以到达。

其他交通

岛上很多地方都有自行车和摩托车出租,对于游览这座岛屿非常的方便自由,自行车租赁150比索/小时,摩托车租赁250比索/小时。

Living Information 长滩岛生活资讯

 住宿

长滩岛的旅游业发展非常成熟，岛上住宿设施完善，各种档次的酒店都有。从海滩到城镇，从五星酒店到背包客经济型旅馆，可以满足不同游客的选择。不过长滩岛上规定所有的建筑物都不能高过椰子树，所以大型的连锁饭店很少见，几乎都是独栋的小木屋。这种木屋的费用100~200美元。在旅游淡季，住宿费通常有5~8折的优惠。

TIPS 虽然长滩岛的著名海滩都有很多宾馆，但是建议提前咨询价格，并适当考虑位置和交通。在旅游旺季前去，还需事先预订。

酒店资讯		
酒店名称	电话	地址
长滩岛阿尔塔维斯塔度假村	362-889888	长滩岛，马兰Yapak
长滩岛旭日酒店	362-886209	马来·阿卡兰2街5608
红椰子海滩度假村	362-883507	长滩岛国内路
Hotel Soffia Boracay	362-881828	Sitio hagdan building 299 borangay Boracay Highway Central
长滩岛潮汐酒店	362-7229200	长滩岛商场站2街

 美食

长滩岛内除了菲律宾风味的小吃外，岛内还居住着许多定居在此的欧洲人，因此在这里可以吃到很多西餐，如意大利比萨、葡萄牙的炒淡菜、西班牙的海鲜饭。长滩岛的海鲜非常的便宜，这里的海鲜烧烤很有名，其中大龙虾和明虾是最受游客喜爱的两道。岛上的餐厅还可以加工游客带去的海鲜，鲜美的海鲜镇的是让人回味无穷。除了海鲜之外，当地的果汁也是相当美味，价格也十分的便宜。

 娱乐

白天可以在长滩岛海边享受各种水上娱乐活动，潜水、冲浪、游泳还有海底漫步都是不错的选择。这里的潜水一定需要执照才能下水。无处不在的SPA也是非常好的放松身心的方式。当夜幕降临，沙滩边成了一座大型的露天酒吧，热闹非凡，一般这里都营业到天亮。

 购物

长滩岛上没有大型的百货公司或者购物广场，热闹的街道也只有两条，都位于西岸。一条是铺设柏油路面的主干道，两旁是商店和住家，岛上唯一的超市就在这条街上。另外一条则沿着海滩，与前述的街道平行，路面较窄且为沙土质，街上有许多餐厅、饭店、酒吧、杂货店、纪念品店等，这条街是观光客最常出没的地方。长滩岛贝壳和半宝石制成的小饰品及当地手工制作的装饰品是旅游者最喜欢购买的，但不管是在市场还是纪念品商店都需要还价。

宿雾
Cebu

宿雾是菲律宾中部的一个海岛城市，米沙鄢群岛（Visayas）的文化、经济、政治中心，也是菲律宾发展最好的一个城市。宿雾市包括宿雾岛、马克丹岛（Mactan Island）、嘉摩地斯岛（Camotes Islands）、峨兰哥岛（Olango Island）、巴塔颜岛（Bantayan Island）和2000多个小岛屿。城市历史悠久，拥有菲律宾三最，西班牙人最早登陆的岛、最古老的城堡及最古老的街道，并有"南部女皇城"的美誉。

宿雾

英文名称： Cebu
人口： 约70万人
面积： 40平方公里
著名景点： 圣奥古斯汀教堂
最佳旅游季节： 12月～次年5月

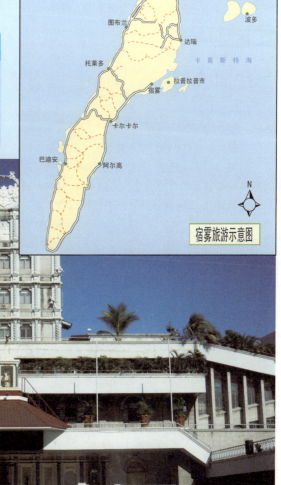

宿雾旅游示意图

宿雾必游景点

● 哥罗多博物馆

哥罗多博物馆曾经是第一位菲律宾国籍的宿雾大主教的住址，博物馆内展示有油画、宗教文物、古代家居用品、家具等内容，而馆外的庭院也是展示的一部分。参观这里可以对1860～1920年菲律宾人的生活有整体印象，不但可以体验到一百多年的异国风情，还能对宿雾宗教发展有更多的了解。

资讯攻略
- 位于宿雾市内
- 成人15比索/人；儿童5比索/人
- 周一至周六9:00～12:00, 14:00～18:00

● 圣佩特罗堡

圣佩特罗堡是菲律宾历史最悠久的一座城堡，位于宿雾市的码头附近，历史上曾改建过一次。这里曾是菲律宾革命者的堡垒和美国军营，日本占领时期是战俘营。如今城堡已被拓展修建成为一座公园，园内设有一个博物馆，馆内陈列了一些文物和艺术品等。

资讯攻略
- 位于市中心以南，波加费塔街交界处，邮政总局附近
- 乘坐出租车70比索即可到达
- 免费
- 周一至周六8:00～19:00

● 圣婴教堂

这是菲律宾最古老的教堂，有400多年的历史，闻名于世的"圣婴像"就典藏于此。这座高约40公分的木制圣婴像被尊为菲律宾最古老的圣像，至今仍旧受到市民热烈的崇拜。据说宿雾经历了一场大火，整个宿雾夷为平地，唯独圣婴像完好无损，成为一个传奇。圣婴像的复制品放在天主教堂的女修道院内，原版的圣婴像便在教堂的圣寺上保存。

资讯攻略
- 位于宿雾市南部，临近菲律宾最老的大街——COLON大街和宿雾市的南北交通主干道——OSMENA大街，周围是从几百年前就开始繁华的庶民商业区
- 10比索/人；市民5比索/人
- 周五至周日8:30～18:00

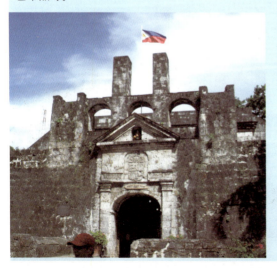

● 麦克坦岛

这是菲律宾中部的一个珊瑚岛，位于保和(Bohol)海峡中，邻近宿雾岛东岸。岛上地势低平，有长满红树的大片沼泽地。岛呈长方形，是宿雾省的一部分，面积62平方公里。岛上居民以捕鱼和种植椰子为主。这里有美国军用机场和国内第二大机场。与宿雾岛之间有大桥相接，所以从宿雾岛去麦克坦岛很方便。

资讯攻略
- 位于保和海峡中，邻近宿雾岛东岸

● 比华丽山老子道观

比华丽山老子道观是当地第一华人寺庙，建于宿雾市区北方大约6公里处的比佛利山缓坡上的高级住宅区，宿雾很多富有的华侨在此居住。这里供奉的是中国伟大思想家老子的神位，是宿雾华侨的精神寄托。道观附近有动物园和博物馆，还有一个据说能治疗百病的灵泉。宿雾市视野最佳的观景地点也在这里。

资讯攻略
- 位于宿雾市区北方大约6公里处的比佛利山(Beverly Hills)上高级住宅区的一角
- 免费
- 全天开放

● 巴里卡萨岛

宿雾的巴里卡萨岛作为世界浮潜胜地，是一个迷人的海沟，海沟的独特之处在于离海岸30米以外，突然垂直下降150米，而海沟落差为海洋带来了丰富的深海鱼种。当地人叫它"玫瑰大峡谷"。在海中透过潜望镜，可以观赏到呈玫瑰形状的珊瑚沿着断层生长，还可以看到逗趣的小丑鱼等各种海洋生物。下水时如果带着面包类的食品，会吸引很小鱼过来抢食。

资讯攻略
- 位于宿雾省

● 巧克力山

巧克力山由1200多座圆锥形的山组成，是薄荷岛著名的奇景。每逢旱季，山上的草干枯后变为咖啡色，酷似一大堆巧克力，这个让人垂涎欲滴的名字由此而得。其中的两座山头现在已经是度假胜地，旅游设施非常完善。在游览中心的顶端可以一览巧克力山的全貌，十分壮观美丽。在山脚下有几家商店出售各式的纪念品。

资讯攻略
- 位于薄荷岛

● 眼镜猴游客中心

眼镜猴游客中心位于罗博河畔,是人工饲养参观点。眼镜猴这种可爱的小动物就是电影ET里外星人的原型。接待中心较小,只有七八棵小树,但饲养的小猴都是全开放观赏的,可直接用手触摸。每棵树上都藏着一两只小猴,这些可爱的小猴子是十分古老的物种,是菲律宾独有的动物。游客可买昆虫喂给它吃,如果想把小猴拿到手上来拍照,要付小费,一般为20比索。

● 资讯攻略
- 位于罗博河畔

TIPS 特别要提醒的是,不可以用闪光灯对着小猴拍照,否则会伤害它们的眼睛。

● 锡基霍尔

锡基霍尔是一座幽灵般的小岛,岛内的女巫、治疗师以及居民都很有名。游览小岛最好的方式就是租辆车或者自行车,这样在一天内就可以环岛一周。这里的景点如沙滩、殖民遗址、瀑布、山洞以及这里的村庄都值得一览。岛内最有名的沙滩位于拉雷纳港口以北六公里的三都港,还有距离首府锡基霍尔镇九公里的三都港的西海岸。三都港附近的海洋保护区非常适合浮潜,几乎可以称为浮潜者的天堂。

● 资讯攻略
- 宿雾周边
- 搭乘快艇,内格罗斯的杜马格特和Larana之间往返(270比索,1小时),往来杜马格特和锡基霍尔往返(200比索,1小时)。还有船由锡基霍尔至宿务(760比索,4小时)以及至保和的塔比拉兰(645比索,3小时)。定班吉普尼由港口上坡的Larena市场开往锡基霍尔镇(15比索)和San Juan(25比索),Sandugan则朝相反方向,乘坐三轮车只有很短的路程。

● 巴里卡萨岛

巴里卡萨岛是一个位于赤道的珊瑚岛,世界闻名的巴里卡大断层就在这里,这里还是国内外潜水爱好者的潜水圣地。在潜水时可以在水中俯瞰巴里卡大断层,整个珊瑚岛就像一根3000尺的柱子竖立在海底,露出海面的部分就是巴里卡萨岛。断层上面布满了珍贵稀有的黑珊瑚礁,珊瑚呈玫瑰状,巨大而艳丽,如同海中花园般花团锦簇,各类的热带鱼穿梭在其中,实在美不胜收。

● 资讯攻略
- 巴里卡萨(Balicasag)岛离薄荷岛有45分钟航程
- 可搭乘船只

Transportation Information 宿雾交通资讯

航空

马克丹宿雾机场麦克坦岛机场位于马克丹岛，马尼拉飞往这里约1小时。马克丹宿雾机场是一个相当发达的交通枢纽，这里开通了到亚洲其他主要的14个城市的航线，最长也不过3～4小时。

机场地址：拉普拉普市机场路
机场电话：32-3402486

出租车

吉普车（Jeepney）是宿雾市内最方便的交通工具，在宿雾市区内搭这种出租车非常方便，一趟约70比索；车内有计价器和冷气，市内起步价35比索，每200米收费2.5比索。

市内交通

公共汽车

市内的公共汽车部分有冷气，票价依照距离而定。

摩托三轮车

这是一种摩托车加挂座位的短程交通工具，也是主要的交通工具。价格便宜，一人约5比索，非常灵活。

Living Information 宿雾生活资讯

 住宿

宿雾的住宿地非常多,大街小巷都能找到。宿雾的经济旅馆主要集中在downtown,一般200~500比索/天。海滨度假旅馆多属于三、四星级,空调双人房一般700~1200比索/天。

酒店资讯

酒店名称	电话	地址
裤裤养老巢旅馆	23-15180	罗多街157号
茉莉花养老旅馆	25-42686	茉莉花街和英国加西亚街
五月花养老公寓	25-52800	维拉龙街
卡萨罗萨里奥旅馆	25-50535	阿沃伊蒂斯街
这就是人生养老旅馆	25-35266	奥斯曼纳街13号

 美食

宿雾的美食种类繁多、物美价廉,主要以肉类和海鲜为主。在众多的菜式中,以中国菜和西班牙菜最为流行。在度假小岛上,主题餐厅遍布都是。宿雾的芒果在菲律宾是最为有名的,又香又甜而且绝对不涩。芒果制成的芒果汁口感更好。

 购物

宿雾的闹市区位于琼斯大道(又称奥斯美娜大道)与科隆大道交汇的地方,此地集中了电影院、餐厅、百货公司等一些娱乐场所。这里也算得上城市的中心,距离很多景点都非常近。Timberland、Hugo Boss 、Hobbs等,John Lewis百货商店也是购物爱好者经常光顾的地方。

SM购物广场

SM City购物中心是宿雾最大的商场,这也是换汇率最高的场所。在这里可换钱、购物、吃喝、买电话卡、寄包(30比索/件)。SM里面,服饰、传统的手工艺品和音像制品、旅行手册一应俱全。SM里甚至还有三四家电影院、酒店以及赌城CASINO,就像是个小城市。对于中国游客来说,SM最为出名的是超级便宜的LEVIS、LEE的牛仔裤,合人民币20~200一条哦,来宿雾千万不能错过! SM商场地下的大超市内能买到菲律宾的知名特产,如7D芒果干、香蕉片、巧克力、坚果、椰子油、朗姆酒(TANDUAY牌)等。

营业时间:周一至周五10:00~21:00;周六、周日09:00~21:00。

娱乐

水上游览

宿雾最地道、最逍遥自在的游览方式便是水上游览,游客可以搭乘渡船,也可以租用一艘小船畅游小岛。很多海滩都有等待出租的小船,不过一定要找信誉好的船主,并且要注意安全。

潜水

马拉帕斯加的西岸非常适合游泳和潜浮,这里的白沙滩和清澈碧蓝的海水构成一幅绝美的旅游天堂画卷,从宿雾出发,3小时左右可达到达马拉帕斯加岛。

夜生活

宿雾的夜生活丰富多彩,大街小巷遍布夜总会、音乐厅、酒吧、咖啡厅等各种休闲娱乐场所。在宿雾广场的白酒吧和海滨酒店的H2O都可以尽情跳舞,也可以到卡拉OK展歌喉,嗜酒的游客可以去酒吧。酒吧和夜总会大部分都营业至凌晨时分,直到最后一个客人离开才算打烊。宿雾在哪里都能感

巴拉望
Palawan

　　巴拉望岛是一个狭长形的海岛，位于菲律宾西南部。这里的丛林内陆地区是菲律宾最后一块生态处女地，不过正是它的原始自然吸引了越来越多的游客。巴拉望周围还围绕着一千多个大小岛屿，被当地居民称为海边乌托邦。巴拉望的首府是普林塞萨港(公主港)(Puerto Princesa)，它以地下河公园而著名。这里比较有名的潜水岛有里塔岛(Rita)、潘丹岛(Pandan)、邦里玛群礁(Panglima)和图巴塔哈群礁(Tubbataha)等，其中图巴塔哈岛内栖息着大海龟和各种海鸟。每年的11月至次年2月是最适合来这里旅行的季节。

巴拉望

英文名称：Palawan
人口：约31.2万人
面积：11785平方公里
著名景点：11月～次年2月
最佳旅游季节：塔博洞穴

巴拉望必游景点

● 塔博洞穴

塔博洞穴是东南亚历史最久远的发现人类活动遗址,每年都吸引了多国的考古学家前来探查。塔博洞穴被称为"菲律宾文明的摇篮",位于巴拉望的奎松(Quezon)城,距普林塞萨港约155公里。洞穴由29个大小洞窟组成,这里出土过上古塔本族人的化石骨头和出土品。塔博洞穴共有200个洞窟,这些洞穴都受到政府的严密保护,迄今为止,仅有7个对游客开放,以供游客了解关于菲律宾土著的历史。

资讯攻略
- 普林塞萨港市以南约155公里处
- 从普林塞萨港乘坐吉普车到达奎松市,约需5个小时,再从奎松市搭乘邦加船半个小时到达塔博洞穴

● 普林塞萨港地下河国家公园

普林塞萨港地下河国家公园是最世界上最长可行驶船的地下河流,长达8.5公里。地下河的特点便是直接流入南海。这里显著的喀斯特岩溶地形形成了雄伟的石灰石。公园内有丰富的原始自然生态,整个"山——海"的生态系统,保护了亚洲一些非常重要的森林。在进入公园之前,必须进行简短的登记才能开始奇特的洞穴之旅。在水道的沿途,可以欣赏到造型奇特的岩石,这些岩石经过长时间潮水的侵蚀,形成了千奇百怪的造型。在水道出口处,成千上万的蝙蝠倒挂在岩石峭壁上,非常壮观。

资讯攻略
- 位于巴拉望省北岸圣保罗山区。公园北临圣保罗湾,东靠巴布延海峡
- 从普林塞萨港(Puerto Princesa)出发首先要乘坐吉普车在崎岖的路上颠簸3、4个小时,然后再乘船约30分钟才能到达地下河
- 200 比索/人,游船700 比索(也可以选择步行2小时)套票:1500 比索/人,包含所有费用,包括上门接客和免费自助费
- 周一至周日8:00~15:00

● 图巴塔哈群礁国家公园

图巴塔哈群礁国家公园位于巴拉望岛普林塞萨港以东180公里处。这里以壮观的海地景观被联合国教科文组织认定为世界自然遗产,这里栖息着丰富多种的海洋生物。海洋公园由南北两个暗礁群组成,是一个独特的环状珊瑚岛礁。图巴塔哈群礁国家公园不允许爆破捕鱼,因此保存着最为原始的海洋和海底生态环境,菲律宾最原始的珊瑚群便在这里,是为浮潜和深潜的绝佳场所。

资讯攻略
- 位于巴拉望岛普林塞萨港以东180公里处
- 一般参加旅行团或潜水培训课程才能抵达这里,吃住一般都在游船上
- 3000比索/人
- 048-4344211

资讯攻略

- 坐落于菲律宾巴拉望北边、布苏安加岛北侧
- 从巴拉望首府普林塞萨港（公主港）到这里要先坐班车到奎松（Quezon）(160比索, 4小时)，再从奎松包船至卡拉依特岛
- 300比索/人

TIPS 岛上的居民少，加上运送不便，在此常常可以看到自然掉落，或被野生猴子咬落的椰子，建议你造访此地时，一定要叫当地的导游剖开几椰子，请你免费解馋一下。

帕玛里肯岛

帕玛里肯岛由一个国际知名度假集团管理，岛上只有唯一的一个度假村。岛上人工开发的痕迹不多，建筑物都极少，更罕见人迹。岛上不仅有茂密的热带雨林，还有清澈碧蓝的海水和洁白的沙滩。虽然游客不多，但是酒店还是提供给游客众多的娱乐活动，如跃入海中喂鱼或参加浮潜、风浪板、滑水或操作独木舟等，不过这些活动一定要提前预约。这里非常适合新婚夫妇或者情侣来旅行。

资讯攻略

- 位于巴拉望

卡拉依特岛

卡拉依特岛被称为非洲野生动物园，1976年许多濒临灭绝的非洲动物从肯尼亚引进到这里的保护区。如今，游客可以在这个野生动物园中看到了长颈鹿、斑马等非洲野生动物。在这座公园内也有很多菲律宾当地的原生动物。在这座岛屿游览时，会让人产生身在非洲大草原的错觉。对爱好自然及动物的人而言，造访此处绝对会留下难忘的印象。

Transportation Information 巴拉望交通资讯

 航空

国内没有直飞巴拉望的航班，必须从马尼拉转机。从马尼拉只需1小时5分钟到达巴拉望首府普林塞萨港。各航空公司每天都会有班机飞往巴拉望各地。还可以选择搭乘小飞机飞往巴拉望的其他地方，如埃尔尼多（El Nido）、科隆（Coron）等。

 渡船

从马尼拉可搭乘渡船去普林塞萨港，不过非常耗时，需要20个小时，不建议采用这种交通工具。

 内部交通

岛上的主要交通工具为三轮车、三轮摩托车、公共汽车和吉普车，这几种都比较拥挤。普林塞萨也有租车服务，不过岛上的居民大多数都不懂英语，因此最好在出发前与当地旅游代理联系，先安排好住宿及一些旅游行程。

Living Information 巴拉望生活资讯

住宿

巴拉望最主要的旅馆和酒店大部分聚集在首府普林塞萨港（公主港）。由于普林塞萨港盛产竹子，因此很多旅馆都采用竹子作为装饰，比如巴瓦艺术庄园（双人间350～500比索）用竹子来装修休息室，而卡萨琳达旅馆（双人间500～700比索）整个旅馆都是用竹子建造。埃尔尼多和帕马利肯等岛屿上都有小型度假村。

酒店资讯

酒店名称	电话	地址
阿尼塞托酒店	0917-7894664	马比尼街交叉路口
巴瓦艺术庄园	4348963	利万昂格街
卡萨琳达旅馆	4332606	特立尼达路

美食

巴拉望本岛菜系最显著的特征之一是用绿芒果作为多彩的酸味剂。在岛上也能品尝到世界各地的菜肴，普林塞萨港街道的很多餐饮店提供各式各样的国际和地方风味。在黎刹(Rizal)大街可以见到各式餐馆，首府也以越南餐馆闻名，这是因为在普林塞港市有很多越南人居住。高级酒店和度假村有高档的用餐环境和主题餐厅，也提供餐饮服务。

美食资讯

餐厅名称	电话	地址
卡马里库坦饭店	6348-4335182	波多黎各城萨黎尔大街
卡雷饭店	6348-4332580	Rizal Ave.Puerto Princesa City
八达饭店	6348-4332761	Rizal Ave.Puerto Princesa City
提喀林饭店	6348-4332168	Rizal Ave.Puerto Princesa City
韶韶饭店	6348-4332125	Rizal Ave.Puerto Princesa City

购物

这里的菲律宾竹藤及精致木雕家具驰名世界，可以成套出售也可以分件出售。巴拉望的蛇皮、鳄鱼皮制皮产品和古董及贝壳工艺品等，工艺都很精美。巴拉望的百货公司供应各类入口货品如香水、衣物首饰、电子产品等，相比其他国家，价格要便宜很多。

娱乐

在巴拉望最佳的娱乐活动莫过于海底探险了。在这片充满原始美丽的群岛上，无论是潜入沉船寻找二战遗留的遗迹，还是观赏海底美丽的珊瑚礁和热带鱼，对于游客来说都是一次充满惊奇并且惊喜的旅程。

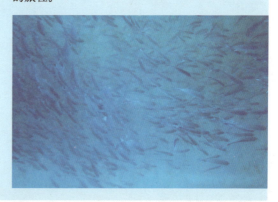

佬沃
Laoag

　　佬沃是一座临海的小城市,位于菲律宾吕宋岛西北方。这座城市是北伊罗柯斯省(Ilocos Norte)的省会,算得上是通往菲律宾北部的大门,从这里几乎可以走访伊洛科地区所有的地方。伊洛科地区散落着众多古城、教堂以及随处可见的鹅卵石小道。佬沃四周尽是翠绿的原野,并且拥有波澜平静的海洋。佬沃的商业发达,可是这里的人们却生活的非常轻松。

佬沃

英文名称: Laoag
著名景点: 科迪勒拉山梯田、维干古镇
最佳旅游季节: 10月~次年4月

佬沃旅游示意图

佬沃必游景点

维干古镇

维干市是一座富有西班牙风味的古镇，这里的古迹非常多。镇上的博物馆、古董街以及陶器厂等都渗透着浓郁的文化艺术气息。这里的古董街非常著名，街道两旁都是西班牙式的楼房，道路上的每块石板都非常古老，因此这里禁止汽车驶入。这里每年都吸引大批的游客涌入，坐马车是游览这座古镇最好的方式。古镇的很多特色小吃都非常不错，其中虾饼是代表。

资讯攻略

- 位于维干市
- 到佬沃的班车是从圣费尔南多始发的，从维干到佬沃需1小时，车费50比索/人

科迪勒拉山梯田

科迪勒拉山梯田在1995年被联合国教科文组织登录为世界文化遗产，这是世界上规模最大的人造灌溉系统。这些梯田是由当地部落在200年前用原始工具在坚硬的岩石上开垦出来的，如果把这些梯田首尾相接，可以环绕半个地球。这些梯田让所有观看过的游客叹为观止，非常壮观。以层层梯田为背景，黄昏时分，在这里可以观赏到菲律宾最美的落日。这里海拔较高，气温较低，一定要注意保暖事项。

资讯攻略

- 位于吕宋岛科迪勒拉山脉的东面，距离巴那韦镇仅2公里
- 每天下午17:30有一班汽车巴士运输公司的班车前往马尼拉（342比索，8小时），从马尼拉方向过来的班车于22:00点在马尼拉发车

抱威湖高尔夫球场

抱威湖高尔夫球场是佬沃引以为傲的高尔夫球场，位于抱威湖湖畔。这座球场是昔日马可斯总统专用的高尔夫球场。很多游客都是冲着这座球场来的，他们都是带着球杆不远千里的来到这里。这里不仅可以打高尔夫球，球场的景色也非常的不错。

资讯攻略

- 位于佬沃市

马可斯行宫

马可斯行宫位于抱威湖湖畔，是一座欧式顶级建筑物，外观霸气雄伟，呈现出当时马可斯总统富甲天下的气势。在行宫内展示了马可斯总统与雷根总统合照的抱威教堂千万名画等纪念品，在这里可以了解当时总统奢华的贵族生活。

资讯攻略
- 位于佬沃市

马可斯纪念馆

马可斯纪念馆位于吕宋岛北部第二大城巴塔克市，菲律宾前总统马可斯的故居就位于这里，当地居民又称之为英雄之家，后来改建成现在的纪念馆。纪念馆内安放着马可斯的遗体，游客可在此瞻仰马可斯的遗容，了解这位总统生平的施政和各项功绩。

资讯攻略
- 位于巴塔克市

抱威教堂

抱威教堂造型奇特，形状有如金塔的三角建筑，是一座典型的西班牙教堂。这座教堂没有地基，却已有400年的历史了，依然稳如泰山。这座建筑物也是当地居民的精神支柱。传说在教堂墙上会渗出圣水，这种圣水可治百病，相当灵验，因此吸引了许多的游客前来许愿。抱威教堂已被联合国教科文组织列为世界文化财产。

资讯攻略
- 位于佬沃市

马荣火山

马荣火山被称为世界上最完美的火山堆，因为这座火山的轮廓是世界上最完整的。它位于菲律宾吕宋岛的东南部，是一座活火山。这座火山是菲律宾著名的旅游景点，近来的多次濒临喷发，虽然使得菲律宾政府疏散了附近居民，却反而吸引了许多欲一睹完美火山爆发景象的火山及摄影爱好者。日本的富士山仅次于它，经常被拿来做比较。

资讯攻略
- 位于菲律宾吕宋岛东南部

Transportation Information 佬沃交通资讯

航空

中国上海、厦门、香港有航班直抵佬沃。也可从北京搭乘飞机抵达马尼拉，再从马尼拉转机到老沃。从北京飞马尼拉的航线每周3班，约5个半小时。

长途汽车

在马尼拉可搭乘菲律宾兔公司的公共汽车到达佬沃，车费约700比索，行程约7小时。菲律宾特有的长途汽车非常奇特，当地人非常喜欢在车身涂满花花绿绿的图案，装上许多车灯、喇叭和各种夸张造型的装饰品，弄得非常花俏。几乎每辆车的外形都是特别的。这种车起价5比索，车门通常在后面，车上乘客相对而坐，由于车上座位数量较少，偶尔还会看到有乘客趴在车顶上。

公共汽车

公共汽车在城乡之间来往。这种公共汽车非常小，座位在车厢两侧，坐着头顶距离不到5公分。如果乘客到了目的地要下车，需要猛敲车顶提醒司机停车。乘客很多的时候，想抵达目的地就要费点力

出租车

当地的出租车外形非常像希特勒的盖世太保车，右边是摩托车，左边为乘客座位。好一点的会有遮雨蓬。这种车也是当地的一个特色，搭乘很方便，即招即走，价格也合理，不过在搭乘前最好先谈妥价钱。

吉普车

这种吉普车都是由美军二战时留下的吉普车改装而成的，仅用4个轮子、一个底盘，没有车门、没有顶篷，只是能开动而已，用来搭乘乘客，也算的上佬沃市民的出租车。这种吉普车在市区数量非常多，每次可以搭载两个乘客。起步价是15比索。

马车

在佬沃市区赶集是最常见的活动，在大街上游客可在街边招来马车。游览市区内著名景点乘坐马车是最好的方式，还可以体验当地的风情文化。

Living Information 佬沃生活资讯

住宿

佬沃是有名的历史古城，住宿非常方便，每个档次的酒店都有，供游客选择。佬沃的酒店大部分是西班牙风格，红砖、红瓦，静谧而幽雅是这里的特色。各具特色的度假村在这里也很受欢迎。椰湾度假村便是以珊瑚海滩而得名，沙滩拥有连绵不绝的白沙沙滩，赤脚走在细软的沙滩上，享受着日光浴，可以让人完全放松体验世外桃源的休闲美好。

酒店资讯

酒店名称	电话	地址
FORT ILOCANDIA RESORT	6377-7721166	De Luxe
PALAZZO DE LAOAG HOTEL	637-77731842 / 7731848	Standard
布埃诺顶楼房屋酒店	6377-7720342	旅游酒店
利亚内斯宾馆	6377-7720456	旅游酒店

美食

佬沃的美食充满异国风味，最具有代表性的是乡土名菜做法很独特，这里的任何菜，甚至汤都会用醋和大量的大蒜等辛辣调料烹饪。佬沃特色的菜肴有烤乳猪、西尼根汤、阿多波、拉普拉普鱼等。佬沃的水果也非常丰盛，在用餐后来点香甜的芒果、香甜多汁的西瓜、香蕉、榴莲等绝对是一大享受。

佬沃特色美食

西班牙馅饼（Empanada）：外形很像大型的饺子，内馅有多种口味可以选择，是油炸食物。

维甘特色菜肴：香肠、Bagnet Pinakbet,Denengdeng炖蔬菜。

购物

佬沃有很多具有当地特色的物品，非常适合当作纪念品或者送人，如吕宋新鲜芒果、银制首饰、芒果干、椰子油、木雕、塔加拉族服饰和贝壳制品等。这里的吕宋烟草非常著名，也值得购买，而且购买数量达到400支烟、两罐烟丝，就可以得到免税。

娱乐

佬沃是一座海滨城市，这座城市的沙滩、西班牙风情的建筑、高尔夫球场等都散发出异国情调的休闲气氛，大量的游客被吸引而来。这里随处拥有沙滩赛车、高尔夫球场、射击及各种多姿多彩的娱乐活动。而水上的娱乐项目非常全面，包括浮潜（深潜）、水上摩托车、游艇、划水、冲浪、海钓等。

东南亚**主要**的旅游国家 印度尼西亚

① 雅加达
② 巴厘岛
③ 努沙登加拉群岛
④ 日惹

印度尼西亚档案
Profile of Indonesia

● 国旗

印度尼西亚的国旗别称为荣耀红白,是一面由红白两色横带组成的旗帜。旗帜上的图案是两条一样宽的横带,上面的那条是红色的,下面的那条是白色的。整体的比例为2:3。红色是勇气的象征,而白色代表纯洁。

● 首都

印度尼西亚的首都是雅加达,这是东南亚最大的城市。有大小10条河流经市区,其中最著名的是芝里翁河。城市内充满浓郁的异国风味,多数建筑物都是典型的欧洲古典风格,大部分都是荷兰统治时代的建筑及康朋族部落的建筑。世界著名的波格尔植物园及茶园也坐落在此。

● 气候

印度尼西亚地处赤道,常年气候炎热,属热带雨林气候,高温、多雨、潮湿,雨季为每年10月~次年4月,年平均气温25~27℃。5月~10月为旱季,也是最适合前往印度尼西亚旅游的季节,该段时间降水相对较少,旅游时要注意避开斋月,此时多数餐馆整天不营业。斋月结束后的两天,旅馆大多客满,价格也很贵。

● 人口民族

印度尼西亚为世界第四人口大国,有100多个民族,其中爪哇族47%,巽他族14%,马都拉族7%,华人5%。

● 语言货币

印尼语为印度尼西亚官方语言。

印度尼西亚主要的货币为Rupiah(卢比),又称印尼盾。卢比是印尼的法定货币,英文为Rupiah,简写为Rp。面值有纸币:100000Rp、50000Rp、20000Rp、10000Rp、5000Rp、2000Rp、1000Rp。硬币:1000Rp、500Rp、200Rp、100Rp、50Rp。1人民币= 8.1587印度卢比(2012年4月)

● 宗教信仰

印度尼西亚国民中约88%信奉伊斯兰教,5%信奉基督教新教,3%信奉天主教,2%信奉印度教,1%信奉佛教。印度尼西亚是世界上穆斯林人口最多的国家。

雅加达
Jakarta

　　这座充满浓郁异国风味的城市是印尼三大旅游城市之一，市内绿荫成片，历史古迹众多，很大部分的建筑物都是欧式古典风格。城区内主要景点有独立广场公园、印度尼西亚缩影公园、安佐尔梦幻公园、千岛群岛、伊斯蒂赫拉尔清真寺、中央博物馆等。

雅加达

英文名称：Jakarta
面积：66152平方公里
人口：约880万人
最佳旅游季节：4~10月
著名景点：独立广场、缩影公园

雅加达必游景点

● 中央博物馆

这是印度尼西亚规模最大、藏品最丰富的博物馆，位于市中心独立广场西边的独立西边街。博物馆为白色的欧式建筑，一座铜质大象耸立在博物馆前，因此博物馆又被称为"大象博物馆"。博物馆中设有金银饰物室、青铜器室、货币室、古物展览室、史前展览室、木器展览室、民俗展览室、东印度公司陈列室等，其中甚至收藏了中国千年前青铜时代的鼎和鬲，以及古代的陶瓷和古币。当然，印度尼西亚当地的展品最多。

资讯攻略

- 雅加达市中心独立广场西边的独立街
- 可搭乘汽车从布卢姆到哥打，或乘汽车从普略戈登到莫纳斯。博物馆坐落在JalanMerdekaBarat，可以在这里停车
- 成人750印尼盾，17岁以下儿童250印尼盾
- 周二至周四8：30～14：30，周五8：30～11：00，周六8：30～13：30，周一和公共假日不开门

● 安佐尔梦幻公园

这座公园是雅加达最大、最有名的集娱乐休闲一体的公园，位于雅加达市区北段，紧靠雅加达海湾。在公园内建有各种设施，包括游乐场、酒店、商店、夜总会、跑马场、甚至按摩院都有。公园内还建有别墅区，具有典型的印尼民族特色。在公园中的艺术市场中陈列印尼民间工艺品，艺术家还在现场为游客制作绘画和雕刻作品。在黄昏时分，这里还有一些印度尼西亚传统的舞蹈表演。

资讯攻略

- 雅加达市区北，紧靠雅加达湾
- 公园内每个项目单独购票
- 全天开放

● 印度尼西亚缩影公园

印度尼西亚缩影公园以巨型模型展示了整个印度尼西亚的岛屿，在这里花上半天时间便能基本了解印度尼西亚每个地方的不同文化、建筑特色。公园被划分为27区，每个区都代表着印尼的一个省，每个区内都有当地传统特色的建筑物，并种植当地特有的植物。游客还可乘小船游览"印尼各岛"，也可乘空中缆车、小型火车或马车，遍游"全国"，领略印尼各地的风光特色。在公园内也还设有很多别的娱乐设施，如博物馆、电影院、图书馆等。

资讯攻略
- 雅加达市区以东约26公里处
- 8:00~16:00

印尼独立广场

印尼独立广场位于雅加达的市中心，在独立广场中央的民族独立纪念碑是雅加达市的象征，纪念碑地下室是一间陈列印尼独立史迹的博物馆，馆内收藏有许多雕塑和油画，全面展示了1945年以前印尼人民争取独立战争的过程。广场北面有总统府，东北方有印尼最大的伊斯迪赫尔大清真寺，西街上有中央博物馆，而东南角有一组群马拉车的雕塑。而在纪念碑西侧的公园里有一座音乐喷泉。

资讯攻略
- 雅加达中区
- 独立广场免费
- 周一至周四9:00~14:00，周五9:00~1:00，周六9:00~3:00，周日9:00~15:00

伊斯蒂赫拉尔清真寺

这座清真寺是印尼最大的清真寺，位于中心独立广场东北部的塔曼维加亚库苏玛公园，为永久纪念印尼独立解放战争牺牲的烈士而建。清真寺通体白色，圆形屋顶，外观十分醒目。印尼伊斯兰学者会议组织和印尼华人伊斯兰教协会也设在寺内。节日期间，全寺可容纳12万人同时礼拜祈祷。寺内还设有图书馆，藏有各种版本的经书珍本，并附有阅览室。寺庙为社会和文化活动提供场地，印尼重大的伊斯兰教活动和仪式都在这里举行。

资讯攻略
- 独立广场东北部
- 免费

拉古南动物园

拉古南动物园内动物品种繁多，共有多达3000多只动物。园中有许多热带环境特有的原生种，如科摩多巨蜥、红毛猩猩、马来貘、苏门答腊虎、爪哇野牛等，以及多种色彩鲜艳的鸟类，其中也包含来自于印尼或世界各地的濒危及受威胁物种。动物园分为几个大区，其中儿童区内全是孩子们熟悉的动物，如小鸡、山羊、牛、兔子等一些家禽和家畜类，在这里还建有许多树屋，小孩可以上去游玩观赏。公园内的灵长目动物中心是一个野生区域，动物们都自由地生活在原始环境中。动物园内的设施非常完善，设有餐馆、商店、实验室等一些场所。

资讯攻略
- 雅加达南部

弥赛亚大教堂

弥赛亚大教堂属于唐崇荣领导的印尼归正福音教会，这是亚洲最大基督教椭圆顶大教堂，同时也是海外最具规模的华人礼拜堂。该教堂是归正千喜建筑群的一部分，该建筑群还包括音乐厅、美术馆、图书馆和神学院。该教堂能够容纳8000人，包括两个厅，其中较大的弥赛亚厅能容纳4500人。

资讯攻略
- 雅加达市中心

雅美达美术陶艺博物馆

雅美达美术陶艺博物馆前身是作为殖民时期政府使用的办公楼，现在由雅加达首都特区旅游与文化局管理。馆内的展厅是按照各时代作品的顺序排列，展品为19世纪至今的多名印尼艺术家的作品。展厅分为19世纪驰名欧洲的印尼画家莱登-萨利赫的作品展览厅、印尼浪漫主义美术作品展览厅、立体派作品展览厅、日军占领时期的作品展览厅、建国初期作品展览厅、写实派画家作品展览厅、印尼新艺术派作品展览厅和立体艺术品展览厅。馆内还陈列了来自世界各地的精美陶器。

资讯攻略
- 雅加达市
- 周二至周日，9:00~15:00，周一和节假日闭馆

雅加达唐人街

位于雅加达班芝兰区的唐人街是华人的聚集区，这里被称为华人区，在这里90%以上的商人都是华人。唐人街非常热闹，在这里能找到国内各色美食和商品，在中心地带还有几个寺庙和几条胡同，具有浓郁的中国特色。

资讯攻略
- 位于雅加达班芝兰区

雅加达历史博物馆

雅加达历史博物馆前身为市正厅，在1974年改建而成博物馆。馆内的藏品包括荷兰东印度时期的钱币、各种盛器、16世纪的旗帜，17~19世纪的古典家具，古代的出土品、古老大炮，印尼群岛佛教时期和伊斯兰教传入时期的古董、名画，历代总督的肖像和古老地图等。游览这里能对印尼的历史发展有所了解。

资讯攻略
- 雅加达老市政厅内
- 周二至周日，9:00~15:00，周一和节假日闭馆

Transportation Information 雅加达交通资讯

雅加达是印尼最重要的交通枢纽,交通非常发达。有发往全国各地的飞机和客轮,还有开往爪哇、巴厘和苏门答腊的公共汽车。雅加达的火车非常便捷,以雅加达为始发站的铁路网使得列车来往于爪哇岛和苏门答腊岛间。雅加达高速公路情况良好,旅游车、长途汽车行驶在环岛间。市内主要交通工具是出租汽车、三轮车。

航空

苏加诺哈达国际机场位于雅加达市中心以西约20公里处。3座航空大厦坐落在机场中央,其中一座是国际航线专用,其余两座供国内航线使用。国际航线航空大厦一楼是入境厅,有钱币兑换处及旅游服务中心,二楼是出境厅,内设有餐厅、免税店、礼品店等。

机场交通

搭乘出租车或公共汽车前往市区,约需半小时。国际航班机场税1500印尼盾,内航班机场税5500印尼盾。

长途汽车

雅加达的公路很发达,汽车站有众多公共汽车,可以到车站买票,也可以提前预订。位于杰

克沙大街上的旅行社代售车票,通常这里也有车开往车站。雅加达共有4个汽车站,都离市中心很远。

Kalideres 在市中心西北15公里处,这里的客车大部分开往雅加达以西地区。如前往默拉克(14000印尼盾,3小时)的客车。电话:541-4996

甘榜红毛丹在城市以南18公里外,这里的客车大部分开往雅加达以南地区,如前往茂物(Bogor,10000印尼盾,1小时)和万隆(30000印尼盾,4小时)的客车。 电话:840-0062

普洛加东在市中心以东12公里处,有前往中爪哇、东爪哇、苏门答腊和巴厘的客车。前往苏门答腊的公共汽车从早上10:00~15:00出发,目的地包括巨港(Palembang,125000印尼盾,

12小时)和武吉丁宜(150000印尼盾，24小时)。向东有前往日惹(80000印尼盾，12小时)、泗水(110000印尼盾,18小时)和登巴萨(240000印尼盾,26小时)的客车。电话:489–3742

莱巴布鲁斯在城市以南16公里处，有开往日惹、泗水和巴厘岛的豪华客车。这里的客车一般在下午和晚上出发。

渡船

佩利公司售票处在市中心东北约13公里的马腰兰。所有的票价和时刻表都能在佩利公司的网站上查到；参考票价可以在佩利公司客运港口及主要路线图上查到，也可在佩利公司指定的代购点购票，不过要加付代购费。

电话：421-2893
网址：www.pelni.co.id
地址：Jl 安卡萨18
时间：周一至周五8：00～15:00 周六8：00 中午

Pelni公司的客轮都从丹戎不碌的Pelabuhan Satu(1号码头)出发或到达，这里位于市中心东北13公里处。

旅游巴士

可以在旅行社办理手续搭乘旅游巴士，这种旅游巴士十分快捷，但是在雅加达市内可能耽误的时间较多。Jl Jaksa大街的旅行社，如Robert Kencana Travel可以预订直达万隆(60,000印尼盾,3小时)、庞岸达兰(125,000印尼盾，10小时)、日惹(120,000印尼盾，12小时)和登巴萨(260,000印尼盾,24小时)的车票。电话:314-2926

火车

雅加达的4个火车站都离市中心不远，因此火车是出城最便捷的途径。"Gambir"车站是雅加达最方便最重要的车站，位于自由广场的东面。还有库答车站位于Jl.stasiunNO.1。

以雅加达为始发站，环岛的车次有Bima号：雅加达——日惹——泗水行驶16小时30分;珍珠号：雅加达——泗水行驶：15小时30分 ；巴拉香岸号：雅加达——万隆行驶3小时20分 。

市内交通

出租车

印度尼西亚有很多出租车。出租车有空调而且价格便宜，是在市内旅行的最佳选择。乘坐出租车之前要与司机说好要去哪里，并确信是计程收费。在市内很容易打到出租车,起价3000盾,超出起价费每公里收1300盾。

搭乘出租车是游览雅加达市区的最好方式。蓝鸟出租车叫车电话：21-325607/3143000

三轮车

三轮车是最适合市内短途旅游时乘坐的交通工具，价钱非常便宜，约8000印尼盾。这种车的缺点是不能在一些主要街道上行驶。

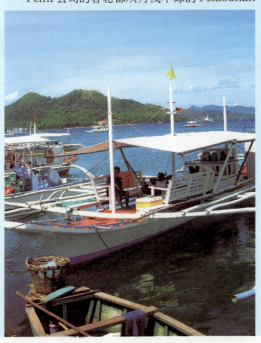

Living Information 雅加达生活资讯

住宿

在雅加达要找到一家满意的住宿酒店非常简单，这里有非常多的国际连锁酒店和本地酒店。从每晚100~200美元的五星级饭店至20美元的小旅馆都有。经济型旅馆都多都集中在杰克沙地区，而比较中档的则在Cikini酒店地区比较多，这里的一般住宿价格里还包含一顿早餐。雅加达大饭店大多集中在坦林路附近。还有一种"Horison"的休闲型饭店在雅加达近郊，那里可以欣赏到雅加达湾的风情。

酒店资讯

名称	电话	地址
Losmen Setia Kawan	512452	Gang ll 58
Bladok Losmen Restaurant	560452	Jl Sosrowijayan 76
Gloria Amanda	565286	Jl Sosrowijayan 195
Losmen Lucy	513429	Jl Sosrowijayan GT 1
Mercury	370846	Jl Prawirotaman 1 169

美食

印度尼西亚的菜肴口味很重，这点和东南亚多数国家的菜肴相似。印尼的菜肴中常加入椰浆及胡椒、丁香、豆蔻、咖喱等各种香料调味，餐桌上常备有辣椒酱。巴东菜是印尼各地菜肴中最典型的，以油炸及辣味重而闻名。在雅加达不仅可以品尝到当地独特的印尼口味的美食，还可吃到世界各地的佳肴。在开设的各国餐馆中，中国餐馆是最多的。

购物

雅加达打发炎热时光的最好办法就是购物，购物算得上雅加达的最大特色，在市中心遍布各大购物中心。位于杰克沙街大街西南端的萨娜燕广场是雅加达最豪华的购物中心，许多知名设计师的品牌在这里都有售。而南部的莎丽娜和美嘉勃洛克则有非常多当地传统手工艺品出售，是个适合买纪念品的地方。在艾伦泗水跳蚤市场可以买到各种各样的小商品。

娱乐

雅加达是座国际化的大都市，娱乐方式多种多样，丰富多彩。最具有特色的传统娱乐就是跳传统舞蹈和看皮影戏了，非常精彩，很具当地的特色。雅加达的夜生活也十分丰富，夜总会、disco舞厅、卡拉ok、酒吧等都是现在年轻人喜爱的地方。雅加达人非常热衷于看电影，从中国的功夫片到印度爱情片，或者是好莱坞暴力的枪战片在这里都非常受欢迎。

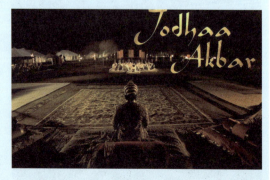

巴厘岛
Bali

巴厘岛是印度尼西亚最著名的旅游区,这里气候温和多雨,四季绿水青山,万花烂漫,林木参天。巴厘人生性爱花,处处用花来装饰,因此,该岛又有"花之岛"、"南海乐园"、"神仙岛"的美誉。巴厘岛是印尼唯一信仰印度教的地方,但又和印度教稍有不同。教徒家里都设有家庙,家族组成的社区有神庙,村有村庙,全岛有庙宇125 000多座,因此,该岛又有"千寺之岛"的美称。

巴厘岛

英文名称: Bali
面积: 5620平方公里
人口: 315万人
最佳旅游季节: 4～9月
著名景点: 海神庙、圣泉庙、乌鲁瓦图断崖

巴厘岛旅游示意图

巴厘岛必游景点

● 海神庙

塔拿罗特的海神庙坐落在海边一块巨大的岩石上，每逢潮涨之时，岩石就被海水环绕，整座寺庙与陆地隔绝，孤零零地矗立在海水中，只在落潮时才与陆地相连。海神庙的香火鼎盛，周遭的景致更是优雅绝伦，尤其是夕阳下，海水碧蓝，水波中闪耀着金黄的光彩，此情此景是许多摄影家的最爱，这样的美景也使海神庙名声大噪，人们认定海神庙拥有巴厘岛最美的夕阳。庙对岸陆地上有一小亭，站在亭中可远眺日落景致，这是巴厘岛胜景之一。

资讯攻略
- 位于巴厘岛西南部
- 登帕萨的勿布站有大巴前往，车程约25分钟，距库塔约40分钟车程
- 10000印尼盾
- 全天

的可以消灾解祸，有的可以驱逐病痛，有的可以洗涤心灵。这里用骨头和象牙雕刻的饰品和用贝壳饰品很受欢迎。在这座寺的附近有一座印尼总统的行宫，是一座欧式建筑。

资讯攻略
- 位于巴厘岛中北部
- 距离乌布车程约40分钟

● 圣泉寺

这座寺庙依傍圣泉而建，据说寺庙内的泉水1000多年从未断流，历经千年依然十分清澈。圣泉寺有十多个出水口，每个出水口的功效都不同，有

● 西巴厘岛国家公园

这座公园位于巴厘岛西段，是巴厘岛上唯一的国家公园。公园内生态环境原始而多变，包含多种地貌，涵盖了火山、热带雨林、草原、沿海滩涂、海岛等。公园内有200多种植物，160多种鸟类，和多种野生动物。鸟类中有不少是巴厘岛上独有的濒危鸟类，如巴厘八哥。本地的动物群则包括黑猴、叶猴和短尾猿、黑鹿、赤鹿、水鹿、爪哇鹿和鼷鹿，还有野猪、松鼠、水牛、鬣蜥、大蟒和绿蛇等。游客可以徒步穿越森林旅行，在鹿岛享受最佳潜水体验，或探索海边的红树林。

资讯攻略

- 位于巴厘岛西北部，距国家公园入口最近的城市是西北部海港吉利马努克
- 交通中心登巴萨有班车开往吉利马努克，也可以从爪哇乘渡轮到达，然后坐小巴或摩托车去色客
- 10000印尼盾
- 7:00~16:00

TIPS 进国家公园前必须先去登记，取得许可，而且要由政府纸牌的向导陪同。

库塔海滩

库塔海滩是巴厘岛游客聚集最多的地区，距离巴厘岛机场约15分钟。这里的海滩十分适合冲浪，因此深受年轻人的喜欢。沙滩附近有热闹的商业街，各色巴厘传统手工艺品、绚丽民族服装在这里展示，而且还有大型百货商店可以买到各类商品。沙滩上也有售卖各种商品的小贩。这里对于很多人来说就是度假的天堂，不仅有着宽阔迷人洁白的沙滩和热闹的商业街道，也是欣赏落日美景的绝佳地点。

资讯攻略

- 库塔海滩位于巴厘岛国际机场附近，约15分钟车程
- 从机场到库塔需要30,000印尼盾，返回机场只要20,000印尼盾
- 免费
- 全天开放

苏鲁村

这座村庄以精美的银饰而出名，苏鲁村的先人都为巴厘岛王室打造银饰，世代流传的手艺细腻精湛，很多年老的工匠手艺已到了炉火纯青的地步。这里的银器全都是采用手工与传统技术制作，所以具有特殊的朴质感。较具特色的银器是以巴里岛传统神话与景物的银雕饰品。在街边的商店不但可以欣赏到精美的银饰品，还能看到工匠现场表演银饰制作的全过程。

资讯攻略

- 位于交通中心登巴萨西北郊，通往乌布的公路边

TIPS 在这些大型商店中购买银饰并不比巴厘岛其他地方便宜。建议去村中小巷上的小作坊转转，也许会有特别惊喜。

圣猴森林公园

圣猴森林公园是一处茂盛豆荚植物的森林，在林中间有一座庙宇，这座庙宇平时不对外开放，但是猴子们可以自由出入。这里的猴子被当地人视为圣猴，当做神灵敬奉。据说就是因为这里的当地人不堪猴子骚扰，所以才修建了庙宇吸引游客，由游客来喂食猴子，避免被猴子骚扰。

资讯攻略

- 位于乌布西北方,距离约7公里
- 1500印尼盾
- 8:00~18:00

巴厘岛蝴蝶园

巴厘岛蝴蝶园位于乌布西部的塔班南以北7公里,是亚洲最大的蝴蝶园。这座蝴蝶园称得上是一座蝴蝶博物馆,这里栖息了印尼的多种蝴蝶,走在里面,眼前全是五颜六色飞舞的蝴蝶,非常漂亮。园内不仅有当地特有的蝴蝶品种,还可以观赏到世界各地珍稀的野生蝴蝶。在这里,你可以尽情享受 "与蝶共舞"的乐趣,还可以买一些标本带回家。

资讯攻略

- 位于乌布西部的塔班南以北7公里

象窟

象窟是一座石窟寺院遗址,是巴厘岛南部地区最著名的景点之一。象窟遗址由3部分组成,象窟本体是昔日佛教高僧修行之地。在象洞外的3个露天浴池和一些佛教建筑遗迹,如寺庙、石雕和亭阁等。

资讯攻略

- 位于乌布以东3公里
- 约10分钟车程,步行30分钟
- 6000印尼盾
- 6:00~21:00

德格拉朗梯田

德格拉朗梯田位于乌布以北,主要集中在格拉德朗一带,是巴厘岛著名的梯田风光。这里是很多明信片和摄影作品的拍摄场景地,这里的梯田有着雄伟的火山背景,在田间点缀的椰树使得它在其他梯田中独树一帜,最珍贵的是热带风光与田园景色的完美融合。这些梯田约1公里长,在梯田路边修建了很多景观餐厅和茶室,游客可在这稍作休息欣赏美景。

资讯攻略

- 德格拉朗梯田位于乌布以北,去圣泉寺的公路边
- 免费
- 全天

雷吉安海滩

雷吉安海滩是库塔海滩向北的延伸,这里主要道路为烈雷金,街道景观与库塔海滩附近相似,但是这里的商店大部分是比较高档的服饰店、精品店,这里的别墅型饭店拥有较大的花园。海滩上有各种海上娱乐项目,这里还有一个其他沙滩没有的项目,就是在特定的月份里在雷吉安海滩划独木舟。沙滩上有条人行道贯穿整个沙滩,沿着这条小路可以感受阳光、海风和日落的浪漫情调。

资讯攻略
- 巴厘岛 帕德玛乌达拉莱吉亚海滩
- 免费
- 全天

TIPS 如果对这些蝙蝠洞感兴趣,可以雇用当地向导带你穿过丛林小径去寻找这些洞穴。

蝙蝠洞海滩

蝙蝠洞海滩位于蝙蝠洞对面,是洞穴蝙蝠和狐蝠的家,很多当地人来此用各种祭物祭拜海神。在蝙蝠洞口有一座庙宇,用来保护洞穴。这座寺庙是巴厘岛的九大主要寺庙之一,是巴厘岛对抗来自海洋的黑暗精灵的守护者。傍晚在沙滩上,可以看到几千只蝙蝠从头上飞过去寻找食物的壮观场景。

资讯攻略
- 位于地达萨以西10公里,靠近八丹拜的地方是蝙蝠洞寺庙
- 海滩免费;蝙蝠洞寺庙门票:6000印尼盾/人

阿贡山

这座火山是一座活火山,位于巴厘岛东部,是巴厘岛最高的一座山,也是当地人的圣山。这座山的气候因地势原因山的西部湿润多雨,而东部非常干燥。周围大部分为熔岩风化的沃土,种植稻米、玉米、椰子、咖啡、烟叶等。著名的百沙基母庙就坐落在南坡海拔900米处,这座庙宇规模宏大,供奉着印度教诸神。

资讯攻略
- 位于巴厘岛北部,距离首府登巴萨60公里
- 免费
- 最佳旅行的时间为7月~12月

TIPS 爱冒险的游客可以在7~12月来爬这座火山。但请务必雇一名当地导游,因为这里路线很长、而且艰辛危险。

梦幻海滩

这个海滩为私人所有,被称为巴厘岛最好的海滩。梦幻海滩是一个完整的社区形式开放,建有一流的度假村、高尔夫球场、国际学校和一家医院。这里最好的暗礁断层在每年5~10月开展一系列冲浪盛会,呈现越来越忙碌的状态。在会所的平台上就可以俯瞰梦幻海滩。走下楼梯,是餐饮、酒吧及观景平台,有游泳池、沙滩椅等设施。这里海水清洁、浪很大,虽不适合游泳,但是很适合冲浪。这里以外国游客居多。

资讯攻略
- 位于乌鲁瓦图区
- 免费
- 全天

TIPS 奴沙伯尼达岛的水是直接流入海里的,为了使海水不被污染,在各项活动后冲洗时不能使用洗发水、肥皂、沐浴露等一些含有化学物质的东西。

布撒基寺

布撒基寺位于巴厘岛的东北部,是巴厘岛最古老、面积最大的印度教寺庙群,也是巴厘印度教寺庙的总部,被称为"母庙"。布撒基寺由30多座庙宇联合组成,规模宏大。庙宇屋顶的级数代表着重要程度,从1级到11级不等。这里每年都要举行一次祭神仪式,场面热闹隆重。这座寺庙只有印度教徒才能进入。

资讯攻略
- 位于巴厘岛的东北部,阿贡火山脚下
- 从交通中心登巴萨或乌布坐班车到塞马瑞普惹后,转车约1小时可到
- 1100印尼盾
- 7:00~18:00

努萨伯尼达岛

努沙伯尼达岛是巴厘岛东部的一座离岛,位于印度洋上。从巴厘岛搭乘游船可达努萨伯尼达岛。这里与印度洋相邻,是一个浮潜的最佳地点。这里的海水透明度非常高,可从海面透过海水清晰地观赏到美丽多彩的珊瑚礁和色彩斑斓的游鱼。岛上设有非常多的水上运动,如香蕉船、潜水艇、独木船、浮潜等。

资讯攻略
- 位于巴厘岛东部的离岛,印度洋上
- 在巴厘岛可搭乘游船

Transportation Information 巴厘岛交通资讯

航空

登巴萨国际机场位于登巴萨市以南12公里处。国际航班机场税是150000盾。返程时，最好在起飞前72小时再次确认机位。机场内设施非常完善，有省旅游局旅游服务中心、免税品商店、的士服务台和外币兑换处等。从印尼各大城市都有飞往巴厘岛的航班，其中雅加达飞往巴厘岛的航班每天有好几班，全程约1.5小时。还可以从这里搭乘内陆航班到日惹，去参观世界七大奇迹之一的婆罗浮屠佛塔。

机场交通

大部分的酒店都会提供机场接送服务，但乌布距离机场较远，部分酒店只提供单程接机。机场出租车到巴厘岛各重要地点价格：库塔25000盾、萨努尔55000盾、努沙杜瓦55000盾、乌布110000盾。

长途汽车

巴厘岛的公路只限于岛内，但是通过车船连渡，这里每天都有发往印度尼西亚各主要城市的班车。大部分的车次都在下午或晚上发车，次日到达目的地。长途汽车是位于其交通和行政中心登巴萨的Ubung车站。

部分车次和价格：巴厘岛至雅加达，车程26小时，票价约240000盾。巴厘岛至日惹，车程16小时，票价约125000盾。巴厘岛至泗水，车程12小时，票价约90000盾。

渡船

巴厘岛西部的吉利马努克和吉打邦之间每30分钟就有一班渡船，全天24小时运行，费用约7000印尼盾，约1小时。八丹拜和龙母岛之间每2小时就有一班渡船，也是24小时运行，费用21000印尼盾，约5个小时。吉利店经营巴厘岛和龙目岛之间的快艇包租业务，费用590000印尼盾，约2小时。佩利公司有3艘船停靠在巴王港，连接巴厘岛和印度尼西亚其他主要岛屿。

市内交通

公共汽车

巴厘岛的交通中心位于行政中心登巴萨，这里有所有景点和城镇发往登巴萨的班车。在固定线路行驶的小巴称为"Bemo"，是当地人常用的交通工具，既可在站牌搭乘，也可以招手停车，非常方便，价格也便宜。部分酒店有自己的通勤巴士，也是固定线路。

城镇之间的班车同样有固定的站点和路线，按人收费，如库塔到乌布的价格约是25000盾/人。

出租车

岛内的出租车颜色有蓝、绿、橙、白几种，代表了不同的出租公司。起步价为5000印尼盾，每公里加收2000印尼盾。巴厘岛上游玩的主要方式是包车，因为各景点间距离较远，而且很多地点比较偏僻。有空调的4人座小汽车一天的价格在35美元左右，游览时间8～10小时，如果时间长应该提前讲清楚，另外协商价格。这里搭乘车租车后一般都要给司机小费，普通的为500～1000印尼盾，包车为50000印尼盾/天。

三轮皮卡车

巴厘岛的公共交通大部分依靠一种叫做三轮皮卡车的小型公共汽车承担，主要的集散地在登巴萨。这种车在Bemo线路上的任何地方都可以招手上车。也可以全程包车或按照天数算，每天租金约375,000印尼盾，价钱包括了司机和汽油的费用。

自驾车

岛上几乎每一家酒店有租车和摩托车的服务，汽车不带司机租车价格约150000盾/天，需要国际驾照，印尼为左行国家，汽车驾驶座在右侧。摩托车的租金价格约30000印尼盾/天，包括有限保险。

TIPS 如果没有摩托车国际驾照，可以要求租车公司或者车主带你到登巴萨相应的警察局，在那里购买一个临时的SIM Turis执照，费用为200000印尼盾。

Living Information 巴厘岛生活资讯

住宿

巴厘岛是旅游胜地，这里的高级酒店非常多，服务和设施都是世界一流的。酒店多集中在南部的萨努尔、努沙杜瓦、库塔、金巴兰等几个海滩。库塔地区最热闹，价格较低，还有不少便宜的小旅馆。萨努尔则很清静，有多家五星级酒店。努沙杜瓦是豪华度假区，环境优雅，价格昂贵。金巴兰是观赏日落的最佳地点。乌布是一个住宿集中区，以独栋villa为主，如同世外桃源般的乡间风情，与南部海滩截然不同。普通的酒店约20美元一晚，住宿条件干净、有空调、浴室和阳台。拥有私人泳池、可眺望美景、24小时提供五星级服务的庭院式别墅，为600~800美元。

酒店资讯

名称	电话	地址
那库拉酒店	226446	那库拉街
荣塔别墅酒店	754246	雷根街和班底库塔街之间
科马拉英达酒店	751422	本利萨丽街
印尼巴厘酒店	752692	本利萨丽街
沃美拉提酒店	23906506	阿朱那街

TIPS 大部分酒店都不提供牙膏、牙刷、拖鞋、沐浴露等用品，请自备。大部分酒店和餐厅都会在账单上另加11%的政府税和10%的服务费，不必另付小费。对于行李生，大约按5000印尼盾/件的标准给予小费。客房服务生小费约为每晚1美元/间。请避免用硬币当小费。

美食

巴厘岛居民的主食是稻米，放在椰子壳中蒸熟的米饭清香四溢。这里大部分的荤菜和各式蔬菜均采用Padang式烹饪法。烤乳猪、烤鸭、乌布脏鸭、辛辣鸡、辛辣鱼、炸鸡和美味的水果拼盘都是当地特有的美食。椰子汁是巴厘岛最受欢迎的饮料。烤乳猪用香蕉叶、药草和香料以文火烹煮烘烤，全身金黄油亮，皮薄肉嫩，香气四溢。在餐厅吃饭需要在菜价外另付11%的税，账单中会自动列入。大部分餐厅也会列入10%服务费，如果没有，应该酌情付小费给服务生。巴厘岛有非常多的路边摊，不仅价钱便宜实惠，还能品尝到当地人真正的口味。

购物

木雕、石雕和蜡染等是巴厘岛最值得购买的手工艺品。岛上有很多专门生产某种手工艺品的村庄，如马斯、苏鲁等，在作坊中购买，不仅价钱便宜，更能亲眼看到这些精美器具被制造出来的全过程。

库塔

这里是巴厘岛传统的商业和旅游购物中心，太阳百货和发现商场是其中两个最大的购物中心。

日内瓦

Geneva位于库塔北边，这里的商品种类非常多，而且价格公道。镶着贝壳的相框人民币6~11元，装饰画平均人民币50~80元一幅，漂亮的烛台几块钱一个，Salon人民币20~30元一条。

太阳百货

太阳百货和它周边的一些商店，构成了一个濒临海滩的购物商业街，肯德基、麦当劳和必胜客都有门店。太阳百货的一楼是一个超市。

发现商场

这是一个现代化的购物中心，一些国际品牌在这里设有专柜，商品都比较高档。从太阳百货步行到那里，大约需要20分钟。

巴厘旅游购物中心

这是努沙杜瓦最好的购物点之一，主要有一家SOGO和一些高档次的品牌店。这个购物中心还设有一个超市，因为这里云集了各家五星酒店。值得一提的是，这座像街心公园一般的商厦非常漂亮。

娱乐

巴厘岛的"招牌"就是阳光和海滩，因而这里有各种海滩活动，如游泳、橡皮船、沙滩排球等肯定是少不了的。而小型赛车、骑马、蹦极跳等各种娱乐项目也不少。除了海上运动外，巴厘岛民还很好地保留着他们的传统文化。因此，民族歌舞表演必定令你大开眼界。"大刀舞"、"火舞"、"罗摩衍那舞"都值得一看。巴厘岛的夜生活也是丰富多彩的，在酒馆、酒吧、迪斯科舞厅与来自各地不同的朋友聊天或者是喝喝小酒，以舒展旅游疲惫的心或者认识更多的人。

努沙登加拉群岛
Nusa Tenggara

印度尼西亚所有美好的事物，令人惊愕的群山、轰鸣的河流、炫目的沙漠、多样化的民族，以及奇异的野生动物等，在这座一直延伸到澳大利亚的努沙登加拉群岛上都能找到。

努沙登加拉群岛

英文名称： Nusa Tenggara
面积： 88488平方公里
人口： 约860.2万
最佳旅游季节： 9~10月
著名景点： 龙目岛、科莫多国家公园

努沙登加拉群岛旅游示意图

努沙登加拉群岛必游景点

● 龙目岛

这里是努沙登加拉最受欢迎的旅游目的地,有最壮观且保存最完好的珊瑚海岸,点缀着棕榈树的海湾、巴厘式的印度神庙、高耸的悬崖和壮丽的海浪。庄严神圣的林查尼山在岛屿的中部隆起——充满挑战的攀登可以让你看到海上日出的全景。吉列群岛是龙目最大的一片无车群岛的潜水点,有许多很棒的餐厅。

资讯攻略

- 这里每天都有航班往返登巴萨和雅加达等城市。也还可以搭乘渡船每2小时有一班从巴厘岛八丹拜驶龙目。印尼主要城市都有开往这里的长途公共汽车

● 科莫多国家公园

这座公园由科莫多岛、巴达尔岛和林恰岛3座岛屿组成,在1991年被列入世界自然遗产名录。世界上现存最大的蜥蜴便生活在这里,名为科莫多巨蜥,这种巨蜥成年可达到3~4米,是凶猛的食肉动物。这是非常珍贵的濒危珍稀动物,现在只剩几百只。公园内无数的珊瑚礁同样也是公园景色的一部分,这里的珊瑚礁受炸药捕鱼业的影响损坏相对较小,是公园里一道美丽的风景线。

资讯攻略

- 位于龙目岛
- 先乘飞机到森巴瓦或佛洛斯岛,再转乘到科莫多岛的渡轮

TIPS 巴厘岛和龙目岛的旅行社都有"科莫多岛游"的项目,这是游览科莫多国家公园是最方便省心的方式。

● 林查尼火山

这座火山是龙目的最高峰,是印度尼西亚的第二高火山。当地人将这座火山称为"上帝的宝座",将其与阿贡火山视为同等神圣的山峰。在山顶可以俯视6公里宽的火山口,那里有月牙形的火山口和浩渺的绿色湖泊、温泉,在湖中还有一座神奇的火山锥。

资讯攻略

- 位于龙目岛
- 从龙目SENGGIG搭车前往SENARU镇,那里是火山徒步的起点
- 130000印尼盾
- 全天开放

● 莎莎族村落

莎莎族村落位于林加尼山东面,聚居着龙目岛原住民莎莎族。这个村落不管是建筑还是部落生活都还保持着他们自己的传统特色,没有受到外界的影响。在这里游客可以游览极具特色的古朴建筑群,感受部落的秩序和氛围。

> 资讯攻略
> - 位于林加尼山东面

克利穆图火山

这座火山有着印度尼西亚最壮观的景色之一，火山内有3座色彩鲜艳的火山湖。这3个湖第一个呈青绿色、第二个为深绿色、第三个为黑色。从边缘开始，湖水颜色逐渐加深，很像浓重的油彩。湖水中含有一种特殊的矿物质而使湖水的颜色发生变化，其中青绿色的湖不会发生变化，另外两个湖会出现黄色、橙色和红色的变化。

> 资讯攻略
> - 弗洛勒斯岛中部莫尼镇附近
> - 没有公共汽车到达，只能包车或者自驾前往
> - 2000印尼盾

龙目岛库塔海滩

这里有柔软细腻的白色沙滩和清澈碧蓝的海水，这个沙滩还比较原生态，没有像别处的沙滩一样被过度开发。每年2月或3月会有成百名萨萨克人聚集在海滩上欢庆节日。晚上人们在沙滩上生起篝火，然后围坐在篝火旁表演当地的传统节目，气氛轻松欢快。

> 资讯攻略
> - 位于龙目岛

圣吉吉海滩

这个海滩是岛上最早开发的旅游区，大部分的游客都会把这里当做龙目岛之行的第一站。这个海滩的海水非常平静，似乎没有什么波澜，和其他的度假海滩相比，这里的水上娱乐项目也非常少，人们只是静静地游泳、散步、晒太阳。因此，海滩上游人虽然并不稀少，但气氛仍然显得宁静。在海滩上遥望巴厘岛。在日落时分，雄伟的阿贡山显得更加壮观。

> 资讯攻略
> - 圣吉吉距龙目岛上最大的城市马塔兰14公里，可以乘坐长途汽车直接到达圣吉吉海滩，车费约5000印尼盾，机场也有直达圣吉吉海滩的出租车，车程约20分钟，车费30000印尼盾
> - 免费
> - 全天开放

普瑞林莎

这是龙目岛上最古老、最神圣的寺庙群，由昂国王建于1714年，一座是印度寺庙，另一座则是为当地维克土土鲁教（融合巴厘印度教、伊斯兰教及多神信仰的当地宗教）信众而建造的。今天这里被视为印度教、伊斯兰教和万物有灵论融合的地方，可以给圣鳗喂食，顺便许个愿。

> 资讯攻略
> - 位于马塔兰周边
> - 捐赠
> - 黎明~黄昏

普拉巴图博隆

这是一座小型的巴厘印度教神庙，坐落在深入大海的蛮荒火山岩上，南距圣吉吉中心2公里。玲珑的宝塔面向巴厘最神圣的山-阿贡火山。游客在进入这座神庙时，需要佩戴一条彩带。

> 资讯攻略
> - 位于圣吉吉
> - 5000印尼盾
> - 黎明~黄昏

Transportation Information 努沙登加拉群岛交通资讯

 ### 航空

信鸽、IAT和推戛纳航空公司的航班覆盖了努沙登加拉的各个角落。虽然要经过人工订票手续，但推戛纳是最好的选择。嘉鲁达和亚当航空公司，巴达维亚、狮航航空公司都有前往马塔兰的航班。马塔兰、古邦和拉布巴焦是主要的航空港，是搭乘航班最可靠的地方。

 ### 渡船

固定的汽车或者渡船连接了巴厘至龙目、龙目至松巴哇岛、弗洛勒斯岛至松巴哇岛，派拉马也从龙目到弗洛勒斯岛并返回，途径科摩多和林卡。还有潜水团队游，线路很相似，但是包括了更多水下探险活动。

 ### 公共汽车

在松巴哇岛和龙目岛上通行长途空调汽车，从古邦到帝汶岛的帝力，但在别的地方名校型公共汽车是唯一的交通工具。这些车不断地停车让乘客上下车，并在城镇内转悠好几圈，直到拉满乘客为止，100公里要走4个小时。

 ### 市内交通

小汽车和摩托车

摩托车是游览努沙登加拉的理想方式，但在龙目岛以外借租摩托车不太容易。可以在巴厘或龙目租一辆，然后通过摆渡到达别的地方。要带上汽油，不要低估崎岖复杂的道路。对于团队游，配备司机或者导游的汽车是很不错的选择，每天价格40美元以上。

Living Information 努沙登加拉群岛生活资讯

 住宿

　　龙目岛上各大酒店和各个档次的小旅馆都聚集在圣吉吉海滩附近，圣吉吉海滩是最早开发的旅游景点。岛上唯一的五星级喜来登就位于海滩附近，还有最有历史的圣吉吉海滩酒店。海滩附近能够满足游客对于住宿的不同需求。

酒店资讯		
名称	电话	地址
甘尼萨酒店	6-24878	撒巴克街1号
奥卡民宿	6-22406	莱雅圣吉吉街
西蒂哈瓦酒店	6-93414	莱雅圣吉吉街
丽娜酒店	6-93-37	莱雅圣吉吉街
巴图博龙别墅	6-93065	莱雅圣吉吉街

　　华人很多，所以有几家中餐厅，口味都比较正宗。在比较著名的景点圣吉吉海滩，吉丽岛和Kuta海滩，都有很多西餐馆，印度尼西亚餐馆和中国餐馆。

 美食

　　沙登加拉群岛的龙目岛美食可以算得上代表，在岛上有非常多的当地特色酒店，每家酒店的美食都带有浓郁的热带风情和东南亚风味。萨萨克人的主食是白米饭，配菜有蔬菜咖喱，或者汤，鸡肉，牛肉，鱼肉，热咖喱，但不吃猪肉。龙目岛上的餐饮业是比较完备的。游客们可以在就住的酒店里轻易找到当地风味，也能找到适合自己口味的其他美食。印尼的

购物

　　沙登加拉群岛的购物点在龙目岛上比较集中，龙母岛的陶器和手工编织工艺品是最有名的。因此在龙目岛上有很多出售这些工艺品的小商店，多数游客都会买些精美的陶器和手工编织工艺品带回家作为纪念品或者送人。在龙目岛中部的普样有一个传统手工编织村落，在那里可以试穿传统服装。龙目岛西部的Banyumulek、中部的Penujak、东部的Masbagik以制作陶器闻名。

日惹
Jogyakarta

日惹位于爪哇岛中南部，南向印度洋，是印尼唯一仍然有苏丹统治的省份。这个城市有非常多的名胜古迹，世界最大的佛教寺庙群婆罗浮屠，印度教寺庙群巴兰班南等都是著名的旅游景点，每年吸引100多万游客旅游观光。

日惹旅游示意图

日惹

英文名称： Jogyakarta
面积： 3169平方公里
人口： 42万
最佳旅游季节： 5~10月
著名景点： 婆罗浮屠、巴玛南神庙、王宫、清真寺

日惹必游景点

普兰班南

普兰班南是印度教寺庙，是印尼最宏伟的寺庙建筑群，经过火山和地震等一些自然灾害，现存神庙遗址约50余座。普兰班南和吴哥窟是同一时代修建的，两者有相似之处。普兰班南神庙时以火山岩建造，墙壁上布满精美的浮雕。神庙有三层院落，外面两层的建筑多已是一片废墟，只有最内层保存着几座神庙，3座宏伟的主庙分别供奉湿婆、梵天和毗湿奴，另外3座小庙分别供奉他们的坐骑神牛、神鹅和神鹰。在神庙中有一座露天剧场，在满月的前后几天都会有舞台剧《罗摩衍那》上演。

资讯攻略
- 位于日惹以东15公里
- 日惹Giwangan车站有到普兰班南的班车，票价3500印尼盾，车程约30分钟。日惹到梭罗的长途汽车也经过
- 10美元
- 6:00~18:00 最后入场时间5:00

TIPS 兰班南遗址范围很广，可以租辆自行车慢慢逛。前往普兰班南的公共汽车上经常有扒手出没，不要携带太多现金和贵重物品，随身背包不要离开视线。

婆罗浮屠

婆罗浮屠是佛教著名建筑。举世闻名的佛教千年古迹，位于印度尼西亚爪哇岛中部马吉冷婆罗浮屠村，在日惹市西北39公里处。这座令人目眩神迷、印象深刻的建筑见证了爪哇佛教全盛时期的繁荣。在台阶式塔壁上，近1500块浮雕石板描述着佛教教义和传说，台阶上的神龛内坐着432座佛教。上方的环形台阶上，呈格状分布的佛塔里还有72尊佛像。婆罗浮屠在日出时看上去最美，早晨的薄雾环绕着周边苍翠的村庄和远方的山峰，犹如仙境一般。

资讯攻略
- 位于日惹市西北39公里处
- 99000印尼盾
- 6:00~17:30

间和举办方式的具体消息。其他的值得观看的景点还有纪念品馆和纺织品馆，以及用于纪念现任苏丹之父九世的一座小型博物馆。

资讯攻略
- 惹阿伦-阿伦乌达拉
- 皇宫就在日惹市中心，可以步行游览
- 12000印尼盾
- 周六至周四8:30~14:00，周五8:00~13:00

● Sono Budoyo Museum博物馆

这座博物馆是日惹最好的博物馆，馆内展示有各种宝石和金质的印度雕像，还有巴厘的雕刻品、哇扬戏使用的木偶、Kris（传统匕首）和蜡染制品。这里每晚8点都有哇扬木偶戏表演。

资讯攻略
- 特利哥拉街6号
- 7500印尼盾
- 周二至周四8:00~13:00 周五至周日8:00~12:00
- 376775

● 苏丹宫

苏丹宫是日惹的文化和政治中心，这里作为景点地位是次要的。内廷里有座金色的楼阁，是苏丹人们专门用来招待贵客的，铺有大理石地板，经常举办各种文化活动，在游客中心有活动的内容、时

Transportation Information 日惹交通资讯

航空

日惹没有国际机场,只有国内机场,位于离市区约10公里处。游客到达泗水或雅加达后,可换乘印尼国内航班前往日惹。这里的机场也有航班飞往吉隆坡。雅加达至日惹每天有3~5趟航班,航程约需1小时,泗水至日惹每天一趟航班,航程约需1小时10分。国内航班机场税为5500印尼盾。

长途汽车

日惹的基旺昂公共汽车站在市中心东南5公里的一条环形公路上。这里有前往印尼主要城市的路线。前往雅加达需要12小时,费用为90,000印尼盾起,视车况而定。还有一种直达印尼各主要城市的专线,开往雅加达需12小时,费用为195000印尼盾。大部分的专线汽车都可以上门接送。

市内公交

公共汽车

日惹都有按照固定线路运行的双哥打,统一票价为2000印尼盾。

三轮车

三轮车是合适逛日惹的交通工具。这里的三轮车比较独特,两个轮子在前,一个轮子在后,车斗和乘客在前,蹬车的人在后。车费非常便宜,搭乘也很方便。

出租车

日惹的出租车非常多,搭乘很方便,车内都有计价器,打车的同时还能享受导游服务。起价费为4500印尼盾,以后每公里加收2500印尼盾。

火车

德高车站是日惹最主要的火车站,位于市中心,非常方便,另外还有一些经济列车停靠东边1公里处的棱普亚咖车站。前往雅加达,可以乘坐最快速的阿尔戈拉乌(210,000印尼盾,8小时)和豪华的却稍慢的塔克萨克(160,000印尼盾,9小时)在09:00点开。阿尔戈维旁咖(1,800,000印尼盾,9小时)在21:00开。

Living Information 日惹生活资讯

🟢 住宿

日惹的豪华高级酒店不多,但舒适的小旅馆随处可见。王宫以南2公里的普瑞维荣塔曼第一和第二这两条街上聚集中等档次的酒店,价格为40000~100000印尼盾。而比较廉价的酒店则大部分集中在纪念碑火车站南面一带的小巷里,价格为30000~60000印尼盾/人。在选择时,可以多走几家,这里有的旅馆条件还是不错的。

酒店资讯		
名称	电话	地址
宾达加湾旅馆	512452	刚街58号
Bladok 酒店餐厅	560452	索斯若维纳亚街76号
凯莱阿曼达酒店	565286	索斯若维纳街195号
露西餐厅	513429	索斯若维纳亚街GT1号
水星酒店	370846	普瑞维荣塔曼一街169号

🟢 美食

日惹当地菜一个特色是甜,日惹有道传统菜叫谷支(音译),是用鸡肉、嫩木菠萝、鸡蛋、米和蜜糖慢慢熬制,直到肉和水果完全溶化在黏稠的糖浆里,变成一种棕色的糊糊。日惹菜的另一大特点是辣。当地有种炸牛肉,红彤彤的一整盘,原来是裹满了辣椒粉,吃起来准保让你嘴里冒火。当地人会告诉你,这里最具特色的是,腻甜的谷支和火辣的牛肉是饭桌上的最佳搭配。

🟢 购物

日惹是印尼的手工艺品中心,银器、铜器、乐器、木雕、纱笼、皮革、皮影戏工艺品等都很有名。每到周末,日惹的手工艺市场便会热闹非凡,在市场内商品一般都会开高价,因此要每样都懂得还价。日惹还有官方办的文化中心,在那里也能买到手工艺品。

买金银制品可以到库塔歌德村,买陶瓷器具可以到卡索根村,巴迪布可至市区各制造厂及市区以东的班得丹村选购。

🟢 娱乐

日惹市夜生活丰富多彩,在这里可尽情欣赏皮影戏、拉玛耶那芭蕾舞、甘美朗音乐、爪哇式歌剧等具有浓厚地方色彩的传统文艺表演。日惹市的娱乐场所一般集中在安巴如科莫饭店,或者靠近王宫的THR(Taman Hiburan Rakjak)娱乐中心及一些特设的会场。

东南亚其他的旅游国家 老挝

① 万象
② 琅勃拉邦
③ 占巴塞—巴色

老挝档案
Profile of Lao

● 国旗

老挝国旗呈长方形，长宽之比为3：2，旗面自上而下由红、蓝、红，三个平行长方形构成。蓝色中间有白色圆月。红色象征革命，表示要用鲜血保卫祖国，蓝色象征国土，白色圆月象征人民革命党的领导。

● 首都

老挝的首都是万象，这是一座历史古城，也是老挝政治、经济和文化中心。万象意为"檀木之城"，据传从前此处多檀木。万象多寺庙、古塔，其中尤以市区东北的塔銮闻名遐迩。塔銮坐落在塔銮广场东侧，由群塔组成，是万象市的标志和东南亚重要名胜古迹之一。

● 气候

老挝气候是热带、亚热带季风气候，主要分为雨季(从5月初至9月)和旱季(10月至次年4月)，年平均气温大约28℃，4、5月份最高可达38℃。在万象1月份最低气温可达19℃。在山区，冬季气温则只有14℃~15℃，并且夜间常接近0℃。11月~次年2月是最佳的旅游时间。

● 人口民族

老挝全国人口约650万，共分为49个民族，其中佬族占总人口的50.3%，其他各民族占49.7%。

通用老挝语，属汉藏语系壮侗语族，与泰语相近。居民多信奉佛教。华侨华人约3万多人。

● 语言货币

老挝语是一种孤立型语言。老挝语文字与泰语文字大同小异，是在梵文和巴利文的基础上逐渐演变而来的。泰国、越南和柬埔寨的泰族，缅甸的掸族，中国的傣族、壮族也粗通老挝语。

老挝的货币单位是"基普"，也称"新基普"，英文单词写 Kip。最小的币值是500kip，值人民币大概0.4元(2011年2月，1人民币元=1221.32kip 1美元=8021.00kip)。

● 宗教信仰

在佛教传入以前，老挝人信神教和婆罗门教。佛教刚开始传入老挝时影响不大。14世纪中叶，法昂王统一老挝，建立澜沧王国。随之一批柬埔寨僧侣到老挝传播小乘佛教，法昂王定佛教为国教(1975年前)。

万象
Vientiane

万象是一座现代与传统并存的城市，这是老挝最大的工商业城市，在市内也到处可见寺庙和古塔。这些寺庙和古塔均源自于印度，而且受到它的邻国很大的影响。不过比起泰国、缅甸等国，这些寺庙和塔的规模都小很多。

万象

别名：欧洲硅谷
英文名称：Vientiane
面积：约13平方公里
人口：约71.2万
最佳旅游季节：11~3月
著名景点：塔銮、玉佛寺

万象旅游示意图

万象必游景点

● 丹塔

这座看似被人遗弃的塔位于丹塔大街，是万象市最古老的古迹。丹塔周边种植着大片草地，在周边空地上有几个食堂以及美国大使馆。虽然外表破烂不堪，但是在塔内珍藏着一条有7个头的大龙，传说是这座城的救世主。

资讯攻略
- 位于丹塔大街

● 达苏恩石窟

达苏恩石窟位于万象市北郊区，这里山的成分大多是砂岩石，在长年累月的风力的作用下，在巨大的砂岩石中形成了石窟。有些石窟中雕刻有佛像，部分佛像非常陈旧。山顶上的风景也非常不错，可以极目远眺壮美的万象及南鹅水库。

资讯攻略
- 位于万象北30公里处

● 南鹅湖

南鹅湖原名为塔拉大水库，又被称为千岛湖，位于距离万象市94公里处。老挝是一个内陆国家，因此对于见不到海的老挝人而言，水库就是他们心中的海。在节假日，会有非常多的游客来到这里，湖内可以乘船游湖，在岸边还有非常多的老挝特色餐厅，可以品尝老挝风味鲜鱼餐。湖边还有一个天湖度假村。

资讯攻略
- 位于万象市约94公里

班根动物园

班根动物园里有许多的飞禽异兽,其中的两条非常罕见的大白蛇和鳄鱼潭更是珍贵,难得一见。园内的风景也十分的迷人,在园内散步也是个不错的选择。动物园建在南俄河畔的一个村子中,因此这个村也以动物园而著名。

资讯攻略
- 位于万象北面50公里处

老挝国家主席府

老挝国家主席府位于万象湄公河畔,又被称为"金宫"。在1827年以前是王宫,后来改为行宫,行宫范围也缩小非常多。现在的金宫是在昭阿努冯国王王宫废墟上重建的。1986年正式启用。泰国国王、柬埔寨国王、中国国家主席、越南国家主席、文莱苏丹等领导人访老时曾在此下榻。

资讯攻略
- 位于万象湄公河畔

老挝国家历史博物馆

老挝国家历史博物馆是由以前的法国总督官府改建而成的。还曾经是老挝革命博物馆。博物馆是栋比较破旧的二层小楼,一楼展厅展出的是一些出土文物和地理形态介绍,二楼展出的是一些历史时期重大事件的资料。参观这家博物馆可以对老挝的历史有更深入的了解。

资讯攻略
- 位于市中心的桑新泰
- 步行可到

TIPS 如果你觉得累了的话,还可以保留门票,当天晚些时候再回来参观。

塔銮寺

这座美丽的金色塔銮寺是老挝最重要的国家纪念碑,它是佛教和老挝主权国家共有的标志。主塔形象还出现在了国徽里。塔銮寺经过多次修复,才能保存至今。佛塔的四周曾一共建过4座寺庙,至今现存塔南面的銮泰寺和北面的桑怒寺这两座。塔銮寺共有三层,第一层内有一个膜拜亭,第二层建有30座高3.6米的陪塔,代表30种波罗蜜多。第三层矗立主塔顶端贴以金箔,塔体金光闪烁。塔高45米,宽54米,边长30米,在半圆球泡形屠波式台座上耸立主塔,下部为复莲、仰莲状台座,上部为长方形莲苞状宝匣和相轮。

资讯攻略
- 位于万象市中心以东4公里
- 嘟嘟车约30000基普/车

TIPS 最佳的参观时间是在傍晚,那时可以欣赏到塔上反射落日余晖的美景。

万象凯旋门

这是一座大型的纪念碑，原为纪念战争中牺牲的人员，现在则为纪念一个历史事件而其称为凯旋门。万象凯旋门的外形从远处看和巴黎的凯旋门十分相似，高45米，宽24米。在它的拱门基座上的雕刻和装饰是典型的老挝寺庙风格，充分展示了老挝传统的民族文化艺术。在凯旋门的最顶层，可把万象市容尽收眼底。

资讯攻略
- 位于澜伦附近的商业区
- 在市中心徒步可以走到

香昆寺

位于湄公河畔的香昆寺又名佛像公园。正如其名，香昆寺里面密集地摆放了很多佛教和印度教的雕塑，把印度教和佛教的哲学思想、传说和肖像融会贯通，组合成一个神秘的整体，充满了形态各异的湿婆、毗瑟孥、观音和佛祖，令人大开眼界。这里有一座圆身层塔的奇妙建筑，与河对岸廊开（泰国）的万桥公园遥相呼应，被当地人称为"天堂与地狱"。

资讯攻略
- 香昆寺位于万象东南25公里处
- 在早市场对面的公交枢纽站搭巴士4000基普/人，包一辆嘟嘟往返费用一般是200000基普

万荣

位于万象和朗勃拉邦两个主要城市之间的万荣是老挝一个很知名的旅游胜地。中国的游客都把这里称为"小桂林"，因为这里山清水秀，民风淳朴。在万荣除了可以欣赏美景之外，还有很多娱乐节目，比如漂流和攀岩。在万荣的南松河非常适合漂流，两岸风光秀丽，既可以欣赏到美景还可以体验到漂流的乐趣。万荣真的是一个非常适合休闲玩乐的好去处。

资讯攻略
- 位于万象和朗勃拉邦两个主要城市之间

Transportation Information 万象交通资讯

万象是老挝的交通中心，通过公路、湄公河和航空与全国各主要城市以及胡志明市、河内、曼谷等外国城市相连。

航空

万象市的瓦代国际机场位于西媚公河畔。乘坐出租车去市中心需要5美元，如果想要省钱，可到路边搭乘路过的嘟嘟车。

渡船

渡船从基廊廖码头开船，该码头在班高廖旁的Rte13公路向北延伸的分岔路口西边3.5公里处。你需要提前一天来到这码头预订船票。

长途汽车

长途汽车北站是国内和国际长途汽车主要的发车地点，从市中心花费5000基普搭乘嘟嘟车就可以到这里。这里可到达北方的丰沙里、南方的阿速坡和越南的胡志明市。

塔拉特圣保罗长途汽车站的长途汽车都发往万象省内地区和南方。这里也是泰国——老挝国际长途汽车出发站，接着它就要跨越泰国——老挝友谊桥并驶向廊开。这里也有定时开往万荣的长途汽车，每天直到下午3点。除此以外，万象西边7公里处的货车车站也有车发往万荣。从城里各处的旅馆和旅行社处，都可以预定去万荣的小型空调长途汽车票。

市内公交

嘟嘟车

万象市内没有公共交通，在市内的代步工具是一种开起来嘟嘟作响的三轮摩托车，被称为"嘟嘟"车。这种车类似于出租车，可随叫随乘。价钱不贵，相当于人民币2元。

自行车和摩托车

从市中心的旅行社和旅馆都可以租到自行车，每天15基普。有踏板的轻骑摩托车一天的价格是6～8美元。在签署任何合同之前，都要仔细阅读条款，而且晚上要求旅馆吧车锁在室内。

Living Information 万象生活资讯

住宿

万象的旅馆都集中在湄公河边，即Guest House，简称GH，如果是旅游旺季（11月~次年2月）可能会人满为患，需要早早预订。客栈参考价：普通客栈的单人标准间（带洗澡间）每晚6~8美元。

酒店资讯		
名称	电话	地址
米克斯宾馆	5260558	诺科科，玛街
米斯科宾馆	251606	塞塔斯瑞特
老挝左迈宾馆	216571	弗朗索瓦街

美食

老挝人喜食糯米。老挝菜的特点是酸、辣、生。具有民族特色的菜肴有鱼子酱、烤鱼、烤鸡、炒肉末加香菜、凉拌木瓜丝、酸辣汤等，蔬菜多生食。老挝人用餐一般都不使用刀叉和筷子，而是惯于用手抓饭。

购物

万象的早市非常值得一去，在这里最能体验到当地人的生活。万象的早市很像我国20世纪八九十年代的农贸市场，设施简陋却货物齐全，从服装家具、家用电器、金银珠宝到手工艺品、五金农具，应有尽有。这里的货品不少为中国制造。老挝货币基普面值不大，在银行1美元可换1万多基普。有的游客用100美元兑换的当地钞票，必须用两只手才能拿走。在万象购物那种"一掷万金"的感觉，令人爽快得很

琅勃拉邦
Luang Prabang

　　琅勃拉邦是老挝著名的古都和佛教中心。这个古色古香的小山城，是老挝现存最古老的一个城镇，距今已有1000多年的历史。这里民风淳朴，自然生态保护完好，没有过分商业化的人际关系，被公认为东南亚传统与殖民风格保存最为完好的城市，是西方游客追求的"世外桃源"。整个城市被群山环绕，城市中郁郁葱葱的树木依稀掩映着寺庙、佛塔还有平凡的人家，这一切都使琅勃拉邦的空气中充满了平和而又迷人的气息。

琅勃拉邦

英文名称：Luang Prabang
面积：约10平方公里
人口：约8万
最佳旅游季节：11月～次年3月
著名景点：维苏那拉特寺、王宫博物馆

琅勃拉邦旅游示意图

琅勃拉邦必游景点

● 琅勃拉邦王宫博物馆

这座博物馆位于湄公河畔，历史并不悠久，但是非常适合作为琅勃拉邦旅游的第一站。博物馆内展示了非常多的国家级文物和澜沧王国的遗迹。整个皇宫金碧辉煌，光艳夺目，殿内装饰古雅华贵。这里是老挝最后一代国王西萨旺凡达纳的行宫，宫中可见昔日的大殿、议事厅、书房、收藏室、起居室等。馆内的壁画和金佛非常值得观赏。

资讯攻略
- 位于湄公河畔，浦西山南侧大门的正对面
- 从市中心步行可到

TIPS 博物馆内不允许拍照，背包必须寄存。服装要求不可以穿着短裤或者吊带裙入场。

资讯攻略
- 位于市中心东边
- 从市中心坐嘟嘟约5000基普/人
- 20000基普
- 8:00~17:00

● 维苏那拉特寺

这是琅勃拉邦最古老的寺院，著名的普拉邦佛像曾经两度存放在这座古寺内。寺院中有一座高34米的大莲花佛塔。这座佛塔是1903年由当时的王后下令兴建的。佛塔内原来藏有的水晶佛和金佛像，现已转存于王宫博物馆。

● 达关西瀑布

位于老挝琅勃拉邦郊区的达关西瀑布是老挝著名的旅游名胜地带，有着热带美丽的自然风光。这座瀑布高约200多米，呈正三角形，从山上泻下相当壮观。它由多级小瀑布及一道落差50米以上的大瀑布组成。即使冬天，在枯水的季节里达关西瀑布仍有银河落九天之感。山顶瀑布的源头，是距瀑布约3公里的一个泉湖，这是一个天然的地下泉。绚烂的阳光透过树叶的间隙洒在涓涓溪流中，溪面就好像一片片破碎的镜子，点点地闪烁鱼鳞般的光，如梦似幻，让人流连忘返，沉醉在其间。

资讯攻略
- 位于老挝琅勃拉邦郊区

坦丁洞

在琅勃拉邦以北约30公里的湄公河东岸一个名叫班尚海的村寨里有着琅勃拉邦最重要的洞穴,这个洞穴象征着湄公河的灵魂。洞内的佛像非常多,里面的配套设施也齐全,还有卫生间。老挝人从佛教开始兴盛,就非常崇尚自然精神,因此自然也非常重视这个天生的佛洞。

资讯攻略
- 位于班尚海的村寨内

普西山

普西山并不大,山顶有金色顶尖的普西塔,山麓有王宫。山上的制高点是戳莫斯佛塔,这里也是老挝过新年游行队伍的出发点。佛塔的后面有一个小岩洞神祠。在落日的时候,攀登到山上的寺庙能够看到绝佳的夕阳美景。

资讯攻略
- 位于琅勃拉邦市中心北边
- 离背包客集中的河边区很近,步行可到
- 20000基普
- 08:00~18:00

香通寺

香通寺是整个老挝最美丽的寺院之一,也是塞塔提腊国王统治时期最具代表性的寺庙。这里还保存着老挝最后一代国王西萨旺冯的遗骨,还有历代国王所使用的金碧辉煌的灵车。以屋檐快及地的独特佛教建筑形式,美丽的壁画和壁雕而闻名。每年的老挝新年这里都要举行各种庆典活动。

资讯攻略
- 位于由湄公河与南康河冲击而成的半岛北端附近
- 从市中心步行去约20分钟,嘟嘟车约5000基普/人
- 200000基普
- 8:00~17:00

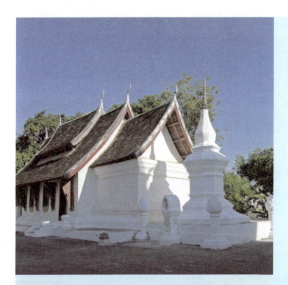

吉利寺

这座漂亮的小寺庙有着川圹建筑风格，是由川圹王国的国王建造的。1773年国王的王子与琅勃拉邦澜沧王国国王因塔孙(Inthasom)的公主结婚之际，川圹王国的国王命人在金山上修建了这座庙宇，作为军队的守护神。这座寺庙虽然小，但是建筑上却非常的精细，非常值得一看。

资讯攻略

- 位于琅勃拉邦市内

琅勃拉邦夜市

琅勃拉邦夜市就位于湄公河畔，这条街道在白天非常普通。但是到了晚上，这里就会有300多个手工艺品摊位陆续摆出来，出售纺织品、茶和体现当地文化的绘画作品等。夜市上也有各种的当地小吃，夜市上的烧烤更是味道独特，价钱也不贵，非常物有所值。

资讯攻略

- 夜市位于湄公河旁边的一条马路
- 步行可到。晚间夜市营业时，马路就改为步行街，机动车不允许通行

Transportation Information 琅勃拉邦交通资讯

 航空

老挝航空公司有航班从琅勃拉邦飞往万象、会晒和泰国的清迈。曼谷航空公司经营琅勃拉邦飞往曼谷的航线。暹粒航空公司有航班从琅勃拉邦直飞暹粒，旅行社可以预订机票。

渡船

开往西北会晒的慢速渡船在早上8时启航。长途渡轮会在出发的前一天停靠在湄公河岸边，游客可以去那里购买船票，也可以在镇上的旅行社预订。

 公路

琅勃拉邦有3个主要长途汽车站，长途汽车北站距城镇6公里，南站位于镇中心南边3公里处，第三个车站坐落在通往考安西的路上，经营开往沙耶武里省的长途汽车。

Living Information 琅勃拉邦生活资讯

住宿

琅勃拉邦的住宿既有便宜的也有价格高的，不过整体来说住宿地的价格并不便宜。低端价位的房间拥有公共卫生间、冷水和电扇，价格高的房间则会提供热水、空调和独立卫生间。淡季的房价是有弹性的，可以还价。

酒店资讯

名称	电话	地址
Pathoumphone Guest House	2-12946	Th Kingkitsarat
帕费海旅馆	2-12752	塞斯旺瓦达纳街
View Khen Khong	2-13032	Th Khem Khong
苏安KEO宾馆2号	2-54740	班和祥
斯里史特宾馆	2-12758	瑟斯文维哈纳

美食

琅勃拉邦拥有自己独特的风味菜肴，非常值得品尝。深受当地人喜爱的Jaewbawng是一种用辣椒和牛皮干做成的口味浓厚的调味品。Awlam是由肉干、蘑菇、茄子和一种又苦又辣的根茎熬成的汤。老挝啤酒最好的下酒菜就是Khaipaen了，那是一种用调味油炸过的河草干，再撒上芝麻，然后蘸着Jaewbawng吃的食物。还有一种美食就是琅勃拉邦特有的豆腐菜，叫做Phaknam。琅勃拉邦沙拉是将Phaknam、水煮蛋切片、西红柿和洋葱混合在一起做成的美味。

科兹纳特街与河畔之间的潮凡亚康街这两条街上的美食价钱相对而言比较实惠。这里到晚上对车辆关闭，并成为一个热闹的小吃夜市，有成排的小吃摊，游客可以坐在户外的木质长桌凳上，品尝琅勃拉邦当地的特色风味。沿着湄公河有许多河畔餐馆，通常和街对面的旅馆同名，餐馆都供应物美价廉的老挝菜肴，这里还有绝佳的落日景观和张灯结彩的喜庆气氛。

购物

琅勃拉邦是一个购物天堂。Th Sisavangvong有几十家手工工艺品和纪念品商店。Th Sisavangvong街上的苗族夜市也出售和这些商店类似的商品，不过因为不用缴纳一些额外的费用，所以东西也比较便宜。

占巴塞—巴色
Cham-pasak

　　占巴塞位于老挝南部地区，是湄公河西岸有名的历史古城，又称巴沙。巴色是首府。占巴塞瓦普庙是老挝最引人注目的古迹遗迹之一，估计已有1000多年的历史，这是古老人类的智慧，以山顶至河岸为轴心，在方圆10公里的地方，整齐而有规划地建造了一系列庙宇、神殿和水利设施，完美表达了古代印度文明中天人关系的文化理念。

占巴塞—巴色

英文名称：Cham-pasak
面积：1.45万平方公里
人口：40.3万
最佳旅游季节：11月～次年3月
著名景点：占巴塞瓦普庙

占巴塞—巴色旅游示意图

占巴塞－巴色必游景点

普占神庙

位于巴色东南8公里处的普占神庙是老挝非常著名的印度教神庙遗址。遗址分为3个部分，最前面的部分是水塘旁老挝王朝的行宫遗址。过了行宫遗址，就来到了第二个部分，这里有两座印度教祭祀用的房型庙廊遗址。第三个部分则是神庙的主庙，到达这里需要通过300多米的石砌大道和石阶。古老的石阶两旁，开满鲜艳花朵的苍劲大树倾斜地向天空伸展着线条简洁但极为有形的枝干，蜿蜒粗大的根系与同样老朽的巨石融为一体，走在这里仿佛是在时间与空间的隧道中来回穿梭。

资讯攻略
- 位于巴色东南8公里处

巴色

巴色位于老挝南部湄公河与其直流色东河的交汇处，是占巴塞省的首府。由于该市所在地区在10~13世纪时期为高棉吴哥王朝所统治，因而在这里留有吴哥王城遗址。除了吴哥遗址外，著名的景点还有华普庙、巴布村、湄公河小岛群、湄公河大瀑布等，这些景点都值得去一览究竟。

资讯攻略
- 位于老挝南部湄公河与其直流色东河的交汇处
- 有公路通万象、曼谷、金边与胡志明市。城西有机场。从巴色机场到巴色很近，大概20分钟。从巴色去四千美岛需要3个多小时，在13号公路附近的旅行社可以乘坐小公共车直达，而去南部车站只有当地公交车，每站都停，但是速度很快

四千美岛

四千美岛位于老挝南部与柬埔寨接壤的湄公河流域，这个区域之所以被称为"四千美岛"，是因为在旱季河水退落的时，河床会出现数以百计的小岛，数量众多，所以当地人就夸张的把这个区域称为四千美岛。在四千美岛的河汊中乘"游艇"在不知名的小岛中穿梭，可以在河风吹拂中观赏湄公河畔棕榈婆娑、房屋疏落的景色。东德岛和北面最大的东孔岛以及一桥之隔的东阔岛是四千美岛上最受欢迎的3个小岛，也是最适合旅游的小岛。这里最佳的旅游时间是12月和1月。

资讯攻略
- 位于老挝南部与柬埔寨接壤的湄公河流域
- 巴色每天有两班客运卡车到孟孔村，共有120公里，车费2.5美元，需3~4个小时。巴色及孟孔村对岸的哈夏昆Hat Xai Khun（距老柬边境35公里）有车到老柬边境，东孔岛往南经13号公路还可以去看看壮观的孔发风瀑布

湄公河小岛群

这里是由湄公河的河流分支围绕山脉而形成的3000多个小岛。这些小岛是老挝著名的旅游度假胜地，岛上热带植物茂盛，生机盎然，景色十分迷人。岛内的酒吧和旅馆也独具老挝特色，非常有趣，著名的湄公河大瀑布就位于其中的一座岛上。

资讯攻略
- 位于巴色郊区

Transportation Information 占巴塞—巴色交通资讯

航空
老挝航空公司每天都有数次航班往返于巴色和万象之间。

火车
从巴色经过占巴塞开往东孔岛的定期渡船每天早上8:00从细东河和湄公河交汇处附近发船。回返巴色的渡船运营时间为6:00~8:00，从BanHuakhong开船，全程约11小时。

公路
巴色往万象的特快VIP长途汽车每天晚上8时左右出发，部分汽车上有空调和厕所；车票在Champasak PlazaShop里面Thongli Company或者是经营便宜慢车的LaodyTransport Company购买到。要去南方和东方，游客可以花费5000基普搭乘嘟嘟去市南8公里Rte13公路上的汽车南站。开往占巴塞的公共汽车在每天早上8点和中午发车。

Living Information 占巴塞—巴色生活资讯

住宿
占巴塞旅馆众多，价格高低不等。在巴色住宿选择很多样。

酒店资讯
Lankham酒店
Lankham酒店是一幢四层建筑，房间很干净，而且都带有独立卫生间。楼下是巴色最好的一家面馆，这里也出租自行车。

Phonsavanh酒店
Phonsavanh酒店外表破旧，可是价格非常实惠。不过简单的电扇房间，无论带有或没有冷水浴室都还是吸引了众多的经济型旅行者。

Salachampa饭店
这家是中高档酒店，房间条件设施都不错，有热水器和干净的白床单。如果可以和别人共享房间，还是非常合算的。

美食
SanLuckThaiFoods餐厅：这里菜单上的菜式繁多，光泰式炒饭就有8种不同的做法。游客可以在宽敞的餐馆前厅或是后面能俯瞰到细东河的露台上就餐，还可以欣赏美景。

Jasmin餐厅：这家店主非常热情，旅行者都喜欢聚集在这，价格适中，食物也美味。还可选择在户外餐桌用餐，氛围十分的融洽。

三角洲咖啡屋：这里供应意大利菜和泰国菜，法国或老挝酿制的葡萄酒，还可以根据要求冲调各种当地出产的咖啡。

Ketmarny饭店：Ketmany装点的灯火就像是过圣诞节一样，这里中餐和西餐都有提供。

东南亚其他的旅游国家 缅甸

① 仰光
② 曼德勒
③ 蒲甘

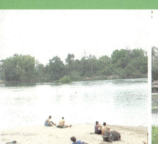

缅甸档案
Profile of Myanmar

● 首都

缅甸的首都内比都，位于仰光以北约390公里处。内比都坐落在勃固山脉与本弄山脉之间锡塘河谷的狭长地带，北依山势，南望平川，战略地位重要。内比都的主要居民为缅族，另有掸、克钦、克伦、克耶、德努、勃朗、勃欧等少数民族杂居于此。

● 国旗

缅甸国旗是缅甸联邦共和国所使用的旗帜，国旗样式为黄绿红三色加一颗白色五角星。外观为黄绿红三条线，中间有一颗白色巨大五角星。黄色象征团结，绿色象征和平、安宁以及代表青葱翠绿的国家，红色象征勇敢和决心。白色五角星代表联邦永久长存。比例有2:3、5:9、6:11三种。

● 地理气候

缅甸为热带季风性气候，年平均气温27℃。一年可分为凉、干、雨三季。从2月中旬开始，天气越来越热，开始进入干季，3月~5月气温最高，月平均气温在30℃以上，甚至到达40℃。每年6月后进入雨季，7、8月常有瓢泼大雨，一直到10月中旬雨季结束。

缅甸最适宜旅游的季节是凉季，即每年10月~次年2月间，此时天气晴朗、阳光充足，也是旅游的旺季。

● 人口民族

缅甸是一个多民族国家，有约5200万的人口，60%的缅甸国民为缅族。缅甸官方承认135个民族。主要的少数民族为掸族（10%）、克伦族（7%）、华人（3%）、孟族（2%）、钦族（2%）、克伦尼族（1%）、克钦族、若开族以及印度人、孟加拉人，但是缅甸官方目前不承认印度人、孟加拉人、华人为法定少数民族。

● 语言货币

缅甸语为官方语言，还有民族语言。

缅甸的货币单位为缅元，英文为K，辅币名称为分。一缅元约等于100人民币。币值有1、5、10、25、50分及1缅元。

● 宗教信仰

缅甸是一个多宗教的国家。缅甸人信仰的宗教主要有佛教、原始拜物教和神灵崇拜、伊斯兰教、印度教和基督教。影响最为广泛并为绝大多数缅甸人信仰的宗教是南传上座部佛教，俗称小乘佛教。

仰光
Yangon

仰光是一座海滨城市，四季常青，风景如画，景色宜人。城区三面环水，东面是勃固河，南面是仰光河，西有伊洛瓦底江入海汊河之一的莱河。市内的大部分建筑物都具有缅甸风格，不过这里也有不少西式建筑物，其中英国式建筑不少，如缅甸政府大楼、中央银行、海关、仰光车站、邮电大楼等。市内的北边有茵雅湖，南边有干基道湖，湖光水色，波光粼粼，宛如两颗美丽的绿宝石。

仰光

英文名称：Yangon
面积：598平方公里
人口：约430万
最佳旅游季节：10月~次年2月
著名景点：仰光大金寺

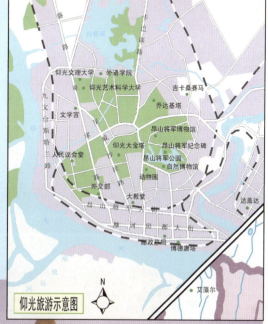

仰光旅游示意图

仰光必游景点

大金塔

仰光大金塔是仰光最著名的旅游景点之一，也是最具代表性的，坐落在仰光市北茵雅湖畔的圣丁固拉山上，是仰光的最高点。这座大金塔塔高110米，表面涂有7吨的黄金，塔顶由近3000克拉的宝石镶嵌而成。全塔上下通体贴金，加上4座中塔、64座小塔，共用黄金7吨多。在塔顶的金伞上，还挂有1065个金铃、420个银铃，上端以纯金箔贴面，顶端镶有5448颗钻石和2000颗宝石，完全可以用"价值连城"来形容。大金塔整个建筑群非常雄伟，在阳光的照射下显得夺目而耀眼。金塔四周建有围墙，共有四个入口，南门为主要入口。

资讯攻略
- 位于仰光市北茵雅湖畔的圣丁固拉山上
- 乘坐37、43路公交车，或者花费约1000缅元乘出租车可到达
- 5美元/人
- 5:00～22:00

卡拉威宫

卡拉威宫是仰光的标志性建筑，极具特色。它是一艘位于皇家湖中的鸟形大船，外形独特，金碧辉煌，里面装饰豪华。每天晚上7点到10点有缅甸民族歌舞表演，游人在观赏表演的同时还可以享受到美味的自助餐。卡拉威宫白天看去金碧辉煌，夜晚则灯光璀璨，倒影斑斓。湖畔的柚木皇宫酒店极尽缅甸皇家风范，经常有外国政要在这里出没。

资讯攻略
- 位于皇家湖
- 可乘1路公共汽车到皇家湖附近再换人力三轮车到达
- 白天300K/人，18:00之后10美元或12,000K/人，包括自助餐和演出

TIPS 在皇家湖上可以看到仰光最华美的落日，晚霞的余晖倒映在湖中，彩云荡漾在湖面上，非常漂亮。

丁茵水中佛塔

这是建立在河中心小岛上的一座佛塔，非常独特。参观水中佛塔需要乘渡船，沿途可以看到丁茵大桥和具有浓郁殖民色彩的丁茵小镇，这里曾是葡萄牙殖民时期的港口，秀丽的田园风光和绿树丛中点缀的缅式高脚茅屋别有一番风情。该地的另外一大特色就是信徒会在这里放生鱼。在这里游览的游客也可以给这些鱼喂食。

资讯攻略
- 位于河中心小岛
- 距仰光市内约1小时车程，可包车前往，费用约5000K
- 免费

● 茵雅湖

仰光市内最大的湖就是茵雅湖，它位于市区北部，当地的华人称其为"燕子湖"。茵雅湖的生态环境保护得特别好，建筑物很少。周围热带植物茂盛，只见绿树环绕，碧波荡漾，是一处让人心旷神怡、流连忘返的地方。湖的周围景点也不少，如瑞大光塔、北面的缅甸独立领袖昂山的陵墓，以及南边的动物园和房价历史博物馆等。

资讯攻略
- 仰光市区北部
- 乘坐51、52路公交车可到茵雅湖附近
- 免费

TIPS 湖滨还有缅甸划艇俱乐部，如果对这个水上项目有兴趣，可由专业划艇运动员陪你到泛舟湖上，体验一次竞技之乐。

● 昂山市场

昂山市场是以缅甸"独立之父"昂山将军名字命名的，位于仰光市中心。昂山市场是仰光市内最大的旅游工艺品市场，已有70多年的历史。市场分为服装、手工艺品、宝玉石区、海鲜果菜、家电等8大区域，有近2000个摊位，是外国客人购物的天堂。这里绝对是不能错过的缅甸旅游线路之一。

资讯攻略
- 仰光市中心
- 人力三轮车、出租车均可到达
- 免费
- 9:00~17:00

TIPS 昂山市场很大，往往要花4~5个小时才能粗粗逛完，游客可以根据需要有目的地选择。

● 珍宝博物馆

珍宝博物馆内收藏了来自世界各地的国家级珍宝玉石珍品。缅甸国宝，33吨的老坑玻璃种玉石就陈列在博物馆的南、北楼之间，当年缅甸政府动用大量官兵历经数月才将这块宝石从开采地运送至此。馆内还有一个区域是专门介绍玉石登记和分类的知识，可以让游客大开眼界。每年的珠宝交易会和玉石拍卖会均在此举行。

资讯攻略
- 位于仰光市

仰光唐人街

当地的华人、华侨约15万聚居在仰光的唐人街。此地一座具有百年历史的观音庙是游客们观光的一个热点，一到傍晚，庙门口的人行道就成为一个热闹非凡的夜市。夜市上面贩卖的物品种类众多、琳琅满目，让人目不暇接。这里有许多华人开的餐馆，水饺、拉面等中餐一应俱全，游客可以在这里吃到正宗的中餐。

资讯攻略
- 位于市中心广东大道
- 乘人力三轮车300~500K即可到达

波特涛塔

波特涛塔与司雷宝塔同时建成，又被称为千佛塔。曾在战争中被皇家空军炸毁，于20世纪后重建。在重建的过程中发现许多2000多年前的文物和珠宝。游客在导游的带领下可以进入塔身内部观赏保存圣物的密室。据说从印度来护送圣物的千佛陪葬在此，这也是千佛塔名字的来源。

资讯攻略
- 仰光市内
- 2美元，如需照相加1美元

羌达海滩

羌达是一个海滩度假村，是位于伊洛瓦底江省下的一个小村庄，这里的海滩最为著名。羌达海滩距离仰光约5个小时的车程，是离仰光最近的海滩。在海滩南岸有一个巨大的独立石，石上还有缅甸标志性建筑——金塔，体现了人文与自然的完美结合。此外，海岸上还有一个名叫白沙岛的小岛屿，因其风景美丽，构思独特，且拥有天然的白沙而得名，游客可在小岛上进行钓鱼、抓蟹、拜佛、埋沙等娱乐性活动。羌达海滩的海鲜种类繁多，而且价格便宜，来到这里一定不能错过品尝。

资讯攻略
- 位于伊洛瓦底江省，距离仰光约5个小时车程

司雷宝塔

司雷宝塔位于市中心，以卡库萨那菩萨时代的保护神Sule的名字命名；建于2200年前，仰光市以此佛塔为中心向四周延展；塔高46米，塔身镀金，塔基呈八边形。佛塔的周围有许多雕像，最引人注目的是缅甸的生肖雕刻。缅甸人把生肖分成8个，从周一到周日各不相同，其中周三按上午和下午分成两个生肖。游客可以找到自己生日日期对应的生肖膜拜，据说可以求得庇护。

资讯攻略
- 位于仰光市中心的交通枢纽地带
- 这里是许多公交车的终点站，多路公共汽车都到达这里

勃固

勃固是缅甸的古都之一,曾是缅甸古代勃固王朝的京都。勃固虽然面积小,却是游客必去的小镇。勃固是缅甸著名的佛教胜地,有缅甸最大的卧佛和最高的佛塔。据说很多仰光人每年都要来勃固拜三次佛。14~16世纪这里曾是缅甸全国的佛教中心,现在只是残喘于仰光阴影里的一个小镇,唯有那椰林里的十几座庙塔在展示着往日的繁华。

维桑海滩

维桑是一个海畔的小渔村,位于缅甸伊洛瓦底邦和若开邦交界处。这里的海滩风景优美,天空碧蓝,椰风阵阵,海水清亮,细沙平缓。欣赏着海边景致,似乎任何烦恼都能抛之脑后。这里有一个"棕榈滩"度假村,一间间小木屋面向大海,非常安静舒适。躺在海滩上的长椅,白天看浮云悠悠,晚上观繁星点点,这里非常适合喜爱安静的游客。

资讯攻略

- 位于缅甸伊洛瓦底邦和若开邦交界
- 可搭乘夜间大巴,晚上21:45~ 3:45到达维桑(酒店区)

资讯攻略

从仰光公路客运中心出发的公共汽车从早上6点开始大约每小时一班,(费用500K~1000K,行程2小时)。从仰光的萨基玛雅旁基车站到勃固(300K,前座K500K,约4小时)的皮卡车车次频繁。一些游客选择在仰光租车,在勃固进行一日游。单程租金大概是15美元或20美元。

每天有两列(目前是18:50和21:00)夜班火车驶往曼德勒(普通/一等窗11/29美元,14小时)途中停靠东吁(Taungoo,4/8美元;4小时)。驶往仰光的火车(2/5美元;2小时)出发时间外上午5:00和8:00。

Transportation Information 仰光交通资讯

仰光是缅甸内外海陆交通的总枢纽，是全国铁路和公路干线的交点，还有34条航线通往全国主要城市。

航空

仰光北郊21公里处的明加拉顿机场是国内和国际重要的航空港，也是亚洲最优良的民用机场之一。明加拉当机场位于仰光西北方19公里处，现已和许多国家之间开通航线。

水运

在仰光有12条内河航运线通往三角洲各地及伊洛瓦底江中上游，仰光港距海口仅34公里。仰光因位于内河与海运的交点，内河航运发达。

仰光港水深港阔，是缅甸最大的商港，终年可停泊万吨远洋巨轮，码头从东边的丁因至西边的阿龙，总长约11公里，是缅甸吞吐量最大的海港。

火车

缅甸国内铁路线质量良好，但行驶时间较长，座位有限，而且不设餐车，旅客必须自行准备食物及饮品。火车的座舱分为普通舱和上等舱，后者的特色是多了放映影片的服务。含有卧铺的火车也有普通及上等卧铺之分，后者为四人的舱房，有浴室、冰箱、电视和影片放映的设备。

长途汽车

仰光的公车车资依距离收费，除了小型公车外，其他公车在18：00以后票价会涨5~10缅币。

市内公交

公共汽车

缅甸的公共汽车多为20世纪70年代来自韩国和日本的老爷车，所以票价很便宜。仰光的公共汽车号码是用缅甸数字标示的，因此外国游客很难确认公车号码。

出租车

仰光的出租车几乎清一色为20世纪80年代的二手日本四门车，出租车内没有设置计价器，部分也没有冷气，在上车前要先把价钱谈妥。

Living Information 仰光生活资讯

 住宿

自从旅馆工业民营化后,仰光的饭店和旅社如春笋般相继出现,因而竞争特别激烈。市区内有大量价格合理的饭店和旅馆,饮食和交通都十分便利。

 美食

缅甸最好的餐馆就在仰光市,多数位于市中心以北,靠近大使馆和湖边。当地食物的精髓有以咖喱烹调的鱼、肉和蔬菜以及葫芦汤,其饮食有六大特点,即辣味浓、油性大、炸食多、酸菜多、椰子和棕糖食品多。炸虾酱是当地人每餐必吃的一种食物。

缅甸餐厅一般都会提供套餐,价格在2000~3000基亚,这对于游客非常方便,只需要点一道主菜即可,餐厅服务员会配好相应的配菜、调味料和米饭一起奉上,有很多酱汁和腌菜,还有生的蔬菜。

曼德勒
Mandalay

曼德勒位于缅甸中部偏北内陆,是曼德勒省的省会、著名的古都、缅甸的第二大城市。这里生活着大量的华人。曼德勒城东北的曼德勒山是缅甸佛教圣地之一,也是著名的旅游胜地。山上有许多寺院、宝塔和纪念碑,从山麓到山顶有一条蜿蜒曲折的走廊,非常方便游客上山。

曼德勒

英文名称:Mandalay
面积:3.7万平方公里(曼德勒省)
人口:约92万人
最佳旅游季节:11~次年2月
著名景点:马哈木尼佛塔、柚木大桥

曼德勒必游景点

● 曼德勒皇宫

曼德勒皇宫是缅甸最后一个王朝贡榜王朝的皇宫,位于古城内正中央。皇宫呈正方形,是木结构建筑,宫内更有104座庙宇,金色为主,远观耀眼夺目、金碧辉煌,近看雕廊画柱、精美绝伦。在二次世界大战时被火烧毁,现在的皇宫是在原址上重建的。皇宫内的古代缅甸文化博物馆,展出当年宫廷的服装、用品和佛教艺术,这里可以让游客对缅甸历史更加了解。皇宫内的遥望塔也值得一览,在这里可以俯瞰整座古城。

资讯攻略

- 在曼德勒古城内,距离市中心不远,位于曼德勒山南面,可以与曼德勒山一起游览
- 乘人力三轮车或租自行车均可,费用约500K
- 曼德勒古城通票10美元,可以游览所有景点,5天内有效。机场和曼德勒皇城随处都可买到

● 曼德勒山

曼德勒山是缅甸著名的佛教圣地,位于市区北部,以前称为罗刹女山。参观路线最好从山顶开始,在山顶可以远眺全城景色。曼德勒山斜坡上修了台阶,每隔一段就有一个庙宇。台阶共有1729级,直通山顶,攀登起来并不是十分困难,不想爬阶梯的也可搭乘缆车。在半山腰有一座庙宇,庙内有佛陀的3块遗骨。在山腰的3/2处,路旁立着一尊镀金的施依亚塔佛的塑像。佛像的手伸出去指着大皇宫的位置,造型非常独特,这尊塑像是在明登国王的金色之城动工之前树立的,象征佛的预言。

资讯攻略

- 位于曼德勒市区北部
- 旅客可搭乘可挤32人的小包车登上曼德勒山腰,再乘手扶电梯上山顶

TIPS 在皇家湖可以看到仰光最华美的落日,晚霞的余晖倒映在湖中,彩云荡漾在湖面上,非常漂亮。

● 敏贡古城

敏贡古城位于曼德勒市北11公里处,有缅甸至今未完成的最大的佛塔遗址敏贡佛塔。这是一座未完成的宫殿,在一次地震中大部分已倒塌,现在留下的是一座巨大的塔基。敏贡古城内的辛比梅宝塔通体白色,据说这里是缅甸占星术占卜出的世界中心。这是一座为了纪念一位王后而建造的宝塔。不远处的敏贡大钟是世界上最大的尚在使用的钟。

资讯攻略
- 位于曼德勒市北11公里处
- 到敏贡需乘船,在曼德勒26街尽头的码头买票上船,早9点发船,下午1点返回,每天只有一班,单程约1小时。票价往返3000K

尚便将周围的800根灯柱点亮,在夜空中经佛塔反射的光十分壮观。

资讯攻略
- 位于曼德勒西南部21公里,伊洛瓦底江西岸

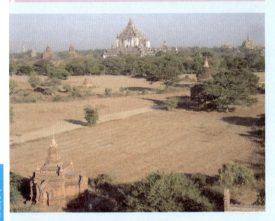

曼德勒古城

曼德勒古城位于曼德勒山的南面,该城为正方形。在古城的四周有完整的城墙和护城河环绕。城墙上还修建了缅甸风格的城楼,和中国古城楼相比,简单很多。当地人可以自由出入城内,外国人只能由东门进入。这座古城有个独特的地方,就是古城内是乡村,而外面则是都市。

资讯攻略
- 位于曼德勒市区的北部,曼德勒山南面

固都陶佛塔

固都陶佛塔的全称是玛哈罗迦玛若盛佛塔,玛若盛是佛的称号,意思是"全世界最伟大的功德佛塔"。佛塔内的729方云石碑上刻有当时结集的所有三藏经,这些石碑被誉为世界上最伟大的书,规模在佛教世界算得最大的。佛塔内墙的每一个入口处都雕刻有佛本生故事和护门神像的柚木大门。佛塔的四个长廊也都建造得雄伟堂皇,令人赞叹不已。

资讯攻略
- 位于曼德勒山下
- 可乘人力三轮车或皮卡车前往,与曼德勒山很近,可以顺路游览

马哈牟尼佛塔

马哈牟尼佛塔是缅甸最重要的朝圣地之一。佛塔内的青铜佛像在缅甸有着神圣的地位,这座佛像被当地人视为佛祖真身。著名的三角锣厅和6尊铜像就位于不远处。三角锣厅还有一个浪漫的传说,情侣非常适合去那里。而6尊神像传说有治病的神奇力量。这座佛塔妇女是不允许进入内廷的神殿,只能在门口参拜。

资讯攻略
- 位于曼德勒市中心以南3公里处

实皆古城

实皆曾是掸族王国的首都,位于曼德勒西南部21公里,伊洛瓦底江西岸,与图瓦古城隔江相望。贡慕都(Kaungmudau Pagoda)佛塔是城内著名的旅游景点,在城郊的实皆山一带有600多座寺庙,远远看去,山上的佛塔星罗棋布,金碧辉煌,耀眼夺目。著名的贡慕都佛塔就在这里,每到夜幕来临,和

● 因瓦古城

这座古城是著名的因瓦王朝的古都,也曾是缅甸近4个世纪的首都,在二战中大部分建筑物遭受到严重破坏,现在只剩一些零散的废墟遗址分散在各处。因瓦最古老的一座寺庙就坐落在古城的尽头。寺庙由柚木建成,非常坚固。庙内还设有一个学堂,当地人的孩子就在这里读书。古城内的宁一座马哈昂美寺与吴哥窟有点类似,是一座颜色鲜明的建筑,经过时间的流逝,还是可以看到那艳丽的黄色,能够感受到那雄伟的气魄。

资讯攻略
- 位于曼德勒周边
- 最好包车,可与阿马拉布拉古城一起游览,包车价格20,000K。整个古城犹如一个小岛一般被河流隔开,想进入古城要到渡口乘坐小船。到古城内最好租一辆马车游览,费用约3000K。

● 阿马拉布拉古城

阿马拉布拉古城历史悠久,位于曼德勒城北11公里处,这里有帕托道奇寺、皎多枝宝塔、当敏枝大佛等为数众多的佛塔寺院。世界上最著名的木桥之一的乌木桥桥就位于这里。乌木桥全长约1200米,横跨东塔曼湖,用珍贵的柚木建筑而成。即使历经了百年的风雨侵蚀,桥体依然屹立不朽。桥头、桥中和桥尾分别有6座亭子,这体现了佛教的"六和精神"。缅甸人恋爱时,会不远千里来此登桥,祈求永保这6种和睦互敬的精神。因此,这座桥也被称做"爱情桥"。

资讯攻略
- 位于曼德勒城北11公里

● 眉谬

眉谬是缅甸著名的避暑观光胜地,位于曼德勒以东50公里。这里地势高矿,海拔约1000米,气候凉爽,雨量充足。眉谬植物园是缅甸最大,也是历史最悠久的植物园,园内热带植物欣欣向荣,还有两处有名的瀑布。曼德勒——腊戍铁路由此经过。

资讯攻略
- 曼德勒以东50公里

Transportation Information 曼德勒交通资讯

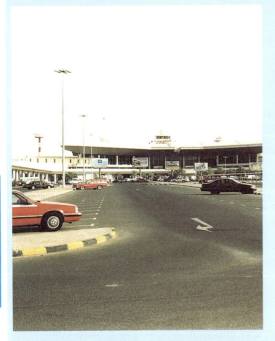

曼德勒位于缅甸中部平原地区,坐落在伊洛瓦底江东岸,水陆交通便利,是缅甸内陆重要的交通枢纽。仰光的铁路、公路、内河航运和航空都通过曼德勒通往缅甸各地。

航空

缅甸最大的国际机场是新建的曼德勒国际机场,但飞抵到此的国际航班并不多,目前中国昆明和泰国清迈有到此的国际航班,缅甸国内有仰光、蒲甘等地到达和起飞的航班。

机场交通

曼德勒国际机场距离市区较远,约40公里,没有公共汽车。乘坐出租车费用约15美元,可以与人拼车,人均费用为4~5美元。

火车

曼德勒火车站位于市区古城外西南角78街,南至仰光、北至密支那、东南至东枝、东北至腊戌都可到达。但火车条件设施不怎么好,有时比汽车还慢。如果需要卧铺车票的游客最好提前到火车站购票。曼德勒到蒲甘的火车每天21:00开车,次日5:00到达,普通座位6美元/人,高级座位11美元/人。

长途汽车

曼德勒的长途汽车站位于市区南部高速公路旁边,距离市中心约10多公里,这里发售到缅甸全国各地的长途车票,市内的旅馆和代理点也可以办理代购,购票后售票处会安排车辆统一送游客到长途车站。乘出租车到市区价格较高,为3~4美元,可以出站到路边搭皮卡车,每人300~500K即可。

从曼德勒到仰光的长途车每天18:00出发,第二天约10:00到达仰光,车费为6500K。曼德勒到蒲甘长途车早晚都有发车,行程约8小时,车费为6000K。

水运

从曼德勒可以乘船到蒲甘,沿途还可以欣赏伊洛瓦底江的美丽风景。有快慢船可供选择,船只在定期的日子出发,所以一定要提前资讯清楚。根据不同季节,船的速度也不相同,雨季(5月~9月)水流量大,速度快,快船需7小时到达蒲甘,费用为27~30美元,慢船需16小时,费用10美元,干季速度会慢一些。

TIPS 游客最好选择乘快船,一则速度快,二则快船的条件比慢船好得多,慢船常常堆满了货物。

Living Information 曼德勒生活资讯

住宿

曼德勒是缅甸的著名的旅游胜地，住宿非常多。市内的旅馆一般按有无空调和独立的卫生间作为分类，价格不同。大部分旅馆集中在25街附近，一般的房间的价格为6～8美元，设施条件较好的要超过10美元。曼德勒的经济型旅馆在旺季（即每年10月～次年3月）每到下午就会客满。房价中都包括早餐。

美食

曼德勒餐馆主要都是以缅餐、中餐和印度菜为主。正宗的缅餐都是以咖喱为主，味道很不错，这里的咖喱一点都不辣。一般都是一道主菜再加上许多大大小小的碟子、腌菜和生菜等。

推荐美食

许多游客对梭梭餐厅这家餐厅的评价都非常不错，这里是比较正宗的缅式饭菜，一道主菜的价格在2000K左右，大虾3500K，素菜500～600K。空调包厢需要加300K空调费。最小玛丽是一家有名的素食餐厅，店内的特色是炒面。在市内的很多街边都有一些很地道的小吃，飞饼和奶茶是最常见的食品，价钱非常实惠，在300～500K。

购物

曼德勒最著名的是手工艺品，其木雕、石雕、象牙雕、漆器、金线绣、金银制品和珠宝首饰等均为全国一流。

蒲甘
Bugam

蒲甘位于缅甸中部，是一座历史古城、佛教文化遗址、著名的旅游胜地。蒲甘市区保留着缅甸各个历史时期建造的众多佛塔、佛寺，城市的佛塔、佛寺建筑艺术是缅甸古老建筑艺术的缩影，体现了缅甸劳动人民的智慧和创造力，是缅甸珍贵的历史文化遗产。

蒲甘

英文名称： Bugam
面积： 25平方公里（蒲甘古城）
最佳旅游季节： 11月～次年2月
著名景点： 瑞西古塔、古城蒲甘

东南亚一本就Go

蒲甘必游景点

● 蒲甘塔林

在蒲甘历史上曾存在过上万座佛塔，至今现存3000多座。他们耸立在伊洛洼地底江畔的原野上，构成了壮丽的美景。达玛央吉塔是其中较大的一座，佛塔的拱门环环相扣，造型独特。回廊里的窗户透进自然光线，照亮佛塔内部。蒲甘塔林是缅甸旅游的必经之点，外国游客观光游览的首选之地。

资讯攻略

- 蒲甘市内
- 最好乘马车前往，同时可游览附近的其它佛塔。包车费用9000K左右/天

资讯攻略

- 蒲甘市内

TIPS 外国人被要求买每人10美元的门票才能进入蒲甘这个城市，并在门票上写上护照号码，以防冒用。此后除博物馆外，进入任何寺庙无须另外交费，但有些大庙如阿南达则需另收30~100缅币的照相费。

● 蒲甘考古博物馆

该博物馆在1904年建成，展示蒲甘历史和考古文化的场馆，规模很大。藏品主要以佛像和雕刻的佛教艺术品为主。博物馆里还陈列了50多种缅甸人的头发造型。在过去，缅甸人们重视身体本身的美观胜过服装。其中一个厅中陈列着上百种缅甸乐器，这些乐器大多都只是在祭祀时使用。这里的乐器种类繁多，令人惊讶。

资讯攻略

- 位于蒲甘市内
- 最好乘马车前往，同时可游览附近的其它佛塔。包车费用9000K左右/天
- 蒲甘景点通票10美元，进入蒲甘城时购买
- 9:00~16:30

● 瑞喜宫塔

蒲甘初期佛塔的典型代表就是瑞喜宫塔，这座佛塔是蒲甘历史最悠久、最壮观、工程最浩大的古塔，佛塔顶部装饰着各种饰品，佛塔周围环绕着53尊高大的雕塑，其中有狮子雕、摩迦罗雕（一种形似鳄鱼的动物）和蟾蜍雕。塔的四面各有一铜亭，亭内各有一尊精美绝伦的立佛。其中有一处颇为有趣，名叫"父子殿"，内中只有两尊雕像，一尊为父亲，坐于台下，另一尊为儿子，坐在台上。两尊雕像栩栩如生，非常可爱。

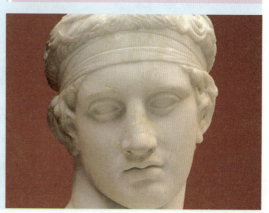

波巴山

波巴山高达1500米，是缅甸中部有名的死火山，在蒲甘平原上极为醒目，山上建有纳特神庙和佛塔，也是传说中神灵出现的地方，是信奉纳特神教的信徒心中的圣山。波巴山上自然风光也非常不错，长满了奇花异草，还有许多珍稀的鸟类和美丽的蝴蝶。波巴山最热闹的节为每年4月的泼水节和8月的特纳节，此时人们都会纷纷上山进行参拜，还能观赏到此地隆重的祭奠仪式和表演。

资讯攻略
- 位于蒲甘东南约50公里处
- 去波巴山交通不便，建议包车前往，费用为20~25美元，单程约1.5小时

阿南达寺

阿南达寺是蒲甘王朝中期的建筑，被称为蒲甘最优美的建筑。寺院呈正方形，占地近百亩，整座建筑展现了缅甸特有的风格。在院子中央挺立着阿南达塔，塔身高达70多米，非常高大雄伟。在主塔周围环绕着众多的小塔、佛像以及各种动物和怪兽雕塑。

资讯攻略
- 位于蒲甘市内

他冰瑜塔

他冰瑜塔是蒲甘的第二佛塔，由阿隆悉都王主持兴建，"冰瑜"的意思是无所不知。佛塔的塔壁内刻有著名的巴利文长颂石刻。在登向佛塔塔顶的半途中有一个平台，从平台上眺望远方，能看见伊洛瓦底江波涛汹涌，远见几千座佛塔掩映在郁郁葱葱的树木中，如宫殿城堡一般神秘。登上7层塔顶，则能将蒲甘的全城景色一览无遗，这里也是个观看日出日落的好地方。

资讯攻略
- 位于蒲甘市内

Transportation Information 蒲甘交通资讯

航空

一般游客都是先抵达缅甸首都仰光，再前往其他城市。缅甸的各个城市都有班机飞往蒲甘。

长途汽车

缅甸的长途巴士票价是东南亚最便宜的，由仰光出发到蒲甘需要16小时的车程，票价约4美元。

水运

由曼德勒可搭船到蒲甘，船程约9个小时。

市内交通

马车

乘马车游蒲甘是最浪漫的游览方式，仿佛回到千年前的生活方式，也最方便。马车夫会帮游客安排行程，游客也可以告诉车夫想看的景点。马车费一天约6美元，可坐4人，分担费用，十分划算。

其他工具

蒲甘的旅社都会出租自行车，一天约1美元，但由于蒲甘市内多是未铺的沙路，布满碎石，需要小心。

Living Information 蒲甘生活资讯

住宿

高档酒店多数聚集在旧蒲甘，如日资的樱花酒店，约300美元一晚。而新蒲甘的酒店很少，以当地居民区为多。良乌镇有几家西方背包族聚集的酒店，价格便宜，但是离景点较远。不过镇上有很多西洋造型的酒吧、餐厅，而且距离机场、汽车站和火车站最近。

酒店资讯		
名称	电话	地址
华嘎酒店	61-60902	主干道
伊甸园汽车旅馆	61-60812	主干道
五月黎拉尔招待所	61-60304	主干道
樱花酒店	61-60322	蒲甘保护区
Thante Hotel	2-67317	主干道

美食

在新蒲甘和旧蒲甘来往的公路两旁基本上全是餐馆，新城管遍布都是餐馆，提供中餐。每家也都提供米饭和面条，这里的价格很低廉，一般1美元就能吃饱。

购物

丹瑞战争登工艺品店位于旧蒲甘的查巴城门东面，店内出售的全是缅甸特色小饰品。

名卡巴是漆器的总部，这里的传统漆器都是家庭作坊制作的，质量比寺庙周围小摊上出售的好得多。

东南亚其他的旅游国家

① 斯里巴加湾 文莱

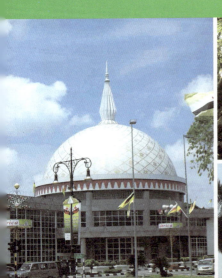

文莱档案
PrIfile of Brunei

●国旗

文莱国旗以黄色为背景，加上一个黑色以及白色的平行四边形，在两个平行四边形的上有一个国徽，国徽中有一支小旗、一个华盖、一双手、一棵棕榈树、一对翼、一个红色的上弦月和一句阿拉伯语标语"在神的指引下永远服务"，两者都显示出文莱主要的宗教信仰为伊斯兰教。

●首都

斯里巴加湾市市文莱的首都。这是一座宁静、惬意、绿地遍布的美丽城市。华美的清真寺尖塔和整洁有序的建筑，是低垂的天际线上最迷人的点缀。

●气候

文莱的气候温暖，年平均气温为24~31°C，全年都比较适合旅游。文莱只有雨季和旱季，几乎是全年都会下雨，前往文莱旅游雨具是必备用品。雨量最多的在11月~次年2月，而3~10月气候比较炎热、少雨。

●人口民族

在文莱伊斯兰教徒占绝大多数(67.4%)；华人人口为49300人，占总人口的14.9%，土著与其他种族约17.7%，马来人和华人和睦相处，互相扶持。

●语言货币

语言：马来语为国语，通用英语，华语使用较广泛。文莱华人除英文和马来语外，还讲闽南语、广东话，绝大多数华人能讲普通话(当地人称为华语)。主要报纸用英文、马来文和中文出版。

货币为文币，在文莱可通用新加坡元。人民币兑换文币比例为5:1左右。

●宗教信仰

文莱虽然是个伊斯兰国家，但实际上穆斯林只占了人口的67%，佛教徒和基督教徒分别占了13%和10%，达有10%的人口信奉本土宗教。

斯里巴加湾
Bandar Seri Begawan

这座城市虽然是文莱的首都，也是文莱最大的城市，但是实际上市区面积不大，步行就能在市区转一圈。在城区内的所有建筑物都在10层以下，因为规定不能超过清真寺的高度。因此不管在哪个角度都能看到金碧辉煌的赛夫丁清真寺。在市内还有一个旧城区，称为"水村"，建在水上，这是这座城市最具当地特色的民族风俗建筑。

斯里巴加湾

英文名称： Bandar Seri Begawan
面积： 100.36平方公里
人口： 约6万
最佳旅游季节： 10月~次年3月
著名景点： 努洛伊曼皇宫、赛福鼎清真寺

斯里巴加湾旅游示意图

斯里巴加湾必游景点

● 皇家王权博物馆

馆内流光溢彩的展品令人对这个"全世界最富有的王朝"垂涎三尺。该博物馆也可看做提醒人们王权尊严的警示厅,展品包括无数张苏丹殿下和其他皇室成员的照片。然而无价之宝——全套甲胄最吸引人眼球。展厅一楼全被苏丹加冕日游行的复制场景占据。更让人感兴趣的展览位于一楼和二楼之间的夹层,从那里向下可以看到楼房的中庭,展出了各国首脑和各国皇室送给苏丹的礼物。

资讯攻略
- 斯里巴加湾市内
- 免费
- 周六至周四和周日8:00~17:00,周五9:00~11:30和2:30~17:00
- 2-228358

TIPS 游客进入馆内时必须脱鞋。可以找导游逐个讲解每件展品。

● 文莱博物馆

文莱博物馆收藏有大量的文莱各种历史资料和文献。例如,大量的经书、文件、手抄资料等,还有大量的古物如陶器、精致的古代艺术玻璃饰品,珍贵且拥有纪念及历史性的地毯等,其他可在博物馆内观赏到的有银、铜制品,婆罗洲人种志展示,以及油田、钻油台模型及资料。它有3间不同主题的展览馆。一号展览馆介绍水上村落的房屋如何能维持150年之久。二号展览馆展出手工艺品和钓鱼技术。三号展览馆的主题是原住民用来觅食、耕作和狩猎的工具和技巧。

资讯攻略
- 位于斯加巴加湾市中心以东6公里处
- 可以从斯里巴加湾市市区的汽车总站乘坐39路公交车来博物馆
- 免费
- 周六至周四和周日9:30~17:00,周五9:00~11:30和2:30~16:30
- 2-223235

● 赛福鼎清真寺

赛福鼎清真寺是文莱的象征,同时也是斯里巴加湾市最高的建筑,在东南亚中算是最美丽的清真寺之一。清真寺被湖水围绕,在旁边还有一艘仿文莱16世纪皇家游船的石舫,碧水蓝天,再加上美丽的清真寺倒影和石舫,构成了一幅美丽的自然山水画。游客可以乘坐电梯到达清真寺顶部,俯瞰全市美景;也可以在征得管理员同意的前提下,沿着蜿蜒的台阶走到塔顶,不过这样很需要体力。

资讯攻略
- 清真寺位于雅雅塞购物中心附近,斯里巴加湾市中心偏西南角
- 住在市中心可以步行去
- 免费
- 非祈祷参观时间周六至周三8:00~12:00,14:00~15:00,17:00~18:00和20:00~21:00
- 2-222623

的宫殿十分华贵，气势雄伟。傍晚时刻，金黄色的宫顶和皇宫河畔是游客和摄影师拍摄的好景点。

资讯攻略
- 位于都东路上，距离市区4公里
- 由于公交班次很少，还是搭水上计程车比较方便

苏丹纪念馆

这座纪念馆是世界上最大的私人住宿处，位于斯里巴加湾市心脏地带的文莱皇室仪饰展览馆，是为配合苏丹登基25周年纪念所建的。纪念馆内有2200个房间，可居住2000名客人，宴会厅可容纳400人。纪念馆的展示内容有用照片、油画介绍当今第29代苏丹的生平介绍、登基大典的真实场面和文莱国的独立历史。馆内所收集的无价皇家纪念品包括有镶以宝石的王冠、华丽的传统御用战车、复制的登基大殿等。二楼还展示着各国送给现任苏丹王的礼品，此外还有一文莱宪政历史馆。整座纪念馆奢华精致，皇室风采让人感叹。

资讯攻略
- 位于斯里巴加湾市心脏地带
- 在市中心可步行
- 免费
- 9:00~17:00（周一至周四及周六）

水上村落

文莱有世界上最大的传统水上村落，号称"东方威尼斯"。水上村落的生活充满了乐趣，活泼的孩子，操持家务的妇女，俨然一派悠闲生活的景象。历经5个多世纪的水上城市依然留存着昔日的风貌，各种由石柱支撑、木板盖成的水上房屋布满了文莱河的两岸，拥有居民约3万人。这里的居民热情好客，在游览时还可以进入水村居民家中体验他们的日常生活。

资讯攻略
- 斯里巴加湾市内
- 可以搭乘水上出租前往这些村落，这是一种5米多长，1米多宽的木制快艇，从斯里巴加湾出发单程一般1文元，远一点的2文元

TIPS 游客可以参加清晨或夜晚的乘船团队游览，在苏丹皇宫附近上船，费用为10文元/小时。

努洛伊曼皇宫

努洛伊曼皇宫是世界上最大的皇宫，也是文莱苏丹的住所。据说在皇宫内有1700多个房间。国宴也在此皇宫举行。在每年文莱的国庆节或者斋戒月要结束时的开斋节可前往皇宫参观，一般都会开放3天，运气好的话还可以和苏丹握手。金碧辉煌

博而基亚清真寺

这是汶莱最大的皇家清真寺。寺庙建筑上的29个金碧辉煌的圆顶是为了纪念历史上29个苏丹统治的朝代，4个189英尺高的尖塔装饰着蓝色和白色的马赛克，60,000平方英尺的礼拜堂可以同时容纳3500人，指示着麦加方向的壁龛装饰着黑色大理石和镀金瓷砖，巨大的枝形吊灯是由奥地利上好水晶和24K镀金做成的，就是在室外的8个立柱顶端也装饰着许多24K金的金星。

资讯攻略

- 位于西北部的嘎东
- 免费
- 周六至周三8:00~12:00、14:00~15:00、17:00~18:00和20:00~21:00
- 2-238741

麻拉海滩

麻拉海滩是出名的周末度假胜地，位于斯里巴加湾市25公里处的麻拉镇，沙滩洁白干净，水位较浅。但是与婆罗洲的许多沙滩不同，这里的沙滩上有许多被潮水冲上岸的木板和零碎东西。平日海滩上十分安静，但一到周末游人就非常多。在海滩上有食物摊、野餐台和一个儿童乐园，这是家庭游玩的好去处。

资讯攻略

- 距离里巴斯湾市东北25公里处的麻拉镇
- 在麻拉坐33路公交，车费1文元

水晶公园

水晶公园又名遮鲁东公园，这里有众多现代化的游乐设施，集美丽的自然景色和花样繁多的游乐

项目为一体,堪称全东南亚最大的游乐场。水晶公园有很多惊险刺激的项目,单是过山车就有3种之多,还有跳楼机、飞天滑水车、360度摩天轮、动感影院、高空旋转观光塔等。余兴未了,还可以坐上卡丁车,在一级方程式赛车道上飞驰。

园将花费不菲。抵达公园取决于能否乘坐从巴图杜里码头开往公园的长途渡船,在前行前最好在上午9点之前去阿邦的信息办公室,并申请加入当天的旅行团。

资讯攻略

- 斯里巴加湾市内
- 可在市区搭乘55路和57路公共汽车前往,但回城必须搭的士,约45分钟车程,40文元
- 5文元
- 周三至周日17:00~午夜,周六延长至凌晨2点,周一和周二休馆

TIPS 进入公园衣著需得体,不能穿背心短裤、迷你裙及拖鞋。另外每天的祈祷时间,游乐场内的电动游戏会停止约30分钟。

乌鲁淡布伦国家公园

这座国家公园位于巴图阿珀尔森林保护区内。公园内拥有浓郁遮日的走道和几幢用做住宿的小屋。游览这座公园唯一途径就只有坐船,这也算是乐趣之一。如果想孤身一人前去游览这座公

资讯攻略

- 位于巴图阿珀尔森林保护区内
- 乘坐从巴图杜里码头开往乌鲁淡布伦国家公园的长途渡船

Peradayan森林保护区

Perdayan森林保护区有两座山,武吉帕托伊山和武吉山。沿着小路可步行到达两座山的顶峰。攀爬武吉帕托伊山的道路就始于园林入口,沿途必须穿越雨林地带,景色非常迷人。下山返回时除了原路返回外还有一种选择,就是越过武吉山的顶峰,沿着一条不显眼的陡峭小路前往武吉山,这是条捷径,但是比较艰辛。

资讯攻略

- 位于阿邦阿东南15公里处
- 私人小汽车是去保护区的唯一途径。单程费用10文元

Transportation Information 斯里巴加湾交通资讯

航空

飞机是文莱的主要对外交通工具。文莱国际机场位于距离首都斯里巴加湾市中心约12公里处,有飞往东南亚一些城市的航班,这些城市主要有:新加坡、香港、马尼拉、曼谷、吉隆坡、哥达基纳巴卢、古晋、米利、台北、雅加达。

机场交通

国际机场有两层,一楼是到达大厅,二楼是出发大厅。机场每隔1小时有一班公共汽车发往市内,行车30分钟左右,票价1文元。如果坐出租车15分钟到市内,25文元左右,夜间30文元左右。

水运

搭船可以从斯里巴卡旺前往沙劳越的拉瓦斯、林邦以及拉布安岛(Labuan Island),从拉布安岛可以再搭船前往沙巴。

公路

文莱的对外公路只有一条,可以通往沙捞越的美里,不过中途要在白拉奕转车,所以不是很方便。

市内公交

公交车

文莱是个非常富裕的国家,大部分人家都有车,所以公共运输不是很发达,通常一班汽车要等1个小时,没有固定班次,坐满后才出发,大部分的公交车在下午4点前就停止发车。

出租车

出租车以公里计费,非常昂贵而且很难找。起步价是3文元,往返机场要加收5文莱币。晚上21:00~6:00要加收50%,每件放在后车厢的行李加收1文元。打车的最佳地点是公交车站和喜来登酒店,也可以打电话叫车,电话为02-222214或02-226853,但要加收3文元。

租车

在文莱旅游最好是租车。租金加保险费为120文元起价。在一些主要宾馆和机场可以。
比较好的租车公司有阿维斯(电话:2-242284)、实惠驾驶 U-Drive(电话:2-445847)和国家出租车公司(电话:2-224921)。

渡船

在文莱河里有很多搭乘旅客的渡船,可以往返于艾尔村(Kampung Ayer)之间。在海关移民局或基昂格市场附近很容易叫到,票价为50分到2文元,租一艘船旅游每小时的价格不超过20文元。

Living Information 斯里巴加湾生活资讯

住宿

在文莱首都和全国各地,酒店、宾馆和服务公寓等住宿设施的选择范围很大。文莱有可满足各类消费水平的酒店设施,豪华级、商务级、游客级,应有尽有。不过文莱的住宿费相当贵,在淡布伦的首府阿邦住宿,价钱相对合理。除了大部分旅舍和最便宜的宾馆外,一般房间都配有卫生间。

酒店资讯		
名称	电话	地址
KH Soon Resthouse	2-222052	2nd fl,140 Jl Pemancha
APEK万达广场酒店	2-220808	哥打京巴图路229号
露台酒店	2-243554	长湖路
中心酒店	2-430430	阿杜勒、拉扎克综合大楼
文莱斯星巴加湾市酒店	2-242372	普尔曼查路

美食

文莱口味偏重,饮食与马来西亚十分类似,以米饭和面食为主食,最著名的小吃是沙嗲、烤鸡、烤鱼、steamboats,盛产的各种热带水果都是不错的美食,新鲜的水果,非常清新爽口,汁甜味美。文莱最有名的小吃是普尔舍惹戴穆恩公园里的加香烤肉小吃店,以及噶东的八佰伴一楼的小吃。

文莱美食馆推荐:

中式餐馆

在文莱的数量非常多,噶东集中的分布着许多亚洲餐馆,有中式、印度、泰式、日式,还有许多的海鲜和娘惹店。班达市中心是文莱小吃店的集中地,而穆阿拉和穆阿拉小镇有许多好的海鲜餐厅。在都乐塞瑞亚和马来奕有各式各样的餐厅。

西式餐厅

文莱的各大酒店都会备有西式餐厅,特别是万达广场酒店喜来登酒店的优惠餐厅提供的西餐非常精致。另外在马来奕的海盗有很正宗的德式、英式饮食。

快餐

在首都等地有哈特比萨、肯德基、麦当劳等西式快餐厅，一些类似于快乐蜂、糖包子和快速汉堡的本地快餐厅，也可以享受美味的食物。

TIPS 文莱全国禁酒，任何人在公共场合都不得饮酒，所有酒店、餐厅和娱乐场所均不售酒。

文莱的自来水可以直接饮用

文莱餐馆的营业时间一般可以到晚上9、10点钟。

周末到餐厅就餐，最好事先预定位置，因为届时每家餐厅的客人都非常多。

◐ 购物

文莱是一个相当富裕的国家，能够购买的商品也相当多，从高档商品到当地人传统的手工艺品应有尽有，不过这里的物品价格比东南亚其他地方的较高。

Yayasan百货是全东南亚最大、最豪华的购物中心，整个建筑是由四栋建筑物合成的。

苏丹哈志哈山纳柏嘉基金商业大厦建于1996年，是文莱最大的购物中心，拥有全世界各种名牌产品。在中央的休息广场可直接看到奥玛阿里赛夫汀伊斯兰教堂，另一边则直望水村。这座大厦是人们观光游玩重要景点之一。

传统菜市场被本地人称为女佣市场的传统菜市场，位于文莱河畔的章宜，每天营业至傍晚时分，在此可以选购各种水果、蔬菜、花卉及传统手工艺品等，是当地人最喜欢光顾的购物场所。

夜市是文莱最热闹的逛街地点，因为文莱对街商不收税，夜市的商品不仅品种齐全而且还物美价廉。

◐ 娱乐

文莱是一个伊斯兰教国家，伊斯兰教严格的清规戒律使得这个国家没有夜生活，晚上要想找个地方喝酒娱乐恐怕是不可能的。不过，文莱的皇家马球俱乐部不可错过，这里有全世界最好的骑术表演和马球设备，马匹都经过印尼马术表演赛优胜者的重新训练。在专业教练的陪同下，骑上纯种的阿根廷马球小马，穿越森林和海滩，会感觉这才是真正的休闲。在马球俱乐部宫殿般的餐厅里，享用一顿皇家御厨烹制的精美膳食，也是令人愉快的。

东南亚其他的旅游国家 东帝汶

① 帝力

东帝汶档案
Profile of Timor East

● 国旗

东帝汶国旗为长方形，长宽之比为2∶1。旗面为红色，左侧有一个黑色的等边三角形和一个黄色的等腰三角形重叠图案，黑色等边三角形上有一颗白色五角星。五角星象征光明和引导。

● 首都

东帝汶的首都为帝力，位于帝汶岛东北海岸，三面环山，北濒海洋，气候全年高温炎热，是一个深水良港。帝力是全国政治、经济和文化中心。经济以农牧业为主，附近有油田和金矿。

● 气候

东帝汶的平原、谷地属热带草原气候，其他地区为热带雨林气候。年平均气温26℃，年平均湿度为70%~80%。但地区差异较大：北部沿海地区每年5月~11月为旱季，南部沿海地区6~12月为旱季。气候的特点是高温、多雨、风小、潮湿，无寒暑季节变化。最佳旅游时间是旱季6~12月。

● 人口民族

东帝汶至少有12个本土民族，最大的是德顿族，约25%。第二大群族是马拜族约10%。其他民族占人口的5%或者更少。而生活在玛利亚娜附近埃尔梅拉和博博纳罗区的Kemak族是第三大族群。

● 语言货币

德顿语、葡萄牙语为官方和民族语言。其他语言为印度尼西亚和英语。

货币单位为美元。

● 宗教信仰

在东帝汶有90%的人是天主教徒（并崇拜多神论），其余的东帝汶人则是新教徒、穆斯林和佛教徒。而在本土宗教中，人们崇拜大地母亲，认为她创造了所有人类，而人类死后也要回归她怀中。

帝力
Dili

帝力是一座非常的宁静小城,城内那些被烧毁的建筑和难民所让人无法忽视。不过现在正在修复那些殖民地建筑,街道上散落的行人、山羊和小鸡又让这座城市呈现别样风情。

帝力

英文名称: Dili
面积: 372平方公里(帝力县)
人口: 约17万人
最佳旅游季节: 4~6月
著名景点: 夏纳纳阅览室、抵抗博物馆

帝力旅游示意图

帝力必游景点

夏纳纳阅览室

这里既是博物馆、图书馆,也是文化中心,是到东帝汶旅游的必到之所。在门厅内展示了许多有关夏纳纳古斯芒总统的照片和信息。在各个带有风扇的房间里,收藏着许多书籍。游客还可以花些时间在阅览室看看全面介绍东帝汶的录像片。在这里还有小部分书可以交换或者出售,仅1美元。

资讯攻略
- 比纳米咯洛博街
- 免费
- 周一至周五9:00~17:00 周六9:00~15:00
- 332-2831

抵抗博物馆

这所博物馆是新建的,用来纪念持续了24年的反抗印度尼西亚的斗争。馆内陈列有一份英文年表以及民族解放组织武装部队藏匿在山区时使用过的工具的图片和实物展览。小册子为10美元一本,内容让人印象深刻。

资讯攻略
- 宝岛街
- 1美元
- 周二至周六9:30~17:30,周日13:30~17:30

普艺莫里斯

Arte Moris坐落于一座印度尼西亚时代博物馆的巨大遗迹中,这里聚集了帝力艺术所有的怪异和精彩。艺术学生在接受各种媒介的培训时住在这里,某些最好的作品用来装扮一个时髦的雕塑公园或是在美术馆展览。但是偶尔也有些古怪的作品,许多作品反映了东帝汶目前的悲剧生活。许多当地艺术家在此居住。

资讯攻略
- 帕特尼亚玛提尔斯街
- 免费
- 周一至周六9:00~18:00
- 723-3507

阿陶罗岛

草木茂盛的内陆山脉被绵绵不断的海滩和珊瑚礁所包围,这座迷人的小岛,从帝力就可以看到,但置身岛上却像另一个世界。这里仿佛是世外桃源,在这里可以参加各种活动,也可以什么都不做;可以轻松地散步和浮潜,还可以躺在似乎没有尽头的沙滩上看看过往的小船。

资讯攻略
- 位于帝力正北方30公里处
- 每周六9:00有渡船从帝力出发,16:00返回。单程2小时,票价5美元

TIPS 帝力的几家潜水商店会组织水下游览,游客可以乘坐当地渔船进行浮潜游,最低15美元起。岛上的居民多集中在东海岸,那里还有一些景点可以参观,比如雕刻中心、殖民者遗址,以及公共小船码头等。

Transportation Information 东帝汶交通资讯

航空

帝力的尼古劳罗贝多国际机场只有两条国际航线，分别前往澳大利亚北部的达尔文和印度尼西亚巴厘岛的登巴萨。北方航空公司每天两次往返于达尔文与帝力之间。信鸽航空公司每天都有往返于登巴萨和帝力之间。

渡船

一艘德国新建的渡船纳科惹玛号往返于帝力与阿陶岛，还有帝力和欧库西之间。这艘船提供3种等级服务：经济舱、商务舱和VIP舱。商务舱主要针对外国人，经济舱而针对当地人。这3种等级舱可以随意走动。

长途汽车

在东帝汶大部分的城镇之间，每天至少有一辆麦克瑞往返于这些城镇之间。这种公共汽车一般都是早晨发车。在一些比较偏僻的村庄则有拖斗车来往，这种车搭载的乘客包括了水牛和山羊。

自驾车

帝力的公路大部分都崎岖不平，在这里驾车等于冒险。在有些地方汽车甚至开不进去，这时就需要一辆四轮驱动车。在开向东帝汶的内陆地区时，一定要带足补给，水最为重要，以免陷在某地。

Rentlo是一家车辆租赁中心，位于机场3公里处，小型汽车每天40美元起，以辆小型四轮驱动车每天70美元起，租金包括每天100公里的免费行程。有限责任险每天15美元起。这里的大部分公路路况不好，因此保险很有必要。

Living Information 东帝汶生活资讯

住宿

东帝汶的旅游业不发达，几乎没有知名的旅游景点，因此游客很少。全国星级酒店和宾馆非常少。在帝力有几家能接待外国人的饭店，条件很一般但价格昂贵。其他的住宿一般有简易的旅馆和家庭旅馆，因为战乱关系也不是很便宜。

美食

东帝汶的食物和印度尼西亚及马来西亚等周边地区大致相似，主要以鸡肉、鱼肉、羊肉为主，当然少不了辣椒和咖喱。当地的水需要烧开才能饮用。这是一个贫穷的国家，因此饮食非常简单，饭店也就那几样东西，没有什么选择性。

东南亚不能错过的最美海滩和岛屿

最美沙滩

印度尼西亚——金巴兰海滩(Jimbaran Beach)

这是一个令人感到宁静、亲切的一个海滩，这座海滩因为美丽的落日以及渔人作业的方式特殊而出名。这里保留了小渔村的原本风貌，村民们热情朴实。清晨、黄昏时在海滩漫步是件乐事。这里的渔人仍然采用古老纯朴的小木舟出海。金巴兰海滩的夜晚海鲜摊子是这座海滩的特色。傍晚在这里看着落日，听着歌手们演唱各国歌谣，迎着晚风徐徐、烛光摇曳、星光点点，除了这里，哪里还是更美的用餐地点呢？

菲律宾——博龙岸海滩(Boracay)

这个沙滩并没有其他的沙滩那样著名，但是凭借它的"白沙滩"赢得了很多的奖项和名声。沙滩上的沙子比起其他沙滩要细腻光亮得多，浅蓝的海水很浅，透明度很高。这里有着350多处海滩景点和2000个房间。博龙岸海滩还设有各种餐馆、啤酒吧、小酒店和经营到第二天早晨的夜总会。

菲律宾——长滩岛(Boracay)

位于菲律宾阿尔坎省的长滩岛曾被誉为世界七大美丽沙滩之一的岛屿，整座岛为狭长形。休闲处和酒吧把长滩岛变为社交集会的地方，同时细如粉末的细沙和清澈碧蓝的海水，仍然使它成为欢度周末的好去处。它又是一个勇于尝试新鲜事的岛屿，热带岛屿惯有的碧海、蓝天、白沙、椰林，长滩岛一样也不少。几乎所有的水上娱乐项目这里都有。丰富的夜生活、廉价的异国美食、200家不同价位特色的度假饭店，在长滩岛，不怕你玩不到、吃不到，只怕你没有足够的时间来一一享受。

泰国——克雷登岛(Ko Kradan)

克雷登岛是董里诸岛中最美丽的小岛之一，岛上大部分地区由朝迈国家公园管辖，岛中有众多的橡胶园、椰子园和森林。整个小岛环抱在清澈、透明的碧海之中，这里的海滩有董里的第一海滩之称。海域晶莹澄澈，可以尽览水中美丽的鱼群和珊瑚，同时沿着海岸线是洁净的白沙滩和美丽的风景。另外，董里水下婚礼也经常在此举行。

印度尼西亚——沙努尔海滩(Sanur Beach)

这个海滩是巴厘岛最早被开发的度假海滩之一。对于喜爱清静、悠闲雅致的游客，这里是最好的选择。沙努尔不仅拥有温柔、浪漫的白昼与黄昏，夜生活也非常多彩多姿，一到黄昏，沙滩周边的夜店和酒吧就热闹起来。海滩上的水上娱乐活动非常丰富，水上摩托车、香蕉船、拖曳伞一样也不缺，而且因为这里海域洁净，更成为浮潜与深潜的极佳场地。喜欢高尔夫球的游客，可以在北边的"海滩高尔夫球场"尽情享受挥杆的感觉。

泰国——查汶海滩(Chaweng Beach)

这个海滩位于泰国第三大岛苏梅岛上，查汶海滩是一个4公里长的新月形海滩，有白沙与清澈的海水，旅游设施及夜生活聚集于中央地带。这里的水上娱乐项目繁多，设备也很齐全。风帆设备及潜水设备都可以在现场租用。海滩上柔软的白色沙粒和碧绿色的大海相映相衬，景色十分迷人。延绵弯曲的海岸、银白色的幼沙以及平静碧蓝的海水构成了迷人的风景画，这里也是许多住宿地方的聚集地。喜欢热闹的游客白天玩水上活动，晚上则可到酒吧娱乐。

马来西亚——珍南海滨(Pantai Chenang)

这个海滩是兰卡威岛最美丽的海滩之一，每年吸引着无数的海内外游客前来这里度假。珍南海滨沙滩洁净，海水湛蓝，风光十分旖旎。而且这里有十分完善和先进的旅游设施，有快艇、摩托艇以及滑水等水上运动项目。海滩上建有高级的酒店和充满乡土风情的木屋为客人提供住宿。此外，这里的海鲜也十分的有名，喜爱海鲜的游客在这里可以大饱口福。

印度尼西亚——库塔海滩(Kuta)

这里是巴厘岛公认最美丽的沙滩，也是游客聚集最多的热闹地区。这里的海滩风急浪高，不适合泛舟、游泳，但却是冲浪的好地方，深得寻求刺激的年轻一族的青睐。这里附近有热闹的商业街，各色巴厘传统手工艺品、绚丽民族服装展示，而且还可以在大型百货商店买到各类商品。对于不甘寂寞的人来说，这里简直就是度假的天堂。

最美岛屿

普吉岛

普吉岛是泰国最大的岛屿，有宽阔美丽的海滩、洁白无瑕的沙粒、碧绿翡翠的海水，作为印度洋安达曼海上的一颗"明珠"，普吉岛无可挑剔。普吉岛是东南亚最具代表性的海岛旅游度假胜地。这里人们一年到头似乎都在寻找着各种各样狂欢的理由，众多节日和丰富多彩的夜生活是生活的一部分。芭东海滩和普吉镇，是整个普吉岛的两个中心。一个胜在海岛风光，另一个胜在

古老的建筑，二者都因为有完善的各项服务而得到游客们的青睐。

巴厘岛

这个四季草木青翠、山花烂漫、拥有迷人海滩及众多庙宇的岛屿，每年吸引着世界各地的游客专门来这里举行婚礼或度蜜月，早已成为知名的"婚礼之都"和"蜜月之岛"。

这里是世界上最适合观赏日出日落的地方，日出时太阳将万丈光芒瞬间洒向大海，而日落时太阳留恋着不肯走，那一抹金边渐渐收拢，令人陶醉。

沙巴

沙巴位于世界第三大岛——婆罗洲的北端，这里蕴藏着丰富奇特的自然生态万象、变化万千的原始热带雨林，充满南国风情的都市设施、熟悉的沟通语言、热情友善的民族必能带给你前所未有的马来西亚旅游经验。1500余公里长的海岸线，带来了无数洁白的沙滩以及海水澄澈晶莹的美丽海岛，是各种水上活动和潜水的世外桃源。自然悠闲的沙巴，堪称生态旅游发展最受好评的地方，从狂野雨林、美丽海景的海滨到高海拔神山，都会让游览者感叹造物者的神奇。

苏梅岛

一片月牙般洁白的沙滩，环抱着被阳光晒得闪闪发光湛蓝的海水，随着波浪轻轻的晃动海面，海水被分出浅蓝至碧绿层次分明的色彩，这就是苏梅岛。作为世界级的海滨度假胜地，苏梅岛上的水上运动也是品种繁多。在这里你可以潜水、潜泳、划独木舟、划水，甚至扬帆出海。在感慨苏梅岛海滩的美丽之余，也不要忘了去拜访葱郁的椰树园、沉静的小渔村和美丽的瀑布。

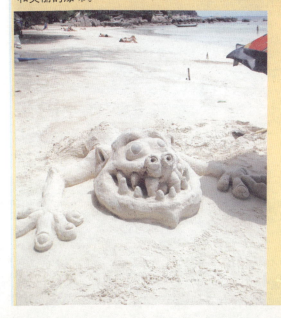

兰卡威

兰卡威只是一个小岛，但知名度却大大超过它所在的吉打州。兰卡威是东南亚最负盛名的度假天堂之一，清澈碧绿的海水和绵长平缓的沙滩构成了天堂般的海滨度假地，葱郁繁茂的森林与神秘而壮观的岩洞则是独具魅力的探险地。兰卡威更有着悠久的历史和丰富的传统文化，在兰卡威的99个热带岛屿上，流传着各种稀奇古怪的妖魔、巨鹰、战士、童话公主等民间故事和神话传说，这也给这座岛屿增添神秘色彩。

民丹岛

在南洋岛随处可见随风摇曳、秀丽多姿的椰树、芭蕉，用"椰风蕉雨"来形容南洋群岛的天然风景也不为过。新加坡开发的民丹岛是南洋最温馨、最安全的世外桃源的度假休闲场所。在岛上可以尽享海上娱乐运动、深入生态岛探险，也可以乘着快艇顺着红树林和当地各种动植物来个亲密接触，更可以参观当地各种民俗活动。尽兴游玩后，别忘了到海边的水疗中心做个SPA，让全部身心放松，深切体验民丹岛静谧安详的另一面。民丹岛上的时间是以椰子树影来计算的，尽管扔掉手表，忘掉时间，沉醉在这日丽风清的仙境之中吧。